中国非物质文化遗产代表作丛书

主编 王文章

蒋廷瑜 廖明君 著

铜鼓文化

文化藝術出版社
Culture and Art Publishing House

"中国非物质文化遗产代表作丛书"编委会名单

主　编：王文章
副主编：马文辉　刘　茜　吕品田
委　员：（以姓氏笔画为序）
　　　　马盛德　乌丙安　田　青　刘文峰　刘魁立
　　　　沈　梅　屈盛瑞　周小璞　罗　微　资华筠

总 序

王文章

伴随着新世纪的开始，我国的非物质文化遗产保护工作已走过了十几个年头。短短的十几年时间，中国的非物质文化遗产保护取得了令世人瞩目的成就，总体上呈现出持续健康发展的良好局面。

首先是符合我国国情的非物质文化遗产保护体系初步建立，非物质文化遗产保护理念逐渐深入人心。在党中央、国务院的高度重视下，在各级党委政府的大力支持和社会的广泛参与下，在各级文化部门的共同努力下，我国的非物质文化遗产保护体制、机制从无到有，逐步建立起来，并已发展为比较健全的四级名录保护体系和传承人保护制度。在进行全国非物质文化遗产资源普查的基础上，国务院已公布了三批共1219项国家级非物质文化遗产名录，文化部公布了三批1488名国家级非物质文化遗产项目代表性传承人。各省、市、自治区也公布了省级保护名录项目8566项，代表性传承人9564名。我国的非物质文化遗产保护，已从十多年前的单个的项目性保护，走上了整体性保护、科学保护和依法保护阶段。非物质文化遗产的重要价值和保护的意义越来越被人们所普遍认知和理解，人们越来越珍视优秀传统文化，全社会对非物质文化遗产保护工作的关注程度、参与热情越来越高，全社会已经逐步形成保护非物质文化遗产的文化自觉。

二是《中华人民共和国非物质文化遗产法》的颁布实施，为非物质文化遗产保护提供了坚实的法律保障。围绕着贯彻落实《中华人民共和国非物质文化遗产法》，非物质文化遗产保护的法制建设、规章制度建设得到了进一步加强。现在，全国已有十多个省、市、自治区出台了地方非物质文化遗产保护条例。

三是非物质文化遗产保护方式方法和方针、原则逐步完善和确立。在总结保护工作实践经验的基础上,我们逐渐认识到非物质文化遗产所具有的恒定性和活态流变性的基本衍变规律。并在此基础上,认识到对于非物质文化遗产的科学保护,既不是使它凝固不变,也不是人为地使之突变,而是要让它按照自身的规律去自然衍变。非物质文化遗产保护要遵循其本体规律。近些年来,我们提出的抢救性保护、整体性保护、生产性保护等多种针对不同类型项目实施的保护原则与方法,在保护实践中取得明显成效。同时,在准确认识、总结和把握非物质文化遗产本质特征的基础上,确立了保护工作的十六字方针:"保护为主、抢救第一、合理利用、传承发展。"确立了保护工作的原则:"政府主导、社会参与,明确职责、形成合力;长远规划、分步实施,点面结合、讲求实效。"保护方针和原则的确立,对非物质文化遗产保护工作的健康发展起到了重要的指导作用。

四是资金投入进一步加大,机构队伍基本建立。截至2011年,不包括地方财政资金投入,仅中央财政已累计投入非物质文化遗产保护经费14.3876亿元;2012年,中央财政转移地方非物质文化遗产保护经费增长至6.2298亿元。全国31个省、市、自治区均成立了省级非物质文化遗产保护中心,16个省、市、自治区文化厅(局)成立了非物质文化遗产处(室)。非物质文化遗产保护工作机构和队伍基本建立。

五是非物质文化遗产宣传展示活动丰富多彩。近十年来,北京和全国各地陆续举办了一系列非物质文化遗产项目展演及保护成果展,对于社会公众认知非物质文化遗产及其保护的意义起到了重要的促进作用。近两三年来,主要的展演活动如2009年文化部在北京农展馆举办的"中国非物质文化遗产传统技艺大展",2010年在北京展览馆举办的"巧夺天工——中国非物质文化遗产百名工艺美术大师技艺大展",2011年在中华世纪坛举办的"中国非物质文化遗产传承人师徒同台展演",2012年年初文化部等部门在北京农展馆举办的"中国非物质文化遗产生产性保护成果大展"等都引起轰动,增强了公众对非物质文化遗产保护的关注和参与意识。

六是国际合作和交流不断加强。2004年,经全国人大常委会批准,我国第一批加入了联合国教科文组织《保护非物质文化遗产公约》。我国在四川成都成功举办了三届国际非物质文化遗产节。截至2011年11月底，我国入选联合国教科文组织非物质文化遗产名录项目总数达36项，成为世界上入选项目最多的国家。2012年初，联合国教科文组织亚太地区非物质文化遗产保护国际培训中心在中国（北京）正式成立，这表明了国际社会对我国非物质文化遗产保护工作的充分肯定。

在充分肯定我国非物质文化遗产保护工作成绩的同时，也必须看到，非物质文化遗产保护工作仍然存在不少困难和问题：一些非物质文化遗产项目后继乏人、生存濒危的境况还没有得到根本解决，仍存在传承人年老体弱，人走歌息、人亡艺绝的现象；在保护工作中，重开发、轻保护、轻传承的问题仍不同程度地存在，过度开发、盲目开发非物质文化遗产资源的现象仍有发生；一些地方对保护工作认识不到位，保护工作不落实的情况依然存在。因此，我们应该头脑清醒，思想明确，进一步增强非物质文化遗产保护工作的紧迫感和责任感，认真研究解决保护工作中存在的突出问题，真抓实干，从而推动非物质文化遗产保护工作持续、扎实、深入的开展。

最近，文化部主要从国家级非物质文化遗产代表性项目保护规划的实施及保护措施落实情况，国家级代表性传承人传承情况，以及保护专项资金使用情况三个方面，对非物质文化遗产保护工作中存在的问题进行督促检查，以便找准问题，有针对性地采取有效措施加以调整。我相信，只要我们坚持求真务实的态度，把各项保护措施落到实处，我国的非物质文化遗产保护工作就会越做越好。

在概要回顾总结近年来我国非物质文化遗产保护工作的基本情况和经验的同时，我们也在思考一个问题，那就是我们保护工作的基础，或者说我们科学把握非物质文化遗产保护工作的规律，不断取得保护工作成绩的基础是什么，我想，首要的就是对非物质文化遗产项目的科学认知。今天，我们在非物质文化遗产得到全面整体性保护的情况下，更需要继续对具有代表性的项目进行认真、科学的梳理和分析，进一步探究它的文化渊源，揭示它的价值，总结它的存在形态和演变历程，以及研究如何在把握本质规律的基础上对其进行科学保护。

这样的调查、分析和梳理，可以充分展示非物质文化遗产的独特魅力，让更多的人了解、认识非物质文化遗产的精粹性及其杰出的文化、艺术、历史和科学价值，由此引导人们正确认识非物质文化遗产及其保护工作，逐步形成非物质文化遗产保护的文化自觉，关注、重视或主动参与到非物质文化遗产保护工作中来。正是基于此，我们组织专家学者或从事非物质文化遗产保护的实践者编撰出版了这套"中国非物质文化遗产代表作丛书"。2005年，浙江人民出版社也曾邀我主持编撰一套"非物质文化遗产丛书"，迄今已出版二十多本。这次经作者重新修订后纳入现在这套丛书，由文化艺术出版社出版，其项（书）目的选择，则是根据国务院公布的国家级非物质文化遗产代表作名录确定，每个项目独立成书，分批出版。第一辑收录中国非物质文化遗产代表作20项，内容涉及传统音乐、传统戏曲、传统工艺、传统技艺等多个领域。它们形式各异，但都以其厚重的历史、鲜明的特征在中华文明的深厚积淀中留下了鲜明的烙印，并长久地影响着中华民族文化基因、精神特质乃至生活方式；如同一朵朵奇葩，千姿百态、绚丽斑斓，与其他文化遗产共同构成中华文化的悠久博大、辉煌壮丽。

这套丛书的作者来自全国各地，都是该项目研究的专家学者或项目的传承人，其中不少作者是项目相关领域的权威学者。他们根据自己多年的实地调查和深入研究，本着严谨的态度和专业精神，详尽梳理每一个项目的历史渊源和沿革流变、分布区域和存续状况，细致描述它们的呈现形态，包括风格流派、技艺特征及其代表性传承人和代表性作品，并对其历史、文化、艺术、科学等价值进行深入的阐发。这套丛书力图以学术的权威性、叙述的准确性和可读性成为广大读者全面了解中国非物质文化遗产的优秀读物，它的出版不仅有助于中国读者认识和了解祖国优秀的文化遗产，也为世界人民认识和了解中国文化打开一扇窗口。

是为序。

2012年5月6日

目 录

第一章　千古之谜：铜鼓文化的起源…………1
第一节　历史记载…………3
第二节　民间传说…………10
第三节　考古发掘和研究…………17

第二章　巧夺天工：铜鼓的主要类型与铸造工艺…………33
第一节　铜鼓的主要类型…………35
第二节　铜鼓的铸造工艺…………59

第三章　历史印痕：铜鼓文化的传播与分布…………75
第一节　铜鼓文化的传播…………77
第二节　铜鼓文化的分布…………83
第三节　使用铜鼓的族群…………105

第四章　迷人魅力：铜鼓文化的艺术特征…………153
第一节　铜鼓造型艺术…………155
第二节　铜鼓纹饰艺术…………160
第三节　铜鼓雕塑艺术…………171
第四节　铜鼓音乐艺术…………187
第五节　铜鼓舞蹈艺术…………191

第五章　娱神娱人：铜鼓文化的社会功能…………199
第一节　作为乐器的铜鼓………… 201
第二节　作为神器的铜鼓………… 212
第三节　作为重器的铜鼓………… 225

第六章　两种生产：铜鼓文化的主要内涵…………231
第一节　铜鼓文化与生殖崇拜………… 233
第二节　铜鼓文化与丰饶崇拜………… 256

第七章　薪火相传：铜鼓文化的保护与传承…………275
第一节　铜鼓文化与人类文化多样性………… 277
第二节　铜鼓文化的保护………… 298
第三节　铜鼓文化的传承………… 302

后　记　…………309

第一章 千古之谜：铜鼓文化的起源

铜鼓是怎么来的？是天上掉下来的吗？是神仙创造的吗？这是每一个想了解铜鼓文化的人首先需要回答的问题。

我们将从历史文献记载、民间传说和考古发掘研究这三个方面来探索这些问题。

第一节　历史记载

《后汉书·马援列传》有这么一段话："援好骑，善别名马，于交趾得骆越铜鼓，乃铸为马式，还上之。"这件事发生在东汉初期，地点是中国南方的交趾地区。那时的交趾相当于今越南北部和中国岭南部分地区，公元前2世纪初，南越国时期设过交趾郡，治所在嬴陵（今河内西北），东汉移至龙编（今河内东天德江北岸）。在交趾境内，汉朝官吏与当地民族首领发生矛盾，麊泠县雒将之女征侧、征贰两姐妹揭竿而起，公开叛汉，并自立为王。当时"九真、日南、合浦蛮夷皆应之，寇略岭外六十余城"。为了维护国家的统一，汉光武帝刘秀于建武十七年（41）拜马援为伏波将军，以扶乐侯刘隆为副，率兵南征。马援在军事活动中获得骆越铜鼓，把它熔了，改铸成马的模型；战争结束后，班师回朝，将马的模型献给

广西田林县木柄瑶寨老在敲打铜鼓

汉光武帝。

马援字文渊,扶风茂陵(今陕西兴平)人。先人本姓赵,因能服驭马,受赵惠文王赐爵号为"马服君",子孙于是以马为姓。马援本人曾在西北从事养马和从军驯马多年,对养马、驯马有丰富的经验。他在献铜马模型给汉光武帝时的奏表中说:"夫行天莫如龙,行地莫如马。马者甲兵之本,国之大用。安宁则以别尊卑之序,有变则以济远近之难。"历述了古往今来的相马专家,自称曾拜相马专家杨子阿为师,学习相马骨法,"考之于行事,辄有验效"。马援所铸铜马模型,高三尺五寸,围四尺五寸,奉皇帝之诏立于洛阳宣德殿下,以为名马法式,是当时标准的良马模型,也是汉代骏马塑像的纪念碑。

马援征交趾这件事,在岭南地区的历史上影响巨大,以至世代相传,妇孺皆知,人们还为此编出了许多美好的传说。在广西、广东以及越南境内，凡是大小河流的交通口岸，到处可见到"伏波庙"、"伏波祠"，都是祭祀马援的祠庙；有无数"伏波滩"、"伏波岭"、"伏波山"等地名，附会着马援的传说。

由于马援获骆越铜鼓以铸为马式一事已载入正史，唐、宋以来，不少人便把两广地区出土的铜鼓误以为是马援的遗物，称之为"伏波鼓"，有的人甚至误以为铜鼓是由马援一手创制的。最早将这种附会载诸文字的是南宋静江（今广西桂林）知府范成大所著的《桂海虞衡志》。该书在《志器·铜鼓》条中说："铜鼓，古蛮人所用。南边土中时有掘得者，相传为马伏波所遗。"虽然范成大加了"相传"二字，表现了他的审慎，但他此说一出，使后人以讹传讹，生化出许多关于马伏波遗留铜鼓的传说。

这种传说在《桂海虞衡志》成书五十年以后就有了。王象之的《舆地纪胜》卷一一九"钦州"条曰："铜鼓，古蛮人所用，钦州村落中时有掘得者，相传云马伏波所余。"明代王士慎的《广志绎》卷四也说过类似的话。

到了清代，这种传说就更玄了。有关广西桂平铜鼓滩的传说就是一例。传说马援征服交趾后班师回朝，利用郁江—浔江水道，乘船北上，船中载有铜鼓，到浔江与黔江交汇的大滩时，有两面铜鼓忽然跃起，跳入江中，后来一直沉没在水底，八百多年以后，到了明代万历年间至清代雍正年间，才分别被渔人从水中打捞出来。这个大滩因而就叫铜鼓滩，也叫伏波滩。

除了马援遗铜鼓的传说之外，还有马援铸铜鼓的传说。此事可能也从《舆地纪胜》开始。《舆地纪胜》卷一〇六"邕州"条曰："铜鼓，马援所制。"嗣后《大明一统志》说："武宣县西四十里亦有铜鼓滩，或谓马援铸铜鼓于此。"明人魏浚的《西事珥》说："旧（梧州）府中有伏波将军所铸鼓，其一尚存。"张穆的《异闻录》则说得更详：

> 昔马伏波征蛮，以山溪易雨，制铜鼓。粤人亦谓雷、廉至交趾海滨卑湿，革鼓多痹缓不鸣，无以振威，故伏波铸铜为

之，状亦类鼓，名曰骆越之鼓。

这里说的雷、廉是指雷州和廉州，即今广东雷州半岛和广西北海、钦州至防城港一带。

清人屈大均也相信伏波铸鼓之说，并认为这是销毁少数民族兵器的措施。他在《广东新语》"铜柱界"条中写道：

> 吾意古时蛮里多以铜为兵。伏波既平交趾，或尽收其兵销熔，既铸铜柱五以表汉疆，又为铜船五、铜鼓数百枚，遍藏于山川瘴险之间，以为镇蛮大器。

由于受马援遗铜鼓、铸铜鼓传说的影响，和出于对马援的崇敬，在岭南的许多伏波庙、伏波祠中，都陈列着铜鼓，供人膜拜和观瞻。

明朝洪武年间诗人郑定的《伏波祠怀古》说：

> 荒祠衰草已凄然，犹有居人话昔年。
> 铜鼓苔生秋雨后，石墙花落夕阳边。
> 竹书蚤著平蛮策，沙井空余饮马泉。
> 词客经过休感慨，云台麟阁总寒烟。

清代诗人黎申产在祭拜钦州马新息侯庙（伏波庙）时也写道：

> 铜鼓喧阗赛故侯，盘登薏苡不胜愁。
> 时方贵盛轻朱勃，事到艰难念少游。
> 早有盛名腾陇右，哪知心力尽壶头。
> 蛮夷处处还祠庙，况复遗民是马流。

据现代学者研究，铜鼓的创始期大约是在春秋时代，创始者是

第一章 千古之谜：铜鼓文化的起源

湖兆襄樊武侯祠至今还供奉着一面大铜鼓

生活在中国西南地区的古代濮人，而并不是某个英雄豪杰。马援时代所见的铜鼓已是铜鼓艺术繁荣时期的作品了。马援在南征交趾时可能见过铜鼓，也可能虏获过铜鼓，甚至也真的熔化铜鼓铸过马模型，但他不可能铸造铜鼓和到处遗留铜鼓，他绝对不是铜鼓的创始者。

清代诗人黄春谷的《铜鼓歌》就说得好："漫说南征始巧制，非关伏波美骆越。"

更为离奇的是诸葛亮创制铜鼓的传闻。

关于诸葛亮南征时制作铜鼓一事在民间有两种传说。

一种说法是，铜鼓是诸葛亮南征时在军中制作的。制作这种铜鼓，白天用来煮饭，夜晚用来敲击报警。明代万历年间（1573—1620）做过夔州通判的何宇度，在他撰写的《益部谈资》一书中对铜鼓的形制、大小、纹饰图案，以及敲击的音响做了生动、具体的描述。他认为铜鼓是诸葛亮南征时制作的，因而把铜鼓称为"诸葛鼓"。他说诸葛鼓乃"孔明擒孟获时所制"。后来很多人的著作都援引他的这一说法。

另一种说法是，诸葛亮制作铜鼓散埋山中，是为了镇压"蛮夷"（南方少数民族）。《明史·刘显传》说："相传诸葛亮以鼓镇蛮，鼓失，则蛮运终矣！"《蜀中广记》说："父老云：诸葛制以镇蛮夷者，鼓去，则蛮运终，理或然也。"《边防记》对此说得更具体："西南夷部叛服不常，诸葛武侯征抚之，置铜鼓，埋镇诸山，稍就帖服。"

这些传闻始于明代，宋代以前均未见到。《三国志·诸葛亮》中有关征南的记载里没有提到铜鼓。《三国演义》对诸葛亮七擒孟获的描绘可以说是淋漓尽致，却也没有提到铜鼓。而在明代文献中则不断出现诸葛铜鼓的事。据《明史·刘显传》和《蛮司合志》

7

记载，明万历初，四川巡抚曾省吾派大将刘显镇压四川南部都掌蛮①，掠得"诸葛武侯铜鼓九十三面"，曾省吾选取其中64面献给万历皇帝，在给皇帝的报告中称："都蛮呼铜鼓为诸葛鼓，相传以为宝器。"明人朱国桢认为铜鼓是诸葛亮倡导制作的，后来的人只是仿制而已。他在《涌幢小品》中说："凡破蛮必称获诸葛铜鼓，有多至数十面者，此必诸葛倡之，后人仿式而造。"

自明代以后，中国西南地区的地方志书，就常把铜鼓称为"诸葛鼓"。如四川《叙州府志》中说："铜鼓，相传武侯铸以镇蛮者，今田间往往耕出之。"该书还收录了顾河图的一首诗，诗题就是《诸葛铜鼓》。其诗曰：

> 武侯未筑祁山垒，先出偏师渡泸水。
> 人言孟获不足擒，股掌玩之徒戏耳。
> 岂知北伐用南夷，正欲中原扫仇耻。
> 楚人筰马供鞭驱，罗鬼乌蛮皆效死。
> 至今铜鼓散山谷，峒户流传尚夸侈。
> 精铜其质革其音，想见援桴兵四起。
> 乌蛇龙虎倏四合，戎机万变人难拟。
> 曾传八阵有遗迹，更说旗台有故址。
> 此鼓千年尚宛存，血战消磨土花紫。
> 君不闻，
> 定军山下阴雨中，山鸣雷动声隆隆。
> 埋鼓镇蛮功未毕，反旗走敌憾无穷。

《续修叙永永宁万县合志》载余珍《时园中诸葛铜鼓歌》中有云：

> 儒将风流诸葛公，隐士名士真风流。
> 镇压百蛮铸铜鼓，物肖其人夺天工。

第一章 千古之谜：铜鼓文化的起源

明清时期的铜鼓鼓面却铸有"孔明置造"四个汉字铭文

在云南大姚县的马鞍山和苴坡江坡头有废弃的营垒，传说是诸葛亮用兵的遗址。清乾隆三十一年（1766），阿桂率部征缅甸，途经大姚，驻扎此地，曾叫军士挖掘废垒，挖出铜鼓两面。嘉庆年间（1796—1820），当地老百姓在那里也挖到铜鼓。这事记在道光年间修的《大姚县志》中。当时姚州（今姚安）人王安庭凭吊古迹，写下七律《苴坡怀古》一首：

绝塞蜻蛉汉著名，当年问路此南征。
荒营处处埋铜鼓，野菜家家种蔓青。
天遗一江争险要，户存十马验滋生。
风流我欲瞻遗像，那得祠堂似锦城。

四川《庆符县志》卷二，说铜鼓"或即武侯南征战鼓也"。贵州《遵义府志·金石志》"铜鼓"条说："世传铜鼓，诸葛所遗，此或然也。"

这样铺天盖地的传说，使人不得不相信，铜鼓就是诸葛亮造的。所以清人戴朱弦的《铜鼓歌》就说道：

蛮溪毒雾苍虬舞，土人架阁悬铜鼓，
问是当年谁所留，尽说传自汉武侯。

诸葛亮，字孔明，汉末琅邪阳都县（今山东沂水县）人，181年生，27岁时参加刘备政治集团，为刘备出谋划策，担任蜀汉丞相，支持刘备与曹操、孙权抗衡，对促成三国鼎立之势起过重大作用，后来被封为武乡侯。诸葛亮活动的"南中"，汉代称为"西南夷"，主要包括今云南、贵州西部和重庆西南一带，是濮、叟、僚等民族居住的地方。诸葛亮本着"西抚夷越"的方针，以情动人，七擒七纵民族首领孟获，收到了令人心悦诚服的效果，改善了民族关系。诸葛亮还为老百姓做了不少好事，西南各族人民都很怀念他，到处设立祠庙祭祀。西南各族是使用铜鼓的民族，许多传说误以为铜鼓是诸葛亮创制的，他们使用铜鼓的技能也是诸葛亮教会的，把创制和使用铜鼓之功归到诸葛亮名下，于是把铜鼓称为"诸葛鼓"或"孔明鼓"，有的甚至把铜鼓直接就叫做"孔明"，因而有铜鼓铭文"天元孔明"出现。在祭祀诸葛亮的祠庙里，往往供奉着铜鼓。

但是事实证明，铜鼓不是东汉马援首创，诸葛亮比马援晚两百年，更难以夺得创制铜鼓的头功。

第二节 民间传说

由于铜鼓铸造工艺的失传，有关铜鼓来源的资料十分有限，当今使用的铜鼓大都是一代一代流传下来的，或者是偶尔从地下挖掘出来的，它们的真正来历已无从稽考了。这种非凡神物，在市面上买不到，也看不到如何铸造，于是人们对铜鼓的来历生化出许多离奇的传说。有的说是天上掉下来的，有的说是水里冒出来的，有的说是某个神仙或英雄豪杰造出来的，不一而足。壮族、布依族、苗族、瑶族、彝族都有关于铜鼓来历的传说。

一、铜鼓是从天上掉下来的

四川凉山彝族百姓说，铜鼓是天上居住的神仙铸造的，后来降到人间，人间才有铜鼓。

第一章 千古之谜：铜鼓文化的起源

广西巴马县东山乡卡桥村巴根屯布努瑶敲打铜鼓娱乐

云南富宁县木央区彝族百姓说，铜鼓原来只在天上有，彝族姑娘拉木帕爱跳舞，一天吃了山上的樱桃，顿时身轻如燕，飞到天上去了。拉木帕在天上听到一阵阵铜鼓声，看到一群仙女在小溪边踏着铜鼓的节奏跳舞。她看得着了迷，不由自主地挪动脚步，加入到仙女的行列，请求她们教她跳舞。天黑了，拉木帕跟着仙女走进仙宫，住了下来，接连几天学跳铜鼓舞，把撒棉花、薅棉花、摘棉花和织棉布的舞蹈动作都学会了，在向仙女们辞行时，仙女们送给她一面铜鼓，叫她带回人间，从此人间就有了铜鼓，彝族儿女也就会跳铜鼓舞了。

贵州东南苗族百姓中有个传说：苗族祖先原来只有木腔皮鼓，铜鼓是从天上传下来的。苗族老仙婆务侯乜参加开天辟地立了大功，天王特地赠给她一面铜鼓，叫她带回人间，与大家共同享用，于是苗族人民就有了铜鼓。

广西壮族传说铜鼓是天上的雷公造的，天上的太阳就是雷公的铜鼓，雷公造铜鼓是为了耍威风，震慑天下人。人间原来只有皮鼓，皮鼓抵不过铜鼓，所以人们怕雷公。

11

广西博物馆铜鼓
陈列室一角

更有意思的是印度尼西亚卢昂岛上居民的传说。他们认定卢昂岛上的铜鼓，有一个是从天上掉下来的，他们把这面铜鼓当做"禁物"，为免遭不测，谁也不敢去碰它。居住在隶属开族的库尔岛上的居民也确信那岛上的两面神圣的铜鼓是从天上掉下来的。还有人传说巴厘岛北定大铜鼓原是天上的第二个月亮。他们说：天上原有两个月亮。当一个月亮落山的时候，另一个月亮从地平线上升起来，两个月亮轮流"值班"，使天空永远保持明亮。天空永远明亮，对小偷行窃很不利。有一天，小偷们聚集在一起，商量对付月亮的办法。有人提议，大家排着队，向着月亮撒尿，结果浇灭了一个月亮，这个月亮从天上掉下来，就成了巴厘岛上的那个大铜鼓。

二、铜鼓是从水里来的

贵州南部和东南部的布依族有这样的传说：

远古的时候，平州地区有一个大湖，湖边住着一个叫古杰的孤儿。海龙王的三公主倾慕古杰勤劳勇敢，总想同他亲近。有一天，她变成一条鲤鱼，游到湖边，让古杰钓上来。财主苏海八把这条鲤鱼抢去，准备做下酒菜。古杰据理力争，把它夺回来，重新养在水缸里。这条鲤鱼很快变成一位漂亮的布依姑娘，为古杰做饭，后来同古杰成了亲。小两口回到龙宫去探亲时，龙王送给他们一件宝物，这件宝物就是铜鼓。

贵州东南的苗族百姓传说，在黔东南古州（今榕江县）有个岩壁寨，寨上住着母子二人，老母双目失明，仅靠儿子邱老同砍柴为生。有一天邱老同上山砍柴，归途中遇暴雨，河水猛涨，过不了河。邱老同因思念老母，心急如焚，冒雨强行过河，不料被浪头打到河底，误入龙宫。龙王为邱老同的孝心所感动，决定送他回家，并赠送他一面铜鼓作纪念。于是苗寨就有了铜鼓。

三、铜鼓是从猴王那里要来的

广西南丹白裤瑶族和缅甸克伦族都有类似的传说。

广西田林瑶族
铜鼓舞

白裤瑶族的传说：

很久以前，居住在深山老林的瑶族老人蓝老宠，一天去地里收黄豆，由于劳累过度，躺在黄豆秆堆里睡着了。这时，有一只母猴带着一群小猴来偷吃黄豆，误将睡在黄豆秆堆里的蓝老宠当成它们死去的祖先。按照猴子的传统习惯，老猴死了要敲铜鼓祭丧。母猴传令小猴到山洞里把铜鼓抬出来，向它们的祖先致哀。铜鼓敲响了，所有的猴子都围拢过来跳舞。蓝老宠被铜鼓声惊醒，看见那么多猴子打铜鼓跳舞，觉得很有意思，但不知这舞要跳到什么时候才能收场。猴子不走，他也不敢起来。又等了很久，暗地里把猴子的舞蹈记熟了。实在等不及了，突然大喊一声，从黄豆秆堆中站起来，猴子如闻晴天霹雳，母猴尖叫一声，领着猴群四散奔逃，撇下铜鼓，躲回山洞去了。蓝老宠把铜鼓背回村寨，从此世代相传，大家都会跳铜鼓舞了。

克伦族的传说：

相传克伦族的祖先蒲貌桃在一座有溶洞的小山山麓开垦了一块肥沃的土地，在他种的庄稼快成熟的时候，山上的猴子天天下来偷吃。为了驱赶这些猴子，蒲貌桃东奔西跑，一天到晚疲惫不堪。后来他失望了，躺在地上假装死去。不久，猴子们又围过来，以为蒲貌桃真的死了。它们议论说："我们吃过他的谷物，现在他死了，让我们给他举行一个体面的葬礼吧！"根据习俗，它们把蒲貌桃的尸体抬起来，运到山顶的溶洞口。然后它们又找来铜鼓。当它们正在敲打铜鼓的时候，蒲貌桃忽然坐了起来，这一意外行动使猴子们吓得惊慌失措，立即逃之夭夭。蒲貌桃就得到了这面铜鼓，并把它带回家。

四、铜鼓是人类祖先制造的

壮族有个传说，铜鼓是壮族开天辟地的老祖宗布洛陀造的：

> 布洛陀造了天、地和人以后，就在天上安家了。但是他有时打开天门飞下地来倾听人间的意见，看看人间还缺少什么，再继续补造一些东西。
>
> 有人对他说："大地上样样都有了，就是缺少星星。"布洛陀说："对呀，地上应该有自己的星星。"于是他马上带领人们挖来三色泥，做成一个个两头大中间小的模子。又采来孔雀石，砍来青冈树，烧炼孔雀石。经过三天三夜，孔雀石变成了金光灿灿的溶浆。布洛陀领着大家把溶浆倒进三色泥模子里，眨眼工夫，一个个两头大中间小的、有四只耳朵的东西就造出来了。它一头封顶一头空，封顶的一头还有一个又大又亮的星星。大星星周围还有许多小星星。布洛陀拎起其中一个，用拳头照大星星一擂，顿时发出"抛曼抛奔"、"抛曼抛奔"的声音。布洛陀大声地说："这些东西叫阿冉，它们就是地上的星星。"壮语"阿冉"就是铜鼓，从此壮族就有了铜鼓。所以壮族世世代代都流传着这样一首歌：
>
> 天上星星多，地上铜鼓多；
> 星星和铜鼓，给我们安乐。

瑶族也有传说，铜鼓是瑶族始祖密洛陀派他的儿子制造的：

> 传说月神每天升得高高的，同时生出十二个太阳，把大地烤焦了。密洛陀感到不妙，就吩咐她的孩子们，把山上的石头炼成铜和铁，造一个像太阳那样大的鼓，抬到世界上最高的山顶上去敲击。天上的太阳听到铜鼓声，拨开云头往下看，只见铜鼓上的星星闪闪发光，以为是它们的某个同伴掉下去了，便

瑶族妇女的铜鼓阵

一起跑下来营救。密洛陀的孩子们面对落下来的太阳,拉开弓箭连射十一发,射中了其中的十一个,剩下一个太阳慌忙逃回了天庭。从此大地恢复了清幽凉爽,瑶族年年敲铜鼓以示庆贺。

瑶族另一个传说:铜鼓是密洛陀造的,后来传给了她的第三个儿子。

话说很久以前,密洛陀有三个儿子,老大、老二都住在平地,只有老三住在山上。老三开荒种地,庄稼长得很好,但到即将收割时,却被飞禽走兽糟蹋得不成样子。于是他跑回来向母亲诉苦。密洛陀就把铜鼓送给他,叫他在庄稼成熟的时候,把铜鼓敲起来,飞禽走兽听到铜鼓声就不敢来了。老三把铜鼓背回山上,按照老母亲的指示去做,飞禽走兽果然不敢来了,粮食获得大丰收。自此以后,瑶族人民在每年五月二十九日密洛陀生日那天，都要打铜鼓、跳铜鼓舞，以示纪念和庆贺。

越南芒族的传说：铜鼓是奕祥帝派人铸造的，当时造了成百上千个铜鼓，奕祥帝把最漂亮的铜鼓留在皇宫供自己使用，派人把一些较次的铜鼓拿出去卖，所以天下到处有铜鼓。

云南富宁和广西那坡的彝族百姓传说，铜鼓是他们的祖先波罗和罗里芬夫妇铸造的。彝族跳弓节唱的经诗《铜鼓王》详细地叙述了他们历尽艰辛采矿、炼铜、制模、浇铸，最后制成铜鼓的全过程。先是波罗炼铜水，"炼了上百次，次次不成功。铜水变废水，难得成鼓身。起初在地上，挖个土坑坑，铜水倒下去，遍地黄生生。土坑漏铜水，此法不可用……想来又想去，用木做模型。做好木模子，再把铜水淋。铜水淋下去，模上火焰升。过了不多时，木模成灰烬。铜水满地淌，还是搞不成"。接着是波罗的妻子罗里芬想办法，"波罗铸铜鼓，总是铸不成。她虽看在眼，却是痛在心。偷偷打主意，暗暗动脑筋。自动当助手，用泥做模型。先用黄泥巴，加水拌均匀。揉搓成软泥，做成铜鼓形。等到晒干后，模子算做成。再把铜水灌，冷却成鼓身。铜鼓铸成了，夫妻最高兴"。开始铸出来的铜鼓很厚重，声音哑，样子也不好看，"用来做铜锅，煮饭慢吞吞"，"后来夫妻俩，几次再改正。模子空隙小，轻鼓才铸成。虽然较粗糙，但也很好用。敲起咚咚响，四方听得清"。从此彝家有了铜鼓，"波罗铸铜鼓，他是发明人"。

第三节　考古发掘和研究

铜鼓究竟是怎么来的？不能相信传闻，而要相信科学。科学研究逐渐揭开铜鼓来源之谜。

铜鼓最初是作为流散文物来研究的。研究者看到的铜鼓脱离了原生环境，在博物馆里或私人收藏家手中，甚至只见于书本上的记载。因此，很长时间内，这种研究只能归在古器物学的范畴。

中国金石学到宋代已经成熟，开始出现各种古器物图集，但对铜鼓还相当冷漠，其原因是，铜鼓是南方少数民族的用器，是"化外之物"，不是正统"礼器"。金石学的一个重要任务是整经证史，铜鼓担当不了此任。尽管当时皇宫秘阁已有铜鼓收藏，金石学家却没有把它们放在眼里。有的文人学士甚至鄙视铜鼓，如诗人陆游在《老学庵笔记》中说："初非古物，实不足辱秘府之藏。"他认为铜鼓不应该存放在收藏珍宝的皇宫秘阁。所以在宋代人编著的铜器图录里看不到铜鼓的踪影。直到金石学发展到鼎盛时期的清代，才在御纂的《西清古鉴》及其续鉴甲乙编中将铜鼓图像著录，并在第一鼓后作按语说：

> 此器今世多谓之诸葛鼓，盖武侯渡泸后所铸。然考马伏波平交趾亦铸铜为鼓，则先诸葛有之矣！今岭南一道，廉州有铜鼓塘，钦州有铜鼓村，博白有铜鼓潭，则用以为地名矣！大抵两川所出为诸葛遗制，而流传于百粤群峒者则皆伏波为之。今未能差别，统名为汉铜鼓。

由此可以看到当时的金石学家对铜鼓的认识，一是年代只断到汉代，从马援（马伏波）到诸葛亮，因而"统名为汉铜鼓"；二是将铜鼓区分为"诸葛遗制"和"伏波为之"，即如明代人邝露在《赤雅》一书中所分出的"诸葛鼓"和"伏波鼓"。但对这些铜鼓来自何方、何人使用，却一无所知。

近代考古学是18世纪产生的，它是根据实物史料研究人类社会历史的学科。也恰在这时，西方学者接触到了铜鼓，并对铜鼓产生了研究兴趣。他们把铜鼓作为东方古老文化的一部分，开始由收藏鉴赏到资料汇集，以至分类研究，已引入近代考古学中的器物类型学，将铜鼓科学地分类，较之中国金石学家笼统地把它们分为伏波鼓和诸葛鼓来，已进步得多了。然而，真正将考古学运用于铜鼓研究是现代考古学在中国和东南亚地区开展以后，特别是考古学家在铜鼓分布地区开展考古发掘之后才出现的。直接发掘铜鼓和利用考古发掘资料来研究铜鼓，追溯铜鼓的来龙去脉，才使铜鼓研究获得飞速发展。

1924年，越南清化省东山县东山村一个农民蹲在村后的马江岸边钓鱼，时值暴雨大作，河岸崩塌，冲刷出许多青铜器来。这个农民捡获了这批古物，后来卖给了清化税务官巴若（L.Pajot）。当时法国设在河内的远东博古学院听说此事，就委托巴若做进一步调查。当他们知道这地方还埋藏着同样的古物时，就决定进行发掘。巴若花钱雇请了好些民工，让他们排成行向前刨挖，挖到什么就捡什么，很快就挖开了许多口子，确实挖出不少青铜器，其中就有4面铜鼓。这是人们第一次有意识地挖掘出铜鼓。但是巴若是个税务官，对田野考古一窍不通，他的发掘纯粹是挖宝式的，被后来的考古学家认为是那个世纪资产阶级考古学的最低水平。他只顾捡东西，根本没有注意任何考古遗迹，虽然有不少与铜鼓共存的其他遗物，仍不能准确地说明铜鼓的年代。

1934—1937年，远东博古学院邀请瑞典考古学家阳士（O.R.T.Janse）继续发掘东山遗址，又挖到两面铜鼓和一批仿制铜鼓的明器。阳士将遗址的层位弄清楚了，每面铜鼓都有了层位归属，才解决了这类铜鼓的相对年代问题。后来，在越南清化省密山和永宁的东汉砖室墓中又发现铜鼓，这些砖室墓因埋葬有汉代五铢钱和其他有年代标志的铜器和陶器，年代也很容易确定。

1961年，越南海防造船厂越溪挖土

在越南东山遗址发掘到的铜鼓

1956年冬,云南发掘石寨山滇王墓出土铜鼓现场

工场发掘了5座独木棺墓葬,出土了一大批青铜器,包括鼎、壶、钟、盅、缸、剑、削、斧、凿、匕首等,也出土了一面铜鼓。其中剑、削、钟、壶、鼎与中国战国至汉代早期的相同,可以推定这面铜鼓属西汉前期的产物。

中国从考古发掘中获得铜鼓是20世纪50年代以后的事。

1954年,贵州麻江县谷硐一座宋代墓葬出土一面铜鼓,与铜鼓一同出土的有铜发钗、铁刀、铁三脚架等物。

1952年,云南省博物馆从昆明市面上买到一批铜器,有戈、矛、剑、钺等,这些器物的花纹奇异,制作古朴,立即引起了考古学家们的注意。他们到处打听这些古物的出处。有人告诉他们,早在20世纪40年代初,在晋宁县石寨山已出土过这类铜器,但大部分被当时的官僚、恶霸占有,其余的则被当做废铜卖掉了。1954年10月,他们前往石寨山调查,证实了这一事实,在石寨山发现了一处重要的古代文化遗址,以前收购的青铜器正是从这里挖掘出来的。他们决心从这里敲开云南古代青铜器宝库的大门。

1955年3月,云南省博物馆对石寨山组织了为期三个星期的

第一章 千古之谜：铜鼓文化的起源

1955年，修建黎湛铁路时在广西贵县高中汉墓中挖到的一面铜鼓

遵义杨粲妻墓出土的铜鼓

遵义杨粲墓腰坑内埋有铜鼓，铜鼓取出后留下一个圆坑

考古发掘，发掘了两座古墓和一大片贝壳层遗址，在甲区第一号墓内出土一面铜鼓和两个铜鼓形贮贝器。这是中国考古工作者第一次亲手挖出铜鼓。与铜鼓共出的器物有铜锄、铜斧、铜犁以及玛瑙、绿松石、赤金等珠饰，有漆奁，漆奁内盛有铜镜。由于一同出土了这样丰富的陪葬品，使人们第一次有条件判明这种铜鼓是属于西汉时期，即公元前2世纪的遗物。1956年11月至1957年1月，云南省博物馆对石寨山进行了第二次发掘，发现土坑墓20座，出土铜鼓15面、铜鼓形贮贝器4件。在第6号墓的漆棺底部出了一颗"滇王之印"金印。这颗金印和《汉书·西南夷传》记载汉武帝元封二年（前109）赐滇王尝羌"滇王之印，复长其民"的史实相契合，对铜鼓的断代和推定其族属提供了更直接、更坚实的依据。

1955年春，在云南对石寨山进行第一次发掘的同时，从广西黎塘到广东湛江的铁路正在修筑。在修穿过贵县（今贵港）贵城镇一段的时候，挖到一大群汉代墓葬，在贵县中学高中部岭顶的一座西汉晚期的土坑木椁墓里，清理出一大批铜器、铁器、陶器和120枚铜五铢钱，还有一面被压扁了的铜鼓。这是广西考古工作者第一次从古

云南楚雄万家坝第23号墓墓底4面铜鼓出土情况

墓中发掘到铜鼓。

1957年,在贵州遵义发掘了南宋播州土司杨粲夫妇墓,在修复墓室时,搬动石棺床,掀开墓底的铺石后,在两个墓室的腰坑内各发现铜鼓一面。杨粲墓立碑于南宋淳祐七年(1247),其中一面铜鼓在腰坑内倒放着,鼓面压着数圈铜的、铁的"崇宁通宝"和"崇宁重宝"钱。从铜鼓身上可以看到一些夹铸垫片是用北宋的"元祐通宝"铜钱碎片代替的,可以断定这面铜鼓制作的年代就是在北宋元祐至南宋淳祐之间。

1960年,在云南楚雄大海波的一座战国墓中出土了一面铜鼓,同时出土一批青铜兵器和生产工具。

1961年,云南祥云大波那村后石头山爆破取石,于东南山脚缓坡上发现古墓两座。一座当时已毁,另一座露出了木椁。1964年3月,云南省文物工作队前往清理,发掘出铜棺一具和铜鼓、铜钟等青铜器。这面铜鼓形制古朴,时代比石寨山铜鼓更古老。

1971—1972年,云南省文物工作队在江川县北星云湖畔的李家山发掘了一群古墓,出土青铜器和玉石器千余件,其中有铜鼓8

第一章 千古之谜：铜鼓文化的起源

广西西林普驮铜鼓墓4面铜鼓互相套叠在一起，小朋友看到的是复原模型

面。通过放射性碳素测定，这批墓最早的年代是公元前524年，相当于中原地区的春秋时代晚期，最晚的可到东汉初期。

1972年7月，广西西林县八达公社普驮屯粮站开辟晒谷场，在驮娘江边挖到一处用铜鼓作葬具的墓葬，一下就出土4面铜鼓，和它们共存的有铜骑俑、铜六博俑、铜羊角钮钟、各种铜牌饰和大量玉石、玛瑙饰件，与云南晋宁石寨山墓群相比较，可以断定其时代为西汉前期。

1975年，在云南楚雄万家坝发掘古墓七十余座，出土铜鼓5面，形态与和它们共存的铜釜十分接近，风格极为古朴。经放射性碳素测定，出土铜鼓的两座墓，其中一座的建造年代为公元前400年，另一座为公元前690年。这5面铜鼓被确定为迄今已知确切年代的最早的铜鼓。

1976年，在广西贵县（现贵港）罗泊湾一座大型土坑木椁墓的器物坑内出土铜鼓3面，其中有一面已将胸部以下锯去，鼓面焊上3只蹄形足，翻过来当铜案使用；有一面大铜鼓饰有翔鹭、舞人和竞渡纹，纹饰十分清晰。

23

1977年夏，在广西田东锅盖岭一座古墓内出土铜鼓1面；1977年冬，在云南曲靖八塔台古墓也出土铜鼓1面；1978年，在贵州赫章可乐祖家老包古墓群发掘中也出土铜鼓1面；1993年，在广西田东祥周南哈坡战国早期墓中出土铜鼓2面；1994年在广西田东林逢大岭坡战国墓中出土铜鼓1面。

这些考古发掘品不但地点明确，而且都有大量的伴出物，文化层位清楚。通过碳素年代测定和根据对共存器物已有的年代知识，可以对铜鼓入土年代作出较为可靠的推断，也为研究传世铜鼓的年代和分布提供更好的标尺。由于大量考古材料的加入，使一些长期以来迷惑不解的问题得以澄清。

首先，考古发现解决了铜鼓的地理分布问题。

以前的铜鼓是作为流散的器物搜集的，大部分已脱离了原产地和原来的使用地，使它们的地理分布难以确定。如奥地利著名学者F.黑格尔（Frang Heger）在1902年出版的《东南亚古代金属鼓》中，运用了当时所能搜集到的165面铜鼓的资料，但他在书中承认，他所知道的许多铜鼓是来历和身世都不明的，这些铜鼓大都来自寺庙，"在内蒙古和张家口以北的喇嘛寺庙中"也有这类铜鼓。又说："关于Ⅱ型铜鼓（即我们后来说的粤系铜鼓），我知道它们分布在中国东南各省，最北的一面鼓则是在扬子江出海口的银岛上的一座寺庙里发现的。"有人根据黑格尔的这段话，把铜鼓的分布区划到长江以北，甚至到内蒙古去了。其实黑格尔当时也明白，这些铜鼓是从外地流传过去的，这些地区不应包括在铜鼓的分布范围内。通过后来对出土地点的调查，现已明确，黑格尔所指的Ⅱ型铜鼓只出在中国广东、广西两省接壤的云开大山区，它的分布范围为：东至广东云浮、阳春，没有到达珠江三角洲；南达海南陵水；西至广西邕宁、上思；北到广西桂平、平南、苍梧，没有越过浔江北岸。如果这类铜鼓发现在这个范围之外，则必定是后来流传出去的。

第二，考古发现解决了部分铜鼓的年代问题。

黑格尔当年将铜鼓划分为四个基本类型和三个过渡类型。认为第Ⅰ类型年代最早，其他类型都是从第Ⅰ类型发展起来的。但是他划分的第Ⅰ类型，年代跨度很大，不易把握，还可以划分出若干个时期。由于中国云南晋宁石寨山、江川李家山、广西贵港罗泊湾等一大批汉墓的发掘，使其早期类型确定在战国晚期至西汉中期之间。

如果把黑格尔划分的第Ⅰ类型铜鼓分为早晚两期的话，早期鼓分别出自江川李家山Ⅰ型墓和晋宁石寨山Ⅰ、Ⅱ型墓。在江川李家山Ⅰ型墓中，与铜鼓伴出的铜器有贮贝器、枕、伞盖、葫芦笙、尊、壶、杯、耳杯、镯、啄、斧、钺、戈、矛、匕首、狼牙棒、臂甲、箭箙、绕线板、针线盒、梭口刀等，玉石器有镯、耳环、玛瑙扣、坠等。这些器物大多数具有滇文化的地方特点，从器形到纹饰都和中原地区的铜器有较大的差别，说明当时还没有受到汉文化的影响。滇池地区接受汉文化主要是在汉武帝以后，所以推断这些墓的年代下限在汉武帝以前，而其上限则早到战国末期。在石寨山墓群中，与铜鼓伴出的器物，Ⅰ型墓有贮贝器、壶、尊、勺、案、伞盖、杖头饰、葫芦笙、纺轮、铃、戈、矛、剑、啄、狼牙棒、镞、锛、斧、钺、削、镦等铜器，环、杯、坠、耳环、玛瑙扣等玉器；Ⅱ型墓有贮贝器、铃、镜、犁、铲、镰、锄、剑、矛、戈、斧、锛、钺、啄、锤、弩机、镞、镦、凿、车器、狼牙锤、牛头、叉、半两钱、俑、印章等铜器，剑鞘、珠、钏等金器，斧、剑等铁器，耳环、玛瑙扣等玉石器。Ⅰ型墓中铜器所占比例大，没有金器，很少量的铁器，生活用具及乐器较多，都是实用品。尊、壶、案、葫芦笙等具有浓厚的地方特点，陶器少，没有明器，说明当时受内地文化影响小，年代可能较早。Ⅱ型墓中具有地方特点的生活用器减少，兵器和生产工具增多，实用的尊、壶、案、葫芦笙等不再出现，开始出现斧、剑等铁器，并出现从内地传入的铜四铢半两钱、四叶纹铜镜和昭明铜镜，说明年代比Ⅰ型墓要晚。四铢半两钱是汉文帝前元五年（前175）开始流行的钱币，四叶纹镜和昭明镜是西汉中期流行的铜镜，因此可以推断Ⅱ型墓的年代上限不超过汉文帝前元五年（前175）以前，下限到西汉中叶。因此石寨山早期铜鼓的年代应是战国晚期至西汉中期。

石寨山晚期铜鼓分别出土于石寨山Ⅲ型墓、广西贵港罗泊湾汉墓、广西贵县高中8号墓、贵州赫章153号墓。石寨山Ⅲ型墓与铜鼓伴出的铜器有贮贝器、铃、编钟、犁、铲、锄、剑、戚、钺、喙、狼牙锤、叉、弩机、镦、凿、削、三足釜、洗、盘、熏炉、锤、鍪、盂、镜、俑、盖弓帽和带钩，铁器有剑、戟，金器有剑鞘、滇王金印等，陶器有豆、炉、熏炉、罐等，玉石器有璧、杯、耳环、玛瑙扣。根据出土的五铢钱及"宜佳人"铜镜、"长勿相忘"铜镜，特别是"滇王之印"金印，说明其年代是在汉武帝元封二年（前109）"置益州郡，赐滇王印"以后至王莽以前的西汉中晚期。广西贵港罗泊湾汉墓保留了一些战国晚期的风格，随葬品中也有不少是属于战国晚期、秦和西汉前期的器物，没有发现西汉中期以后的东西，因此，其年代应是西汉初期，上限到秦末，下限不会晚于文景时期，就岭南地区来说，就是赵佗称王的南越国时期。广西贵县高中8号墓与铜鼓伴出的铜壶、铜镜、带钩、五铢钱、铁三脚架等都是岭南地区西汉晚期墓中的常见器物，特别是成串的西汉五铢钱，说明这墓的年代属于西汉晚期。贵州赫章153号墓与铜鼓伴出的有铜带钩和环柄铁刀、铁锸、铁铧，估计年代为西汉晚期。

由此可见，石寨山铜鼓的流行年代是从战国时期至西汉晚期，最迟到东汉初期，前后延续了大约五百多年。

越南东山铜鼓也有不少是出自墓葬的，可作为年代推断的参考。越南海防越溪鼓出自船棺葬，该墓出土的大量铜器，既有相当于中国战国晚期的铜剑和铜削，又有与中国广西贺州铺门西汉墓出土相同的圈足上镂有三角孔的铜壶，而其斜刃斧、匕首、桶等又与越南绍阳、荣光、罗维等遗址的同类器物一致，应属秦汉交替时期。这座墓已有3个碳^{14}年代数据，分别是公元前350年、公元前465年、公元前380年。一般认为测定的年代偏早，实际年代是公元前4世纪至公元前3世纪之间。从检视的汉式器物来看，其实这座墓还应晚到公元前2世纪。越南清化密山鼓是兴建密山锯厂时发现的，伴出器物有铜盆、铜剑、铜鼎和五铢钱，其上限不会超过西汉中期；清化永宁鼓伴出的汉代铜器、陶器、铁器和汉代五铢钱，明显是汉代墓葬中的遗物；蒙村4号鼓有铜钱花纹，其中有"货泉"纹饰，应铸于公元1世纪初发行"货泉"铜钱之后；浪袜3号鼓出于墓中，鼓腔内放有铜桶和铜壶，清化定功鼓3面与1件铜桶伴出，清化广胜鼓与一批铜兵器和铁工具伴出，也是东山晚期墓葬出土物，年代约在公元1—2世纪。1982年在河内市东古螺城出土的古螺1号鼓，内蓄近两百件青铜器，包括矛、匕首、镞、斧、锄、犁等，也是战国晚期至西汉前期中国南方墓中习见之物，其中有一枚西汉吕后时期发行的铜半两钱，从而得知其埋葬时间至早不会超过公元前2世纪。越南老街在1993年出土了一批东山铜鼓，与西汉晚期至东汉早期的遗物共存。

由此可见，越南东山铜鼓的流行年代也是公元前4世纪—公元2世纪，相对年代当比中国石寨山铜鼓略晚，延续的时间更长一些。

第三，考古发现基本上解决了铜鼓的起源问题。

铜鼓的起源问题实际上是两个问题，一是铜鼓起源于何物，即从什么东西演变而来的；一是铜鼓起源于何地，即最早出现在哪些地方。由于云南楚雄万家坝等地春秋战国墓的发掘研究，确立了黑格尔类型之外的一个新的类型，即万家坝型铜鼓，从而使这两个问题得到了较好的解决。

万家坝铜鼓的特点是：鼓面小，鼓胸外凸，鼓腰极度收束，鼓足很矮，但足径特大，足沿内有一周折边，胸腰之际的4只扁耳较小；花纹简单、古朴，有一种稚拙味，带有初创阶段特有的风格，一般都认为是年代古老的作品。这类铜鼓绝大多数出于墓葬之中，有众多的伴存物作断代参照，有的墓葬还做过碳[14]年代测定，推断

广西巴马县东山乡卡桥村弄岭屯布努瑶进新房时有使用铜鼓的习俗　梁汉昌摄

出的年代显得更加可靠。出铜鼓的楚雄万家坝第23号墓，经碳[14]测定为距今2640±90年，约相当于春秋中期，从器物比较得出的年代与此年代相吻合。楚雄万家坝第1号墓的第12号鼓和祥云大波那木椁铜棺墓铜鼓都是科学发掘品，两墓的棺木都经碳[14]测定过，楚雄万家坝第一号墓距今2350±85年，祥云大波那木椁铜棺墓距今2350±75年，二者年代相近，约为战国早期。铜鼓铸造的年代或许比墓葬年代要早。楚雄大海波鼓，通体素面无纹，从形制上看，比较原始，年代显然比万家坝第1号墓的铜鼓古老，推测为春秋早期或者更早。这类铜鼓与其共存的一种铜釜十分相似，功用也基本相同，因而可以推定，最早的铜鼓是由铜釜演化而来的。

1948年，法国学者莱维（P.Lery）正式提出铜鼓起源于炊具倒置的看法。他在印度支那人类学研究所作的一个报告中指出："在最古老的金属鼓与釜之间有许多形态上的相似性。"他认为，如果将一个铜釜倒置，则其凸起的底部相当于铜鼓微凸的顶部，腹部相当于铜鼓的胸部，内收的颈部成为铜鼓的腰部，而外侈的唇部则相当于铜鼓外侈的足部。但他没有提出更为具体的证据加以阐明。

1964年，在云南祥云大波那木椁铜棺墓出土了一面铜鼓，同时出土了一件和这面铜鼓十分相似的铜釜。考古工作者在发表相关的考古报告时指出："此釜形状和铜鼓十分近似，倒置过来，其异于铜鼓者，只不过是打击面的直径较小，足边无折棱而已。"与大波那铜鼓类似的铜鼓，此后在云南中部地区陆续发现。至20世纪70年代，冯汉骥在《云南晋宁出土铜鼓研究》中明确提出：

> 从早期铜鼓的形制来看，它似乎是从一种实用器（铜釜）发展过来的。大概在云南地区的青铜器时代早期，曾使用过一种鼓腹深颈的铜釜，这种铜釜是炊器，又可将其翻转过来作为打击乐器。祥云大波那铜棺墓中这种形状的铜釜及铜鼓的发现，给了我们以明确的启示，说明了早期铜鼓的一些特别形状的来源，例如鼓面为什么较小，胴部为什么特别膨胀，鼓身为什么缩小，鼓足为什么又复行侈开，鼓耳为什么在胴部与鼓体之间，等等。这都是因为：鼓面原本是釜底，胴部原是釜腹，鼓身原是釜颈的延长，鼓足原是釜口，鼓耳原是釜腹与颈之间的釜耳。又因为整个铜鼓是从铜釜发展而来，所以打击面只有一面而非两面。

铜鼓是由铜釜演变而来的，这个结论到20世纪70年代末逐渐为大家接受。

现在我们来谈一下起源地区。这类铜鼓，到目前为止已发现四十多面，主要分布于中国云南礼社江—元江流域，集中于滇池以西、洱海以东、元江以北、金沙江以南地区，即楚雄、禄丰、牟定、祥云、弥渡、昌宁、永胜、文山、广南、邱北、曲靖、蒙自、腾冲等县、市。云南中部偏西一带是这类铜鼓的分布中心。这个地区出土的铜鼓从早期到晚期可以排成队列，自成系统，发展脉络清晰。而原始类型铜鼓又从当地出土的铜釜形态上找到渊源，证明它们是在这里土生土长的。这个地区应是铜鼓的起源地。这个地区以外，这种原始铜鼓在广西田东县发现3面，在泰国北部发现2面，在越南北部发现6面（其中河山平2面、永福2面、老街2面），越南和泰国发现这类铜鼓的地区与中国云南的原始铜鼓分布区连成一片。

与此同时，考古发现还清理出黑格尔分类中原来没有的一个类型，建立了"先黑格尔Ⅰ型"。黑格尔在著《东南亚古代金属鼓》一书时，这类铜鼓仅出现过1面，那就是"东京盖列特Ⅱ号"鼓。因为仅此一例，黑格尔没法将它归类，只好在介绍完第Ⅳ型铜鼓之后，作为"奇特的鼓"单独介绍。这面铜鼓鼓面很小，鼓足很矮，鼓胸特别膨胀，鼓耳像辫带，每对相距甚远，鼓面中心有3个带状环，缺乏太阳纹和大多数铜鼓上常见的纹饰，显然属于万家坝类型。因为这类铜鼓出现的时代比黑格尔的Ⅰ型铜鼓要早，日本学者称它为"先黑格尔Ⅰ式"铜鼓。

大量考古材料的发现，真实地反映了各个时期铸造和使用铜鼓的人群的生产水平和生活面貌，使我们更能真切地了解铜鼓发展的历程和铜鼓在各个历史时期、不同族群中的使用状况和社会功能。

当然，考古学在研究铜鼓方面也有不少局限性。铜鼓分布区都是经济不发达地区，不可能投入太多的资金从事与铜鼓研究相关的考古学研究，我们的考古发掘目前还主要是配合基本建设进行，

孕育铜鼓文化的红水河

第一章 千古之谜：铜鼓文化的起源

东兰国际铜鼓文化旅游节上的民间铜鼓表演

能够碰上铜鼓的机会不多。到目前为止，考古发掘还只涉及万家坝型、石寨山型、遵义型和个别麻江型铜鼓，而且也仅见于古代墓葬中。北流型、灵山型铜鼓只有零星的出土，似乎没有在古代墓葬中出现，因而难以找到它们的共存物，判断其年代还是一个老大难问题。在人类居住遗址（相对古代墓葬而言，居住遗址是指村落、城市等人类居住的地方），铸造铜鼓地点和祭祀铜鼓地点遗留铜鼓的现象还没有得到揭露，寄希望于今后考古工作的进一步开展。面向未来，铜鼓研究必将更倚重于考古学的发展。

[注释]　① "都掌蛮"有时简称为"都蛮"。不同文献记载不一。

第二章
巧夺天工：铜鼓的主要类型与铸造工艺

第一节　铜鼓的主要类型

铜鼓在其自身的发展过程中，不同时代、不同地区，形成各自的特点。研究者们从共性之中找出它们的差异，根据它们的时代和原产地，以及铸造和使用它们的民族，把铜鼓划分为各种类型。

关于铜鼓类型的划分，以前有所谓的"断代命名法"，把铜鼓简单地区分为"汉铜鼓"、"唐铜鼓"；或把铜鼓按形体大小划分为"大铜鼓"、"中铜鼓"和"小铜鼓"；或者根据传说，把铜鼓分为"伏波鼓"和"诸葛鼓"。这些分类法显然是不科学的。

西方学者在研究铜鼓时采用数字代号法，把铜鼓分成所谓Ⅰ、Ⅱ、Ⅲ、Ⅳ式，或A、B、C、D式。首先这样分类的是德国学者迈尔（A. B. Meyer）和富瓦（W. Foy），他们于1897年在德累斯顿出版的《东南亚铜鼓》一书中，描述过52面铜鼓，把它们分为六类。比这稍晚，奥地利学者黑格尔（Franz Heger）在1902年所著的《东南亚古代金属鼓》一书中，把当时所知的165面铜鼓划分为Ⅰ、Ⅱ、Ⅲ、Ⅳ四个基本类型和Ⅰ–Ⅱ、Ⅰ–Ⅳ、Ⅱ–Ⅳ三个过渡类型。这种高度概括性的分类法，成为后来各国学者遵循的典范，在中国也有很大的影响，20世纪70年代以前研究铜鼓的各家基本上采用这种分类法。如闻宥编著的《古铜鼓图录》（1954年版）将铜鼓分为甲、乙、丙三式，云南省博物馆编著的《云南省博物馆铜鼓图录》（1959年版）将铜鼓分为甲、乙、丙、丁四式。

1980年3月，在广西南宁召开的古代铜鼓学术讨论会上，中国学者觉得数字代号法的代号太多、太杂，各家所见资料不同，划分类型的精粗不等，排列次序又互相颠倒，显得头绪纷纭，给后来研究者带来许多不必要的麻烦，认为用标准器分式，并用标准器出土地名命名的办法，是比较好的办法。经过反复讨论，大多数学者求得共识，根据中国的实际情况，提出八个标准式，分别称为万家坝式、石寨山式、冷水冲式、遵义式、麻江式、北流式、灵山式、克伦式（西盟式），后来正式定名为万家坝型、石寨山型、冷水冲型、遵义型、麻江型、北流型、灵山型、西盟型。

一、万家坝型铜鼓

万家坝型铜鼓以云南省楚雄县万家坝春秋战国时期墓葬出土的一批铜鼓为代表，其特点是：鼓面特别小，鼓胸特别外凸，鼓腰极度收束，鼓足很矮，但足径特大，足沿内有一道折边，胸腰之际的4只扁耳小；花纹特点是简单、古朴，有一种稚拙味，给人以稳重感。鼓面的太阳纹有的仅有光体而无光芒，有的有光芒但芒数无定，太阳纹之外多为素面，没有晕圈。鼓胸和鼓足都素面无纹，腰部也只是由几条纵线划分成几个空格；鼓身的内壁接近足沿处有稚拙的菱形格子纹、爬虫纹或简单的云头纹。

这类铜鼓是20世纪50年代以后陆续在中国云南楚雄、弥渡、祥云、昌宁等地的春秋战国时期墓中发现的。黑格尔在著《东南亚古代金属鼓》一书时，这类铜鼓仅出现过1面，黑格尔没有给它归类；20世纪70年代以后，中国学者把这类铜鼓单独列为一类。因为这类铜鼓在黑格尔分类中找不到自己的位置，而它出现的时代

云南万家坝型铜鼓是最原始的铜鼓

第二章 巧夺天工：铜鼓的主要类型与铸造工艺

石寨山型铜鼓已发展成熟

比黑格尔描述的任何类型铜鼓都要早，应该排在黑格尔Ⅰ型铜鼓之前，日本学者巧妙地称它为"先黑格尔Ⅰ式"铜鼓。

二、石寨山型铜鼓

石寨山型铜鼓以云南省晋宁石寨山汉代墓葬出土的一批铜鼓为代表。这类铜鼓面部宽大，胸部突出，腰部呈梯形，足部短而直，布局对称，纹饰丰富华丽。鼓面中心是太阳纹，光体与光芒浑然一体，三角光芒之间填以斜线，太阳纹之外是一道道宽窄不等的晕圈，窄晕中饰锯齿纹、圆圈纹、点纹等构成的花纹带。宽晕是主晕，饰以旋转飞翔的鹭鸟。胸部也饰有与面部相同的几何纹带，其主晕则是人划船的写实画像。腰部除晕圈组成的纹带之外，还有由竖直纹带分隔成的方格，方格中饰以牛或砍牛仪式及用羽毛装饰的人跳舞的图像。此类铜鼓造型较雄伟，而纹饰刻画细腻。

黑格尔将此类铜鼓列为第Ⅰ类型，是第Ⅰ类型铜鼓中年代较早的那部分。越南学者将黑格尔Ⅰ型称为东山铜鼓。中国的石寨山型与越南的东山型各有自己的特点，有的学者主张将这类铜鼓分成两个系统，即石寨山系和东山系。[①]

石寨山系铜鼓在中国云南、广西发现了很多，在越南也有不少发现，从其分布中心来看，也可称为云南系。东山系铜鼓在越南发现很多，在中国广西和泰国、老挝、柬埔寨也有发现，从分布中心来看，也可称为越南系。在拥有复数画纹带的大型铜鼓上，可以清楚地看到这两个系统的特征。石寨山系具有喇叭形的截头圆锥形腰，东山系具有圆筒形腰；在鼓面写实性题材的纹饰分布上，东山系铜鼓的内侧有乐舞纹、外侧有翔鹭纹的较多，石寨山系的外侧虽也有翔鹭纹，但内侧绘饰的鸟类之外的动物纹却不普通。关于几何纹,石寨山系是以较宽的三角形组成的锯齿纹为一般特点,东山系是由细长的三角形组成的锯齿纹和被认为是由此转化而来的栉纹为一般特点。石寨山系几何纹饰种类较少,东山系几何纹饰种类较多。

石寨山系代表性铜鼓是开化鼓、广南鼓、西林普驮鼓、贵港罗泊湾鼓。

开化鼓原出自贵州南部,后归云南开化府(今文山州)的苗族酋长所有,然后流往越南,最后转至欧洲。闻宥编著的《古铜鼓图录》载有此鼓图像。鼓面直径65厘米,身高53.5厘米。单弦分晕,共16晕。中心太阳纹12芒,芒间饰坠形纹;第二至六晕饰点纹、勾连圆圈纹夹勾连雷纹;第七晕是主晕,有舞人2组,每组有奏乐者4人(包括吹笛、击铜鼓者)、徒手舞者7人,另有编锣一架,干栏式房屋两座,屋顶立大鸟,屋内有铜鼓台和罐、鬲等容器;第八至十晕是点纹夹勾连云纹;第十一晕饰翔鹭18只;第十二至十六晕是点纹、锯齿纹夹勾连雷纹。鼓胸上部所饰纹带与鼓面第十二至十六晕相同,鼓胸下部有羽人划船纹6组,再下是一条已模糊的纹带。鼓腰上部被点纹、斜线纹夹勾连雷纹纹带纵向分隔为6格,每格饰一持盾羽人;鼓腰下部所饰纹带与鼓面第十二至十六晕相同。

广南鼓,于民国八年(1919)由云南广南县南乡阿章寨农民耕地时获得。据《云南省博物馆铜鼓图录》所载,它是到目前为止在云南发现的最大的一面铜鼓。面径68.5厘米,身高46厘米,胸80.5厘米,腰径62厘米,足径84厘米。辫纹小扁耳2对。太阳纹12芒,芒间填斜线,第三至六晕为点纹与勾连雷纹和一晕锯齿纹;第二、八晕素面;第九至十四晕为点纹夹内外向锯齿纹。胸上下部饰点纹夹锯齿纹带。中部饰4组船纹。下

有船纹和砍牛图像的云南广南铜鼓

精美绝伦的广西贵港罗泊湾大铜鼓

部为一组与上部相同的纹带。每组船上有7至8人,皆裸体、项髻。鼓腰上部被锯齿纹夹羽状纹、锯齿纹夹斜线纹、锯齿纹夹雷纹这3种纹带纵向分隔成14格,其中有12格内饰羽人对舞图像,有2格内饰砍牛图像。腰下部纹饰与胸上部纹饰相同。

西林普驮鼓,广西西林县普驮屯出土。有4面,其中280号鼓最大,面径77.5厘米,身高52厘米,胸径85.6厘米,腰径71厘米,足径90厘米。鼓面13晕。太阳纹16芒,芒间填斜线。第二、三、四晕为勾连点纹带;第五晕为勾连云纹;第六晕素;第七晕饰20只翔鹭;第八至十三晕为勾连点纹、锯齿纹夹勾连圆圈纹。胸上与腰下饰点纹、锯齿纹夹勾连圆圈纹,胸中部饰6组船纹,每船有8至11人,皆项髻。船间有鹭鸶和鱼。腰部分12格,每格又分上下两层,上层饰鹿,下层饰舞人。

贵港罗泊湾鼓,广西贵港罗泊湾汉墓出土。有3面,其中10号鼓最完美,面径56.3厘米,身高36.8厘米,胸径63.6厘米,腰径50.9厘米,足径67.4厘米。辫纹小扁耳两对。鼓面12晕。太阳纹12芒,芒间填斜线。第二至四晕为点纹夹同心圆纹;第五晕为变体勾连雷纹、绳纹;第六晕素面;第七晕为翔鹭;第八至十二晕和胸上部、腰下部均为点纹、锯齿纹夹同心圆纹。胸部饰6组船纹,每船6人。船间有鹭、凫、龟图案。腰部纵分为10格,其中8格饰舞人2至3人。足部刻"百廿斤"三字。

东山系铜鼓以玉缕鼓、黄下鼓为代表。

玉缕鼓,1893年在越南河南省平禄县玉缕乡发现,1902年被送到河内博览会展出,遂为远东博物馆所有。面径79厘米,通高63厘米。鼓面太阳纹14芒,芒间饰翎眼纹。自里向外16晕。第一、五、十一、十六晕为小圆点纹;第二、四、七、九、十三、十四晕为切线圆点圆圈纹；第三晕为曲折S形纹；第十二、十五晕为锯齿纹；第六、八、十晕为逆时针方向环行的人和动物活动画像。其中第六晕分为两个对称的近似部分，每部分可分为5组：第一组是从左向右一排6或7个羽人的舞蹈纹；第二组是一座圆屋顶建筑，门中间站一人；第三组是一对舂米的人和一个背着他们的人；第四组是一座梯形高脚屋，屋里有面对面的2个人；第五组是一个有柱子支撑的晒台，晒台上前后一列坐着4个手拿长棍的人，晒台下一列摆着4个像铜鼓一样的东西。第八晕有两组鹿，每组10只，一雄一雌相间；两组鹿之间是两组大眼飞鸟，一组6只，另一组8只。第十晕是18只翔鹭，每只翔鹭前又各有1只栖鸟。鼓胸上部饰小圆点纹和锯齿纹，中部是6只船纹，其中3只船上各有7人，2只船上各有6人，1只船上仅5人。船间另有立鸟，各1至3只。

黄下鼓是1937年在越南河东省富川县黄下乡发现的。面径97厘米，通高61.5厘米。形制、纹饰与玉缕鼓相似，但太阳纹是16芒，由里至外仅15晕，有一晕同心圆圈带螺旋形切线纹是玉缕鼓所没有的，但缺鹿和大眼飞鸟纹晕，翔鹭纹晕只有14只翔鹭，没有栖鸟。舂米人等图像也有一些差别。

越南最精美的玉缕铜鼓

越南的黄下铜鼓

有青蛙塑像的冷水冲型铜鼓

三、冷水冲型铜鼓

冷水冲型铜鼓，以广西藤县江乡横村冷水冲出土的铜鼓为代表。这类铜鼓体型高大轻薄，面径63.5—87.7厘米，身高43.7—66.0厘米之间。鼓面宽大，但不出沿或稍稍出沿。鼓胸略大于面径或与面径相等，即使稍微膨胀也很不凸出；鼓腰上部略直，最小径在中部；鼓足较高，与胸部高度略等；鼓耳宽扁，饰辫纹；有的在4耳之外，还有半圆茎拱形小耳1对。纹饰总的特点是瑰丽而繁缛。鼓面中心的太阳纹基本固定为12芒，芒间夹实心双翎眼坠形纹，鼓面边沿有立体青蛙，有的在青蛙之间再饰骑马、牛橇、水禽、龟等动物塑像，鼓面、鼓身遍布各种图案花纹，主晕为高度图案化的变形羽人纹和变形翔鹭纹，有一晕勾连雷纹及由此演变而来的复线交叉纹。鼓胸多有图案化的变形船纹，鼓腰有变形舞人图案和细方格纹，鼓足多有圆心垂叶纹，这些都是匠人精雕细刻的结果，有着一种纤巧的美。

黑格尔把它们归在Ⅰ型内，越南学者仍称之为东山铜鼓。我们认为它与早期东山铜鼓，即石寨山型铜鼓有很大差别，应另立一型，即冷水冲型。

冷水冲型铜鼓分布地域很广，不同地区有不同的特点，因而又可划分为三个亚型：即红河式、邕江式、浔江式。

红河式，主要分布于越南北部的红河下游地区，尤以清化、河山平等省较多。

红河式铜鼓的面径小于胸径，鼓面边缘多为素晕，有青蛙塑像4只，青蛙背部多有十字交叉纹样。芒间多以翎眼纹和折线纹相间排列。二至四弦分晕，晕弦窄而素，或夹细小的实心圆点纹。内侧第一晕为对向三角形纹或S形曲折纹，主晕内侧多有一圈变形雷纹，主晕为变形羽人纹和变形翔鹭纹。变形羽人纹有三组飘带似的头饰，羽冠上的线条较短；变形翔鹭纹多间饰定胜纹2个或4个。其他各晕饰栉纹、同心圆纹或切线圆纹。除个别鼓胸仍有船纹、鼓腰有羽人纹等主晕外，大多数鼓身上无主晕，但鼓腰上部仍有纵格，足多光素无纹。

红河式又可分为早晚两期。早期以越南右钟鼓、多笔鼓、农贡鼓和中国理村鼓等为代表。鼓面较小，胸部鼓凸，芒间饰折线纹间翎眼纹，鼓面各晕纹饰的基本组合为对向三角纹或S形曲折纹、变形雷纹、同心圆纹或加切线圆纹、栉纹、变形羽人纹、变形翔鹭纹，翔鹭纹晕中相应的地方多安置定胜纹一对，羽人颜面及翔鹭之眼皆用一个小圆圈内加一圆点构成。晚期以越南蒙山鼓、苗袜1号鼓等为代表，与前期相比，定胜纹增至四个，对向三角纹退化或消失，变形雷纹渐演变成复线交叉纹，羽人颜面和翔鹭之眼多变成两个同心圆，芒间出现全饰翎眼纹。

右钟鼓，1961年5月在越南海阳省四圻县和成社右钟村出土。面径82厘米，通高67厘米。鼓面太阳纹12芒，芒间间隔饰以翎眼纹和羽纹，围绕太阳纹的一道凸弦纹特别粗大。芒外9晕。第一晕为重叠M形曲折纹；第二、八晕为切线同心圆纹，其中第八晕靠近青蛙塑像的一段为网纹；第三、七、九晕为栉纹；第四晕为勾连雷纹；第五、六晕是主晕，第五晕是图案化鸟形纹，第六晕有两个定胜纹，将晕圈分成两个相等部分，每部分有5只沿逆时针方向飞翔的鹭鸟。边沿有4只青蛙塑像，蛙身饰几何形纹。鼓胸有4晕。第一、四晕为栉纹；第二、三晕为切线同心圆纹。纹带之下，有6只大小相间的船形纹。船弯曲似鸟形，船尾有舵，船头像一只有冠、张口的鸟头，船上没有人，但有图案化鸟形，两只鸟形相叠联结在一起。鼓腰也有与鼓胸一样的几何形纹带，也分出一些格子，格中有图案化鸟纹，每3只累蹲互相重叠。

多笔鼓，1971年4月在越南清化省永禄县永新社多笔村出土。仅鼓面相对完整，鼓胸破裂，腰部、足部也破损成许多小片。面径50厘米。鼓面中央的太阳纹12芒，芒间间隔饰以翎眼纹和羽纹，围绕太阳纹的凸弦纹也特别粗大。由内至外共8晕圈：第一晕为S形曲线纹；第二、七晕为切线同心圆纹；第三、六、八晕为栉

红河式的右钟铜鼓

与红河式类似的广西桂平理村铜鼓

纹；第四、五晕是主晕，第四晕是图案化鸟形纹，第五晕有两个定胜纹和6只沿逆时针方向飞行的翔鹭。边缘空白，有4只青蛙塑像，蛙身饰几何形纹。鼓身胸部是栉纹和切线同心圆纹，腰部按纵横两个方向互相垂直布局与胸部相似的几何纹带。

农贡鼓，1934年远东博物馆在清化省农贡县购买所得，现藏于越南历史博物馆。面径60厘米，通高38厘米。鼓面的太阳纹14芒，芒间饰以翎眼纹和羽纹，外有10晕圈。第一晕为S形曲折纹；第二、八、九晕为切线同心圆圈纹；第三、七、十晕为栉纹；第四晕为勾连雷纹；第五晕是图案化鸟形纹；第六晕有两个定胜纹，将晕隔成两半，每半各有3只有腿有爪沿逆时针方向飞行的鹭鸟。最外圈空白，边缘有4只青蛙塑像。胸、腰部有几何纹带，包括栉纹、切线圆圈纹。

理村鼓，1982年2月于广西桂平市金田镇理村高车出土。鼓面完整，鼓身已残。面径37厘米，面沿略伸出颈外。鼓面中心的太阳纹12芒，芒间间隔饰以翎眼纹和羽纹，围以一道特别粗大的凸弦纹。太阳纹外共有7晕，由内向外分别饰以S形曲折纹、切线同心圆纹；第四、五晕为主晕，第四晕是图案化鸟形纹（即变形羽人纹），第五晕是4只有腿有爪、呈逆时针方向行走姿势的鹭鸟图像，另有两个定胜纹居于对称的两侧，将鹭鸟两两分开；第六至八晕是栉纹夹切线同心圆纹；最外一晕空白，其上环居4只青蛙塑像，蛙像已缺失。

蒙山鼓，1984年3月于越南黄连山省安平县蒙山乡出土。面径56厘米，足残。鼓面宽出鼓胸，鼓胸较短，鼓腰弯曲，鼓足外扩。鼓面的太阳纹12芒，芒间饰双瓣心形纹，11道晕圈，其中主晕2道，一道饰图案化兽形纹，一道饰变形翔鹭纹和定胜纹，各两两相间。其他几道晕圈中，有一道交叉纹，其余为栉纹、圆圈圆点纹。边缘有4只青蛙塑像。鼓身有4道花纹晕，第一、四晕为栉纹，第二、五晕为同心圆圈纹，腰部由纵向花纹带分成日字形方格。

苗袜1号鼓，1971年2月由越南河宣省苗袜县苗袜乡征集而得。面径48厘米，残高24厘米。鼓面的太阳纹12芒，芒间间饰双翎纹与羽纹。主晕中有一晕饰图案化羽人纹（兽形纹），另一晕饰9只翔鹭与4个定胜纹相间，其他晕饰栉纹、同心圆纹。边缘有4只青蛙塑像。鼓身纹饰与蒙山鼓相同。

邕江式，主要分布在广西邕江及左江、右江流域，而以宾阳县、邕宁县、武鸣县、横县等地最集中。此式铜鼓的鼓面多伸出鼓颈之外，鼓面边缘光素。有青蛙塑像4只，嘴尖上翘，素朴少纹。太阳纹12芒，芒间皆饰翎眼纹。单弦或二弦分晕，二弦者弦间光素，主晕为变形羽人纹和翔鹭纹，羽人纹有头饰2至3组，翔鹭间多饰定胜纹4组。其他各晕饰复线交叉纹、栉纹和同心圆纹或切线接同心圆纹，无对向三角纹或S形曲折纹。鼓胸、鼓足纹饰较少，仅个别铜鼓的鼓身饰有船纹，鼓腰上半部多有用直线、栉纹和同心圆纹组成的纵向分格纹带。鼓足饰圆心垂叶纹。

邕江式铜鼓也可分早、晚两期。

早期以广西宾阳县六谷村鼓、横县水燕村鼓、武鸣县崟丘鼓等为代表，多为二弦分晕，晕弦较宽，弦间光素，变形羽人纹不规整，羽冠上的毛发或短或弯，颜面为两个同心圆。翔鹭纹以直嘴为多，体形不定，间置定胜纹4个。

六谷村鼓，1972年在广西宾阳县思陇公社六谷村出土。面径83.1厘米，身高58.8厘米。

冷水冲型邕江式铜鼓

鼓面的太阳纹13芒，芒间饰坠形纹，晕间饰栉纹、同心圆纹、水波纹，有3晕较宽，分别饰复线交叉纹、图案化鸟形纹、变形翔鹭纹，最外4道窄晕上等距离铸4只逆时针方向的青蛙，边缘空白。胸部饰有3晕，分别饰水波纹、同心圆纹、栉纹，腰部饰重叠羽人变形纹，足部饰圆心垂叶纹。

水燕村鼓，1974年在广西横县石塘公社水燕村出土，胸以下残失。面径82.6厘米，胸径83.2厘米。有辫纹宽耳2对。鼓面的太阳纹12芒，芒间饰坠形纹，10晕，分别饰栉纹、切线圆圈纹、复线交叉纹；其中两道主晕，第五晕饰图案化鸟形纹，第六晕饰变形翔鹭纹，其间有定胜纹4处。边缘空白，有青蛙塑像4只。胸部饰高度图案化船纹。

崟丘鼓，1975年于广西武鸣县两江乡三联村崟丘出土。面径68.5厘米，身高47.8厘米。鼓面的太阳纹12芒，晕圈已到鼓面边缘。

邕江式晚期以广西宾阳县荒茅山鼓、邕宁县六鸣山鼓为代表，越南鼎乡鼓、达朵鼓、那阳鼓、河江1号鼓、则梅鼓也属此类。这类铜鼓鼓面更阔，平伸于鼓颈之外。变形羽人纹图案高度统一，颜面为双层同心圆中心加一个实心小圆点，头饰分为一斜一平的2组羽冠，线条纤细平直，与竖向隔栏相连。翔鹭多无颈，光直嘴或粗短弯嘴，间置定胜纹4组8个。

荒茅山鼓，1975年在广西宾阳县黎塘镇荒茅山出土。面径66厘米，身高45.2厘米。鼓面中心的太阳纹12芒，芒间饰坠形纹。主晕饰图案化鸟形纹、变形翔鹭纹间定胜纹，另有栉纹、同心圆纹、复线交叉纹。边缘空白，在最外3晕处饰4只青蛙塑像。鼓胸饰栉纹和同心圆纹，腰部以栉纹夹同心圆纹带纵分成格，格空白，格下亦饰栉纹夹同心圆纹，足部饰垂叶纹。

六鸣山鼓，1957年于广西邕宁县五塘镇六塘村六增屯六鸣山出土。面径68.2厘米，身高47.2厘米。鼓面的太阳纹12芒，芒间饰坠形纹，晕间饰图案化鸟形纹、变形翔鹭纹间定胜纹、复线交叉纹，其他晕为栉纹、切线圆圈纹和羽状纹，边缘空白，在最外2

晕和空白带之间饰青蛙塑像4只。

浔江式主要分布在浔江流域，尤以桂平市、平南县、藤县最密集。此式铜鼓鼓面略向颈外伸展，足部较高，除扁耳2对外，大多还有环耳1对，鼓面青蛙塑像4只，蛙嘴尖，略下倾，装饰华丽，双臀、背侧和头部边缘均饰绳索纹带。此外，蛙间多还铸乘骑、花、树、鱼、鸟等塑像。鼓面和鼓身满布晕圈和纹饰，纹饰布局高度一致，较少变化。以单弦、二弦或三弦分晕，弦间多饰羽状纹，芒间均为翎眼纹，变形羽人纹高度图案化，仅一组头饰，颜面为双层同心圆中央加一个实心小圆点，羽冠上的线条纤细平直，末端与隔栏相连。翔鹭纹之颈和嘴皆细长弯曲，翅膀简化成折线，全无飞翔之意。鼓面近边缘处多饰有两晕眼纹。鼓胸饰高度图案化的变形船纹，鼓腰上半部饰变形羽人纹，鼓足饰圆心垂叶纹。其他各晕一般饰水波纹、方格纹、羽纹、同心圆纹、栉纹、复线交叉纹。此型铜鼓以藤县冷水冲鼓、藤县古竹乡鼓、桂平市南木渡头鼓、武宣县车渡码头鼓为代表。

冷水冲鼓，1975年于广西藤县蒙江镇横村冷水冲出土。面径83.7厘米，身高60.2厘米。鼓面的太阳纹12芒，芒间饰翎眼纹，芒外晕圈直布到鼓边，一点空白都不留，其间有水波纹、同心圆纹、栉纹、羽纹、眼纹、复线交叉纹，主晕两道，分别饰以图案化鸟形纹和变形翔鹭纹。边沿有4只青蛙，蛙间有2组乘骑塑像。鼓身从顶到底布满纹饰，胸部是相背船纹，腰部是变形鸟纹，足部的垂叶纹下还有菱形眼纹、羽状纹。

古竹乡鼓，20世纪50年代初于广西藤县和平区古竹乡出土。面径87.7厘米，身高66.2厘米。鼓面的太阳纹

冷水冲型浔江式铜鼓

12芒，芒间饰坠形纹，主晕有两晕饰图案化鸟形纹，一晕饰变形鹭鸟纹，边沿四蛙间有乘骑3处、立鸟1处，乘骑为1处单骑，2处双骑。鼓身纹饰与冷水冲鼓相同。

南木渡头鼓，1972年于广西桂平县（今桂平市）南木渡头出土。面径85.7厘米，身高61.5厘米。鼓面、鼓身纹饰与冷水冲鼓相似，唯鼓面边沿除4只青蛙塑像外，还有2处龟塑像。

车渡码头鼓，1966年出土于广西武宣县车渡码头。面径89.2厘米，身高65.7厘米。鼓面纹饰密布到边沿，鼓身纹饰从顶到底，层层叠叠。较特殊的是，鼓面四蛙间有2座观蛙台模型，台面作四方浅池形，四蛙分踞四角，相对而视，做争斗状，台的一侧站2个大人，其中一人背负小孩，手扶台沿观看，十分有趣。

四、遵义型铜鼓

遵义型铜鼓，以贵州省遵义市南宋播州土司杨粲夫妇墓出土的铜鼓为代表。这类铜鼓的特点是：鼓面无蛙，面沿略伸于鼓颈之外，面径、胸径、足径相差甚微；胸、腰、足各部的高度相当接近，胸腰间缓慢收缩，无明显分界线，胸腰际附大跨度扁耳2对，鼓面边缘无青蛙塑像，但有蛙趾装饰。纹饰简单，几何纹用同心圆纹、连续角形纹、羽状纹、雷纹构成，主纹则是一种由一个圆圈缀两条飘动的带子组成的游旗纹。此类铜鼓数量较少，主要发现于贵州，广西、云南、四川也有出土。

部分遵义型铜鼓与冷水冲晚期鼓比较接近，如广西桂平市出土的11号鼓，面径61厘米，身高35厘米，胸径62.7厘米，足径61.2厘米，胸腰际有线纹和绳纹扁耳2对，鼓面一弦分晕，中心太阳纹12芒，芒间填以三角坠形纹，其外有栉纹、勾连同心圆纹，主晕是斜阳图案和变形鸟纹。鼓面边沿有蛙趾4组。鼓身和鼓腰下部环绕栉纹夹勾连同心圆纹带。腰上部有"皿"形纹，并有阴刻"第榜子子孙孙永宝"双勾体铭文；足部饰同心圆及复线三角纹。

桂平11号鼓,属遵义型,鼓面已不见青蛙塑像　　宋代杨粲墓鼓,是典型的遵义型铜鼓

云南省富宁县龙迈下寨鼓,至今当地彝族同胞还在使用,面径67厘米,身高34.5厘米,足径60.5厘米。鼓面也是一弦分晕,中心太阳纹12芒,夹复线翎眼纹和变形翔鹭纹,鼓面边沿也有蛙趾4组。鼓的胸、腰下部环绕栉纹夹同心圆纹纹带,腰上部也有"皿"形纹。

比较典型的遵义型铜鼓要算遵义杨粲夫妇墓出土的铜鼓。

杨粲妻墓鼓,面径49.5厘米,身高29.9厘米,足径49.8厘米,胸腰间有栉纹、辫纹桥形耳1对,鼓面二弦分晕,中心太阳纹12芒,其余晕仅见圆钱痕迹。

杨粲墓鼓,面径44.2厘米,身高27.8厘米,足径43.1厘米,胸腰际有羽纹边带孔扁耳2对。鼓面一弦分晕,中心太阳纹12芒,其外有同心圆纹、复线角形图案、游旗纹、树叶纹等。胸部饰乳钉、复线角形图案和同心圆纹,腰饰同心圆纹、树叶纹和角形图案。

遵义马家湾鼓,面径44厘米,身高27厘米,足径43厘米。胸腰际有带孔扁耳2对,鼓面一弦分晕,太阳纹12芒,其外有乳钉、树叶纹、游旗纹、同心圆纹、栉纹等,鼓身有乳钉纹、同心圆纹、树叶纹、复线角形纹等。

另外,部分遵义型铜鼓与后来的麻江型铜鼓接近,如贵州长顺长摆所鼓。面径51厘米,身高29.6厘米,足径52.4厘米。胸部焊有线带纹带孔扁耳2对,鼓面一弦分晕,中心太阳纹12芒,芒间夹翎眼纹,其外有"酉"字纹、云纹、乳钉纹、栉纹、游旗纹、家禽家畜纹。鼓胸饰乳钉纹、兽形云纹、如意云纹、栉纹。腰下部为雷纹、云纹,足部饰复线角形纹。

五、麻江型铜鼓

麻江型铜鼓,以贵州省麻江县谷峒火车站一座古墓中出土的铜鼓为代表,是黑格尔分类中的Ⅳ型。这类铜鼓的特点是:体形小而扁矮,鼓面略小于鼓胸,面沿微出于颈外,鼓身胸、腰、足间的曲线柔和,无分界标志,腰中部有凸棱一道,将鼓身分为上下两节,胸部有大跨度的扁耳2对。该类铜鼓依纹饰的变化,可分为早、中、晚三期。

早期麻江型鼓,鼓面一般都有两晕乳钉纹,太阳纹芒间填以翎眼纹,主晕饰以宽大游旗纹或燕尾游旗纹,或饰以复杂的符箓纹,或配以十二生肖纹,鼓身花纹一般分上中下三段。谷峒鼓就是这一类型的代表。它于贵州省麻江县谷峒出土。面径48厘米,身高29厘米。胸部有扁耳2对。鼓面6晕,太阳纹12芒,芒间饰简体翎眼纹,其外有符箓纹、同心圆纹。鼓胸饰梅花纹、同心圆纹,腰饰雷纹、同心圆纹,足饰心形三角纹。

中期麻江型鼓,太阳纹光芒粗短,芒间夹以简体翎眼纹或稍加变化了的坠形纹,主晕常用长条游旗纹,繁体人字足游旗纹和桃符纹,鼓身花纹有的也分上中下三段,有的只有上下两段。另有一些花纹较精细,太阳纹光芒柔和,芒间饰复线翎眼纹,主晕多有两条短的游旗纹与剪影式十二生肖纹或八卦纹。在主晕外围还有一晕栉纹。鼓身花纹只有上下两段的,上段为乳钉纹、云纹、雷纹、栉纹等7层花纹,下段为5层花纹。如"天元孔明"鼓,面径47.8厘米,身高27.5厘米,胸部有绳纹扁耳2对。鼓面9晕,太阳纹12芒，芒间亦饰简体翎眼纹，其外有"酉"字纹、花朵纹、乳钉纹、带圈乳钉纹、羽纹，边有"坎卦"纹四处，主晕铸汉字铭文，小字为"天元孔明"，大字为"寿福进宝"，互相间隔，其间还有一个大"寿"字。鼓胸有乳钉纹，腰足有贝纹和三角形"主"字图案。

晚期麻江型鼓，鼓面大多用三层乳钉纹，并多使用人物纹、动物纹、植物纹；也有的鼓面太阳纹光芒柔和，芒间饰复线翎眼纹，主晕除二短游游旗外，还有三游游旗纹、线游旗纹、变体游旗纹、棂花纹、双龙纹、寿字纹、线画十二生肖纹等；有的有年款，有的还有吉祥短语铭文；有的鼓背面还有动物纹、植物纹、压胜钱纹以及人物故事线描图画。有年款是断代的一种根据。

以几面有年款铭文的铜鼓为例。

"万历元年"鼓，从贵州省兴义市征集，现藏贵州省博物馆。面径48.9厘米，身高27.5厘米。鼓面9晕，太阳纹12芒，芒间饰重叠三角形纹。第四晕有十二生肖图案；主晕是第八晕，其上有楷书"万历元年，孔明置造"铭文；第二、九晕为乳钉纹；第三晕为24个人像；第五、六、七晕分别为云纹、雷纹和如意云纹。胸部有乳钉、宝贝、宝钱、寿字纹，腰足有如意云头、雷纹、四瓣花和重叠三角纹。

"康熙二十一年"鼓，从云南省昆明市收集，现藏云南省博物馆。面径47.5厘米，身高28.5厘米。鼓面5晕，太阳纹12芒，其外有乳钉和"康熙二十一年岁在壬戌孟春造铸"铭文，还有鸟纹与云纹、羽纹、缠枝纹、勾连雷纹等。

"道光八年"鼓，从广西河池收集，现藏广西博物馆。面径47厘米，身高26.5厘米。鼓面9晕，太阳纹12芒，芒间饰复线翎眼纹，其外有"酉"字纹、乳钉纹。其中第四晕饰双龙献寿图案，与之相对应的一方印"道光八年建立"章，两旁分别印"万代进宝"、"永世家财"直条章铭文；第六晕在"道光"铭文外侧又有一组双龙献寿图案。鼓身也饰有乳钉纹、雷纹、云纹。

"康熙十一年"铭文鼓是麻江型中期鼓

"道光八年"铭文鼓是麻江型晚期鼓

六、北流型铜鼓

北流型铜鼓以广西北流出土的铜鼓为代表。这类铜鼓，形体硕大厚重，鼓面宽大，边缘伸出鼓颈之外，有的边缘下折成"垂檐"，胸壁斜直外凸，最大径偏下，腰呈反弧形收束，胸腰间斜度平缓，只有一道凹槽分界，腰足间以一道凸棱分界，鼓足外侈，与面径大小相当，鼓耳结实，多为圆茎环耳，鼓面的青蛙塑像小而朴实，太阳纹圆凸如饼，以8芒居多，装饰纹样多为云雷纹。在黑格尔分类系统中，把这类铜鼓列为Ⅱ型。

北流型铜鼓以高大著称，原存广西北流六靖乡水埇庵的大铜鼓面径165厘米，残重300公斤，是迄今所知的最大的一面铜鼓，被誉为"铜鼓之王"。上海博物馆所藏的6597号铜鼓面径145厘米，高78.8厘米，名列第二；广州南海神庙铜鼓，面径138厘米，高77.4厘米，名列第三；广西桂平麻垌小学铜鼓，面径137.8厘米，高72.5厘米，名列第四；浙江省博物馆所藏的005号铜鼓，面径134厘米，名列第五；广西玉林市兴业县小平山乡浪平村铜鼓，面径124.5厘米，高66厘米，名列第六；广西北流白马乡铜鼓，面径123.1厘米，高68.9厘米，名列第七；广西平南县出土的143号铜鼓，面径122.2厘米，高67.3厘米，名列第八……

除上述8面122.2厘米以上的大铜鼓之外，还有很多铜鼓的面径超过100厘米。这些庞然大物，都是铜鼓家族中的"巨无霸"。

北流型铜鼓的另一个特征是：鼓面大于鼓身，鼓面边缘都伸出鼓胸之外，其中很大一部分的边缘下折，形成"裙边"。《晋义熙铜鼓考》中说，唇边下折，"若飞檐状"，因此有的人又称这种下折的裙边为"垂檐"。这种"垂檐"（"裙边"）也只有北流型铜鼓才有，其他类型的铜鼓是没有的。

每面铜鼓的腰胸之际都有2对提耳，别的类型铜鼓的提耳都是各种各样的桥形扁耳，唯独北流型铜鼓除了少数也是扁耳外，绝大多数为圆茎环耳。这种环耳的耳身是实心圆柱形，呈环状或半环状固定在胸腰之间，耳身表面饰一道道细密的缠丝纹，脊背上

北流水埇庵的大铜鼓面径165厘米，被誉为"铜鼓之王"

第二章 巧夺天工：铜鼓的主要类型与铸造工艺

广西桂平麻垌铜鼓排行第四，与小朋友一样高

凸起有节，粗看像蛇，有人称之为蛇纹环耳。耳根饰有三爪。环耳比起扁耳来，更为强固有力，能承受数百斤重的力。有的铜鼓除了两对环耳之外，还在相对应的位置上另铸两只小环耳。耳为圆茎状，也只见于北流型铜鼓。

北流型铜鼓鼓面中心受击处的太阳纹光体都呈圆饼状凸起。明人魏濬在《西事珥》中所说"中受击处即平，但略厚如镜耳"，指的就是这类铜鼓太阳纹的光体。光芒辐射四出，细长如针，常常穿透一两道晕圈，有的芒端还开衩。光芒的道数，绝大部分为8芒，极少数是12芒、10芒、6芒的。

北流型铜鼓鼓面和鼓身的纹饰分晕，都以3道弦纹为一组来分隔，一般来说，鼓面晕圈宽而疏朗，晕圈宽窄相等，少数略有宽窄之分；鼓身晕圈则窄而密集，也是宽窄相等。无论鼓面和鼓身，晕圈内的纹样主要是以单线或复线圆圈、方格、菱格、三角、半圆以及圆点、圆涡、斜方格、方勾等为基础的多种样式的云雷纹。北流型铜鼓上的云纹是主体纹饰，线条细，形体圆小，形式多样。有单卷云纹、双卷云纹、波连式云纹、填线云纹、半边云纹、雷云纹、十字云纹。

北流型铜鼓上的雷纹富于变化，有小方回形雷纹、菱形雷纹、填点雷纹、半边雷纹、椭圆形雷纹、"十"字雷纹、云雷复合纹。有的鼓面和鼓身全用一种云纹或一种雷纹，有的云纹和雷纹交互使用。这些纹饰常常密密麻麻，故有的人又称这类铜鼓为云雷纹铜鼓。这种单一重复一两种几何形纹样的装饰艺术在其他类型铜鼓上也是极少见的。除了主体纹饰云雷纹以外，北流型铜鼓还有水波纹、连线纹、席纹等，用二方连续或四方连续的方法构成单一或交错的几何形花纹图案。

七、灵山型铜鼓

灵山型铜鼓，以广西灵山县出土的铜鼓为代表。这类铜鼓的形制接近北流型铜鼓，体形凝重，形象精巧。鼓面平展，稍广于或等于鼓身，边缘伸出，但不下折；胸壁微凸，最大径居中；胸以下逐渐收缩成腰；胸腰间仅以细线为界；附于胸腰之际的鼓耳均为带状叶脉纹扁耳；鼓面所饰的青蛙塑像都是后面2只并拢为一的"三足蛙"，蛙背上饰划线纹或圆涡纹，装饰华丽，有的青蛙背上又有小青蛙，即成"累蹲蛙"；青蛙的数目一般为6只，有的6只全是累蹲蛙，但大多数为3只单蛙与3只累蹲蛙相间排列，而且绝大多数为逆时针方向环列；鼓面中心的太阳纹圆凸如饼，光芒细长如针，芒数不一，7芒、8芒、9芒、10芒、11芒、12芒的都有，有的芒端开杈；装饰花纹多以二弦分晕，鼓面和鼓身各有3道较宽的主晕，以骑兽纹、兽形纹、鹭鸟纹（或鹭鸶含鱼纹、鸟形纹）为主体纹样，其他晕圈多饰以云纹、雷纹、半圆纹、半圆填线纹、席纹、四瓣花纹、"四出"钱纹、连线纹、虫形纹、水波纹、蝉纹等；蝉纹一般作边饰。其中一些鼓的鼓耳下方接近鼓足处装饰动物塑像，常见的是1对（或1只）小鸟，也有饰牛、鹿等动物塑像的，这些动物都是头朝下的。

在黑格尔分类系统中，把这类铜鼓与北流型铜鼓归在一起，同列为Ⅱ型。

灵山型铜鼓与北流型铜鼓同属粤式铜鼓（两广系统铜鼓），相同之处很多，但两相比较，区别还是明显的。灵山型铜鼓虽然也是"大"铜鼓，但其形体不如北流型铜鼓硕大。北流型铜鼓最大者面径达165厘米，还有9面面径超过120厘米的。灵山型铜鼓最大的一面是1993年在玉林沙田乡六龙村莲塘坪出土的，鼓面直径为133.5厘米，与北流型铜鼓相比，可以排到第六位。其次是德国柏林博物院收藏的一面大铜鼓，面径127厘米，以前我们误把它归在北流型内[②]，细读黑格尔《东南亚古代金属鼓》，可知这面铜鼓鼓面青蛙塑像6组，其中2组累蹲，鼓壁下缘（即足部）有2只鸟塑像，应是灵山型，黑格尔称此鼓为"南宁府大鼓"，是德国雷克斯公司在广西南宁购得的。日本京都藤井有邻馆藏着一面灵山型铜鼓，直径123.6—124厘米[③]，在灵山型铜鼓中应排在第三位。1966年在广西桂平大洋出土的一面铜鼓，鼓面直径为121厘米，排第四位。1995年12月在广西贵港覃塘区石卡镇凤凰林场出土的一面铜鼓，面径118.5厘米，排第五位；1965年在广东高州出土的福芳鼓面径为118厘米，1988年在广西横县板露乡圭壁出土的一面铜鼓直径也是118厘米，并列第六位；1972年在浦北县小江文山村大颈塘出土的一面铜鼓直径为115厘米，排第八位。但是，不管怎样，灵山型铜鼓都不如北流型铜鼓大。从铜鼓外形看，北流型铜鼓边沿凸出很多，而且有许多鼓的外沿下折形成"垂檐"，灵山型铜鼓的边沿凸出较小，没有发现有"垂檐"的现象。北流型铜鼓有一些是圆茎环状耳，灵山型一律是带状扁耳，绝无圆茎环状耳。北流型铜鼓鼓面的青蛙都是四足青蛙，形象呆滞、笨拙，但刀笔简练，灵山型铜鼓都是后两腿并拢的三足青蛙，形象肥硕生动，背部装饰划线纹或圆涡纹，繁复华丽。装饰花纹方面，北流型铜鼓多是三弦分晕，鼓面、鼓身的晕圈宽窄相等，密集而又深刻，纹样多单调的云雷纹等几何纹，灵山型常有3晕较宽的主晕，纹样除几何纹之外，多是各种动物、植物变体纹。所以，同是粤式铜鼓，只要鼓面边沿外伸并下折成"垂檐"的，鼓耳为圆茎环状的，鼓面青蛙塑像是四足写意的，鼓面、鼓身纹饰是等晕纯几何纹样的，毫无例外都是北流型铜鼓；凡鼓面青蛙塑像是三足并装饰华丽的，鼓耳下方有小动物塑像，鼓面、鼓身纹饰有三圈饰动物、植物变体纹样的主晕的，都是灵山型铜鼓。这就是二者区别之所在。至于有些特征是共有的，或带有二者之间过渡性的，就需要细致地分析比较了。

最大的灵山型铜鼓——广西玉林莲塘坪鼓，足边有虎塑像

灵山型铜鼓与冷水冲型铜鼓也有不少共同之处，如鼓面边沿外伸，青蛙塑像都很华美，鼓耳都是带状扁耳等。但它们之间的区别也是明显的，如冷水冲型铜鼓虽然看上去硕大，但实际上体

灵山型铜鼓形体精巧，花纹繁缛，耐人寻味

第二章 巧夺天工：铜鼓的主要类型与铸造工艺

越南的类黑格尔Ⅱ型鼓（见于和平省）

态轻薄，不像灵山型铜鼓那样凝重；冷水冲型铜鼓的内壁常附有半环状圆茎小钮，灵山型铜鼓无此种小钮；冷水冲型铜鼓鼓面青蛙常是四足挺立，个体肥大，无累蹲图像，灵山型铜鼓青蛙常是三足，多累蹲图像；冷水冲型铜鼓鼓面除青蛙之外，还常杂有骑士、牛橇、鸟、龟等其他塑像，灵山型铜鼓鼓面除青蛙外，无其他塑像；灵山型鼓耳下方有动物塑像，冷水冲型则无；冷水冲型铜鼓鼓面有翔鹭纹，鼓胸有船纹或变体船纹，灵山型铜鼓则无翔鹭纹和船纹。

需要说明的是，黑格尔Ⅱ类铜鼓除了我们说到的北流型铜鼓和灵山型铜鼓之外，还应包括越南北部芒族地区出土的与之类似的铜鼓。虽然黑格尔著《东南亚古代金属鼓》时还没有发现这种铜鼓，但继他之后的巴门特（H.Pamentier）在20世纪30年代论述黑格尔Ⅱ类铜鼓时已将这种铜鼓包含进去了。从黑格尔概括的Ⅱ类铜鼓的主要特征来看，芒族地区铜鼓形体巨大，鼓面广于鼓胸，面上有青蛙塑像，确属Ⅱ类。但是，细心考察，它同中国南方的粤式（即北流型、灵山型）铜鼓明显有别，其胸部长而下削，胸腰之间的分界是一道很宽的凸棱，鼓面中心太阳纹的中心隆起如球状，装饰花纹以菩提叶、荷花瓣、菊花茎及各种柠檬花为主。在年代上与粤式铜鼓也有很大的差距，中国南方的粤式铜鼓早在唐

57

代以后即已消失,越南芒族地区铜鼓则常见于16、17世纪的朗官宗族墓中,至今在现实生活中仍在使用。因此必须在北流型、灵山型之外另立一型,日本学者吉开将人称之为"类黑格尔Ⅱ型"。这种铜鼓是怎么产生和流传的,是铜鼓研究中的一个新课题。

八、西盟型铜鼓

西盟型铜鼓,以云南省西盟佤族地区仍在使用的铜鼓为代表。这类铜鼓器身轻薄,形体高瘦,鼓面宽大,边沿向外伸出,鼓身为上大下小的直筒形,胸、腰、足没有分界线,鼓面太阳纹一般为8芒或12芒,三弦分晕,晕圈多而密,纹饰多小鸟、鱼、圆形多瓣的团花、米粒纹。鼓面有立体青蛙,常见二蛙或三蛙甚至四蛙叠踞。有的鼓身纵列立体的象、螺蛳、玉树等塑像。黑格尔称之为Ⅲ型鼓。他

西盟型铜鼓(缅甸掸邦鼓)

说:"人们可以把它叫做克伦鼓,因为所有的Ⅲ型鼓都是来自后印度的红克伦族和白克伦族,但也许更确切地说,它应该叫掸型。大量消息说明这些鼓是当时印度支那的掸邦制造的。"但他不知道中国境内也有这种鼓。

以上这八个类型的铜鼓又可以归属于两个不同系统。前面的万家坝型、石寨山型、冷水冲型、遵义型、麻江型五个类型属同一系统,它们从前到后的发展演变脉络清晰。这个系统的铜鼓分布于整个铜鼓分布区的西部,曾有人将它们命名为"西式"铜鼓。由于它们发源于云南中部偏西地区,繁衍于滇池附近,再向周围传播,有人又把它们称为"云南型"铜鼓。其主要分布重心在云南和广西,又有人称之为"滇桂系统"铜鼓,或简称为"滇式"铜鼓。

这一系统铜鼓的分布区是三国时蜀国丞相诸葛孔明到过的地区，有人又把这类铜鼓误以为"诸葛鼓"或"孔明鼓"。后面的北流型、灵山型、西盟型三个类型铜鼓，属另一个系统，它们之间也有很多共同点，也是先后互相承传的。这个系统的铜鼓主要分布在铜鼓分布区的东部，因而曾有人称它们为"东式"铜鼓。它们的发源地在广东、广西交界的云开大山区，又被人称为"两广型"铜鼓，或称为"粤桂系统"铜鼓。古时两广地区皆属粤，因而也可简称为"粤式"铜鼓。这一铜鼓分布区是东汉建武年间伏波将军马援南征交趾时到过的地区，有的人又把这类铜鼓附会为马援所遗，名之为"伏波鼓"。

第二节　铜鼓的铸造工艺

在丰富的铜鼓文献中，关于铜鼓制作的记载极为贫乏。《晋书·食货志》只讲到广州夷人将铜钱熔炼，"铸败作鼓"；裴渊著《广州记》也只说到"俚僚铸铜为鼓"。至于如何铸造，只字未提。迨至清代，屈大均在《广东新语》中说：

> 凡为铜鼓，以红铜为上，黄铜次之。其声在脐，雌雄之脐亦无别。但先炼者为雌，后炼则为雄耳。然诸工不善取音，每铜鼓成，必置酒延铜鼓师。师至，微以药物淬脐及鼓四旁，稍挥冷锤攻之，用力松轻，不过十余锤。而雄声洪亮，雌声清以长。一呼一应，和谐有情，余音含风，若龙吟而啸凤也。广州炼铜鼓师不过十余人，其法绝秘，传于子而不传女云。

这里虽也是隐约其词，但可看出制作铜鼓的过程分铸造和调音

铜鼓阵

两个阶段。由于当时对工艺严加保密,只能私自口授身传,故未见于记载。泰国国家图书馆有一份《铜鼓制作法》缅文材料,记述了缅甸克耶邦用失蜡法铸造铜鼓的工艺流程。据《缅甸百科全书》记载,缅甸的铜鼓铸造技术是五百年前从中国广西壮族传去的。然而随着铜鼓的衰落,铜鼓制造技术已在中国失传,研究铜鼓的学者也很少涉及铜鼓的铸造工艺。现在我们探讨铜鼓的铸造工艺,只能从对现存铜鼓的考察着手。

为了揭开铜鼓的铸造工艺之秘,考古学者与铜器铸造专家做了艰辛的努力。1982年,北京钢铁学院冶金研究室在广西、云南两省(区)博物馆配合下,对92面铜鼓进行了精确的测量,发现各类铜鼓的形体大小、鼓壁厚薄不完全相同,鼓高与鼓身最大直径的比值,同类型铜鼓相同或相近,反映了各类型铜鼓各有自己的规范。如万家坝型铜鼓,比值波动范围最大,从0.43至0.75,有的显得过于矮胖,有的显得过于高瘦;石寨山型铜鼓比值稍趋接近,大都在0.48至0.74之间;冷水冲型铜鼓比值大体相同,90%

在0.63至0.71之间,鼓形设计已初步规范化;麻江型铜鼓比值在0.52至0.60之间,鼓形设计已基本定型。北流型铜鼓比值在0.53至0.58之间,灵山型铜鼓在0.55至0.62之间,均显得庄重朴实。从鼓壁厚薄来看,早期的铜鼓较厚,而且不均匀,以后逐渐减薄,到晚期变得非常均匀。这些情况说明,铜鼓的制造技术是随着时代的进步不断发展和完善的。这种制造工艺发展脉络的理清也为确定每面铜鼓的相对年代找到了又一个科学依据。中国古代冶铸技术非常发达,泥型铸造、金属型铸造、失蜡铸造等,早在两千多年前相继使用。明代宋应星在《天工开物》中记述了失蜡法及泥范铸造的工艺:

> 凡造万钧钟与铸鼎法同。掘坑深丈几尺,燥筑其中如房舍,埏泥作模骨,其模骨用石灰三合土筑,不使有丝毫隙拆。干燥之后,以牛油黄蜡附其上数寸。油蜡分两,油居什八,蜡居什二。其上高蔽抵晴雨(夏月不可为,油不冻结)。油蜡墁定,然后镂刻书文物象,加厚至数寸。使其内外透体干坚,外施火力炙化其中油蜡,从口上孔隙熔流净尽。则其中空处,即钟鼎托体之区也。……凡油蜡一斤虚位,填铜十斤,塑油时尽油十斤,则备铜百斤以俟之。凡铁钟模不重费油蜡者,先埏土作外模,剖破两边形,或为两截,以子口串合,翻刻书文于其上。内模缩小分寸,空其中体,精算而就。外模刻文后,以牛油滑之,使他日器无粘揽,然后盖上泥,合其缝而受铸焉。巨磬、云板,法皆仿此。

这里讲的是铸造"万钧钟"的方法,估计制造铜鼓也用此法。从器物的外形观察可以看出,泥型铸造由两个以上外范组合成型,在器物上可以看到两条明显的合范缝。失蜡铸造为整体造型,在器物表面看不到合范缝。铜鼓的面、胸、腰、足四部分是以鼓面太阳纹中心为圆心的同心正圆体,鼓面和鼓胸的花纹都以晕和弦纹为分界，弦纹之间布列各种纹样。有的铜鼓内壁留有细弦纹，表明铜鼓成型时采用刮板或轮盘制作。多数铜鼓的鼓身上有两条纵向合缝线，将鼓身分成左右对称的两个部分。麻江型铜鼓有的有4条合缝线，其中有2条明显凸起且稍宽，是合范浇铸后形成的，另2条窄细，有的范缝中间有被横向花纹或云雷纹切断的痕迹，可能是在造型过程中先刻出纵向阴纹，然后又修整横向花纹所成。凡有合范的铜鼓就是泥范法铸造的。西盟型铜鼓有两条仿合范缝隙的纵向阳纹，在纵向阳纹上又铸出横向纹或蛙、象等复杂装饰，不可能是泥范法的真正合范缝，而是用失蜡铸造法制作仿泥的痕迹。多数铜鼓用垫片控制壁厚度及支撑外范。早期铜鼓的垫片数量不多，分布不均匀。石寨山型铜鼓垫片密集，排列均匀。贵港罗泊湾M1：11号铜鼓面径只有33厘米，却有垫片7圈计37个。冷水冲型铜鼓、北流型铜鼓鼓面上的垫片也很明显。贵州遵

复制"铜鼓之王"（正在进行浇铸）

义宋代杨粲墓出土的铜鼓是用当时流通的货币铜钱做垫片的,浇注时垫片没有完全熔化,有的钱文尚隐约可见,有"元"、"祐"、"通"、"宝"等字。麻江型铜鼓鼓面上未见垫片,胸、腰有少量的圆形垫片。有的铜鼓也可能使用圆形的泥支钉,浇铸以后,挖掉泥支钉,留下圆形的支钉孔。但西盟型铜鼓用失蜡法铸造,没有垫片。多数铜鼓的花纹以阳纹为主,石寨山型铜鼓以阴纹为主,有的铜鼓阴纹、阳纹并用。

铜鼓的耳分为圆形或扁圆形素耳、编织花纹扁耳、蛇纹圆茎耳、宽扁耳4种。万家坝型铜鼓鼓耳素面无纹,用泥型法铸成;石寨山型铜鼓有的是编织花纹扁耳,花纹美观精致,从耳边沿观察花纹由外向内延伸并连续,找不到合范痕迹,可能是用失蜡法铸成的。北流型铜鼓大部分是蛇纹圆茎耳,耳呈弯曲的蛇状,蛇纹环绕,蛇背部脊骨凸起有节,耳根部各有三爪,既是纹饰,又起加强筋的作用,不见合范缝,也可能采用失蜡法铸成。其他大部分铜鼓用宽扁耳,耳上花纹有复杂的编织纹,也有简单的几条纵向阳纹。有的鼓耳两侧边沿残留有合范缝迹,耳上有支钉孔,显然是泥范法铸成;有的纹饰复杂,表面光滑清晰,没有垫片或支钉孔,可能采用失蜡法铸成。

鼓耳与鼓身的结合有三种方法。万家坝型铜鼓耳根部没有焊接痕迹,是用整铸法和鼓身一起铸成的。有的铜鼓耳范单独做成后,与鼓身范组合在一起,用浑铸法一次铸成。这样铸造出来的铜鼓,耳根与鼓身结合处没有焊迹,但在耳下相对应的鼓壁上常有一块粗糙表面。有的铜鼓采用分铸法,先用鼓耳范浇注成金属鼓耳,然后嵌入鼓外范。当浇注铜鼓鼓身时,灼热的铜水将金属鼓耳两根部与鼓身铸接为一体。由于铜鼓壁薄,需要在鼓耳根部铸出榫头,在与榫头相对应的鼓内范上挖出凹槽,浇注以后,榫头就包铸在凹槽内,增加铸接强度。

铜鼓上的青蛙、乘骑、牛橇、马、牛、鸟、龟等塑像装饰,结构复杂,做工精细,表面上又没有合范缝和焊接或分铸痕迹,应是采用失蜡法铸造的。这些装饰与鼓身的结合处,有的也没有焊接痕迹,但与装饰物所接触的那块鼓面比较粗糙,花纹间断,应是用多范块组合的浑铸法,使它铸接到鼓体上去的。以青蛙塑像为例,用蜡制成蛙的形象,在蛙爪处设置出蜡口,在蛙眼处设置出气孔,然后敷以泥料,制成蜡蛙模型的外范。等外范自然干燥后,加热烘烤,让蜡蛙模型熔化后流出,然后将此蛙范嵌入鼓外范,与鼓身一起浇铸。

铜鼓表面的花纹丰富多彩,富有浓厚的生活气息和民族特色,其制作方法灵活多样,主要采用雕刻法、滚压法和印痕法。雕刻法又称刻纹法,用尖刀、竹针等工具在铜鼓的内范上雕各种纹饰。这种纹饰有很大的随意性,纹路的截面常呈三角形或梯形。滚压法,将纹饰刻在圆柱体的模型上,拿到鼓身泥范上去滚压,制成连续重复的纹带。这种方法适用于制作简单的花纹,如乳钉纹、栉纹、锯齿纹等。由于滚动不均,会产生重叠或歪扭的现象。印痕法,又称印纹法,将纹饰的一个单元刻在木质或石质模型上,或者以现成的某种物品作印模,依次捺印到铜鼓的外模上。几何图案花纹多采用此法,如同心圆纹、云雷纹、钱纹等,有些画像,如翔鹭纹、骑士纹、变形船纹和麻江型铜鼓上的鱼纹、龙纹、游旗纹、汉字吉祥语铭文和"道光年建立"铭文等,也用此法。这种方法操作简便,工效高,但由于随手按捺,也会产生压印不均、空缺或重叠现象。至于鼓面晕圈及胸、腰部弦线,都是以铜鼓中心轴为基准,利用刮板或轮盘旋转刻画而成,所以匀称且是同心圆。

北京钢铁学院冶金研究室对81面铜鼓铸造工艺进行初步分析,发现其中采用泥型合范法的有72面,占89%;采用失蜡法的有6面,占7%;铸造方法不明的3面,占4%。泥型合范铸造是中国古老的传统铸造技术,从中原地区到西南少数民族地区都曾普遍使用过。铸造铜鼓的民族往往将泥范法与失蜡法结合使用,用泥型做鼓身,用蜡型做鼓耳和各种动物塑像,巧妙地施用以中心顶注式浇铸为主的各种浇铸系统。

广西河池市首届铜鼓山歌艺术节中的铜鼓队

第二章　巧夺天工：铜鼓的主要类型与铸造工艺

　　通过对大量铜鼓的反复观察和分析研究，已将古代铜鼓铸造工艺流程大体弄清。一般来说，铸造一面铜鼓要经过4个步骤12道工序。这些步骤是：

　　第一步：准备阶段，包括备料和整理场地两道工序。所备之料，包括金属材料、造型材料和燃料。铸造铜鼓的主要金属材料是铜、锡、铅，这从分析铜鼓的金属成分中已经知道。造型材料各时各地不同，宋人赵希鹄的《洞天清录集》记述了失蜡法用澄泥、纸筋掺和制范；明人宋应星在《天工开物》中提到用三合土、细土及炭末掺和制范。缅文《铜鼓铸造法》记录的泥料配方是用黏土、牛粪和谷壳掺和而成。这些原料在铜鼓产地都有丰富的来源。西盟型铜鼓及其他类型铜鼓的耳和青蛙等立体装饰用失蜡法铸造，所用蜂蜡和白蜡，在铜鼓产地也有丰富的来源。燃料主要是木炭，也可在当地的深山大岭中砍伐木材烧制。铜鼓是大型器物，铸造时必须有专门场地，这种地方能熔炼制造铜鼓所需的金属，确保浇注时的安全。

第二步：制范阶段，包括制模型、骨架、刮板，制内外范，制附件，刻花纹，干燥和烘烤鼓范五道工序。

第三步：合范浇注，包括合范、焙烧预热和浇注三道工序。合范是将内、外范合拢，内外范之间放置垫片，设置浇冒口，使内、外范对正并固定起来，组合成完整的铸范。但用失蜡法铸造的西盟型铜鼓没有合范工序。铜鼓属薄壁铸件，为了确保铜水在型腔中易于流动，在浇注之前，需要将鼓范焙烧预热；浇注就是将铜、锡、铅等金属按比例熔化后注入铸范内，要求熔化金属的成分均匀，选择合理的浇注温度及速度。

第四步：修整和定音。浇注之后，拆开外范，取出内范，锯凿掉冒口，清除内外壁上的泥料、修饰花纹及立体装饰物，使铜鼓表面光洁，花纹清晰。铜鼓作为乐器，对音响有一定要求，必须请专门的鼓师进行调音。最后使其外观、纹饰和音响都能达到预期的效果。

广西东兰县长江乡周赖村板怀屯壮族进新房时使用铜鼓

为了证实这些推断的正确性，广西民族学院、上海博物馆、广西博物馆与南宁重型机器厂合作，进行复制北流型大铜鼓的试验，从备料，整理铸造场地，制模型、骨架、刮板，制内范、外范，刻花纹，到干燥、烘烤、合范、焙烧预热，直至浇注等工艺，一步一步试验，探索铜鼓铸造工艺的奥妙。

北流型大铜鼓，即广西博物馆藏101号铜鼓，是迄今为止，世界上发现的鼓面直径最大的铜鼓。这面铜鼓整个鼓面边缘的一圈残留有铸造披缝，实际测得的鼓面直径为163.6—166厘米。鼓面不是平面，而是稍隆起成球台状，球台上圈（即太阳纹光体）直径为10厘米，底圆直径为165厘米，高3厘米，计算得出球面半径为11毫米。鼓面壁厚较均匀，基本为1厘米。垂檐圆壁均匀，通高2.5厘米、厚0.4厘米。鼓面装饰有5个晕圈，宽而疏朗。凸起的弦纹同心度极佳，各弦间距离都为0.6厘米。太阳纹光体凸起0.7厘米，四周均布8芒。除太阳纹外，鼓面遍布凸起的云纹和填点菱形"回"字雷纹。每个云纹的直径为0.6厘米，雷纹的大小为0.6×0.7厘米。鼓面上还明显可见垫片痕迹，共有68块垫片，由内到外的4个晕圈中分别有8块、14块、20块、26块，以每晕6块的数量递增。垫片基本按同心圆位置均匀分布，其大小为（1.5—2.2）×（1.5—2.4）厘米不等。鼓面边缘没有青蛙塑像。鼓身弦纹密集，晕圈窄而均匀，晕圈宽度都为2厘米，弦间距为0.6厘米。除胸腰、腰足的边接部位及颈部2.5厘米宽的晕圈外，上下都有与鼓面相同的云纹和雷纹。鼓身对称有2条宽且厚的纵向缝隙浇口残迹，有两对圆茎蛇纹环耳。鼓足严重残缺，仅存与鼓腰的连接部分。测量鼓胸高24.3厘米，鼓腰高32.2厘米。鼓身壁厚0.2—0.7厘米，大部分为0.5—0.7厘米，平均约0.6厘米。在鼓胸和鼓腰、鼓腰和鼓足的连接部位，内壁设计过渡平缓，形成了两圈最大厚度达1厘米的加厚圈。

通过对其他一些北流型铜鼓进行测量发现，其胸、腰、足三者的高度比例有一定规律，其平均值是：胸高：腰高：足

复制的"铜鼓之王"(悬挂在广西民族大学科技楼大厅)

高=1∶1.33∶1.06。由此可以推算出101号鼓的实际足高应为25.8厘米，身高为82.3厘米，通高则为86厘米。同样，根据各大铜鼓足外形曲率的统计情况，确定出101号鼓的完整外形曲线，计算出鼓足的最大直径为163厘米，接近于鼓面直径。根据101号鼓鼓面边缘有一圈铸造披缝可以确认，该鼓是采用泥型（陶范、泥范）法铸造的。鼓身上只有两条表面不平整、稍有错位的、对称分布的垂直披缝。这两条披缝既是缝隙浇口，也是鼓身泥型的分型面。

鼓面外范的制作。北流型铜鼓的鼓面均大于鼓身，若先塑制泥质实样，大于鼓身的面檐部分因面积大而且壁薄，不仅较难塑制，而且难以承受翻范操作。从许多北流型铜鼓鼓面可以看到，在与鼓身分型面对应的位置，常有鼓面局部增大的现象，增大部分也有弦纹和底纹。这一现象说明，这些铜鼓的鼓面外范是直接用刮板制作的。而且，有意把鼓面外范型腔制成稍大于实际所需鼓面尺寸，这样可以防止因鼓身外范变形或合箱错位而造成鼓面增大部位出现无纹饰的现象，表现了当时铸鼓匠师的工艺设计水平。因形大器重翻范起模十分困难，鼓身外范也只能用刮板直接刮制。在制范过程中因用刮板直接刮制，无需移动外范，就可逐步完成刮制外范、滚印纹饰、烘焙、制定位置等工序。面檐及垂檐型腔也是用成形刮板在鼓身外范上一齐刮制而成的。

从101号鼓内壁有清晰的同心圆刮痕可知，内范制作也使用了刮板。据《铜鼓制作法》提供的资料，内范一般被制成空心的。从强度上考虑，这么大的铜鼓，如果是实心内范，其重量约为2200千克，在浇注方式采用鼓面向下的情况下，将给它的移动、翻身、合箱等过程造成极大困难。因此，只能用空心内范，以减轻其重量。又考虑到合金的收缩率，陶范泥料必须由泥、砂、植物等原料混制。增加植物的配入量，可以提高内范的退让性和透气性，并降低范料的蓄热系数，进而提高陶范的充型性能。空心内范能进一步减少收缩阻力以避免铸件产生热裂。

鼓耳上不见范线痕迹，四只鼓耳的形状和装饰也不完全相同。

广西民族文物苑壮观的铜鼓群雕塑

因此，鼓耳的制作过程应是先捏塑蜡质鼓耳，待鼓身外范刮制和滚印纹饰完成后，在鼓耳位置挖去部分范料，嵌入蜡耳，再用范料填补修整并刻出三爪纹，最后在陶范烘焙时失蜡并与整鼓一次浇注。由于填补得不光洁，浇注后鼓耳根部在鼓壁上留下一块粗糙表面。

鼓身、鼓面的弦纹是用成形刮板与外范同时刮制，或用弦纹滚轮借外范刮板转轴在外范上一道道滚印而成的。复制试验用滚印法获得了与原器相同的弦纹效果。

鼓面云纹和雷纹呈同心圆和放射状分布，大小为 4×1.8 厘米的长方形痕迹以及在痕迹边界处的纹饰重叠现象，表明是用尺寸为 4×1.8 厘米的两个石质或其他材质的阴刻云纹及雷纹印模，在鼓面外范上沿以圆周方向由鼓面中心一圈圈向外压印而成的。由于操作时压印不均匀，使局部压印纹连接处产生重叠。

鼓身的云纹和雷纹未见上述一类的印模压印痕迹，但可见沿圆周方向的条状印痕及纹饰重叠现象。各晕圈内的纹饰大多为同一种花纹，相邻晕圈大多呈云纹和雷纹交替装饰并以弦纹组的中线为分界线，但也有同一晕圈中同时出现成段的云纹和雷纹的现象。因此，鼓身纹饰是用两个石质或其他材质的阴刻云纹及雷纹圆柱体印轮，在鼓身外范上沿晕圈一圈圈滚印而成的，滚印时以弦纹组中线为分界线。由于滚印时的间断操作或更换印轮，造成在同一晕圈中的纹饰重叠或出现云纹和雷纹两种纹饰相接现象。由于鼓身表面为曲面，印面过宽的印轮无法一次滚印出低凹曲面处的纹饰或保证纹饰深浅一致，因此，印轮的印面不会太宽，约为3厘米，沿印面宽度方向正好可分布5个云纹或4个填点菱形"回"字雷纹。

外范、内范都制好后，让其阴干，然后烘焙、合范。像101号鼓这样的大型铸件，浇注时不可能采用鼓面向上方式，而是采用鼓面向下方式。合箱时鼓面在下，由于内范又大又重，内范悬吊及合范定位困难，只好借助于大量垫片来支撑安置，鼓面外范上的同心圆弦纹可作为合范时的定位支准。101号鼓的内范是空心的，内范范料中，为改善退让性而加入较多数量的植物质，焙烧后又降低了比重，这些都减轻了内范的重量，便于搬移、翻身及合范。101号鼓鼓面上有68块垫片，基本按同心圈位置于由内到外的5个晕圈中均匀分布。这样众多的、较大块的、均匀分布的垫片，可以平衡地支撑其内范。鼓身也有许多垫片，不仅具有控制鼓身壁厚的作用，而且可通过垫片使鼓身外范的合箱力对内范起到固定作用。

以上讲的只是对一般铜鼓而言，用的是泥范。但有两个类型的铜鼓不同，西盟型铜鼓用的是失蜡法，部分麻江型铜鼓用沙范浇铸。用失蜡法铸造的铜鼓形状、花纹比较细腻。越南学者推测：先用竹子和黏土做成鼓形架子，分成上部、鼓身和鼓基座。在泰国

广西田林瑶族表演铜鼓丰收舞

达叻府直辖县汪噶解镇三甘村四组琶·松汶的胡椒园发现的铜鼓、春蓬府直辖县那擦昂镇三羔山遗址发现的铜鼓，有竹器的痕迹，有谷壳粘在鼓面上。这足以支持越南学者关于铜鼓铸造方法的推测。以金属代替蜂蜡的铜鼓铸造法，其过程简单分述如下：

1. 按照所需的型号和其他细节，用黏土捏出铜鼓样式。

2. 把捏好的铜鼓分成块，然后铸成模子。

3. 把模子的里层和外层都敷上蜂蜡，一般鼓面要比鼓身厚，所以鼓面的蜂蜡也要比鼓身的厚。如果鼓面有立体的造型装饰，就先捏出它的样子，再做出模子，将与铸鼓身相同的青铜熔液倒入模子中，待冷却后去除模子，稍修饰表面，就可以装到鼓面上。

4. 鼓身的蜂蜡模型必须装上蜂蜡做的长引线，以便在浇灌青铜熔液入模子时排出气体。引线分青铜熔液引线和排气引线。

5. 用牛粪与水混合，再用筛子过滤，混合细黏土，抹在已经装饰好并已装了引线的蜂蜡模型上，待干后再抹，如此3至5层，牛粪水将有助于防止灌入青铜熔液时造成蜂蜡模型缺损。

6. 把涂了牛粪水的鼓身蜂蜡模型钉上钉子，以固定模子的里层和外层，不至在把青铜熔液灌入模子中代替蜂蜡时产生移动。

7. 用黏土混合牛粪和沙子包裹鼓身蜂蜡模型，待干后再裹，共3层，以让蜂蜡模型更坚固，在灌入青铜熔液时才不容易裂。

8. 烧热蜂蜡模型熔解蜂蜡，就产生了空间。在烧时必须渐渐加热，直到蜂蜡全部流出来，然后再添火烧直至泥土熟。

9. 熔化青铜，倒入铜鼓模型，当青铜冷却后，把外面的泥打掉，把引线剪断，把内部的泥土捣出来。

通过擦的方法装饰铜鼓表面，如果表面有钉痕，则用剩下的铜屑填平，然后在适当的位置装上细小部件，如鼓面、鼓侧的小型塑像等。

[注释]

① 今村启尔：《论黑格尔Ⅰ式铜鼓的两个系统》，《铜鼓和青铜文化的新探索》，南宁，广西民族出版社1993年版。

② 姚舜安、万辅彬、蒋廷瑜：《北流型铜鼓探秘》，南宁，广西人民出版社1990年版。

③ 这类铜鼓由于浇注时铸范错位，鼓面不是正圆的。丈量的角度不同，直径有大有小。

第三章 历史印痕：铜鼓文化的传播与分布

第一节　铜鼓文化的传播

铜鼓在它的产生和发展过程中，通过使用铜鼓的民族与其邻近民族的政治、经济和文化交往，不断扩大它的分布范围。铜鼓从铜釜分离出来成为专门乐器，时间应是公元前7世纪左右，中心地点在云南中部偏西地区，当时生活在那里的民族是濮族。濮族与越族有着密切的联系，他们通过巨川大河互相往来。

濮人首创的铜鼓是万家坝型铜鼓，曾向西越过澜沧江和怒江，抵达腾冲，在那里遇到氐人势力，戛然而止，没有再往西传。但在东边，濮人铜鼓经过禄丰，到达滇池平原，不但为滇濮所接受，而且找到了最适合的土壤，得到了更大的发展，使铜鼓艺术逐渐成熟，出现空前繁荣的局面，创造出真正意义上的铜鼓文化。那就是石寨山型铜鼓的广泛流传。

据不完全统计，到目前为止，万家坝型铜鼓已经发现四十多面，主要分布在云南礼社江—元江流域，集中于滇池—洱海之间，即楚雄、禄丰、牟定、祥云、弥渡、昌宁、腾冲、永胜、文山、广南、邱北、曲靖、蒙自等县市。云南中部偏西一带应是这类铜鼓的分布中心。云南之外，在广西田东县发现3面，在

广西田东南哈坡铜鼓，属万家坝型

泰国北部发现2面,在越南北部发现6面。越南和泰国发现这类铜鼓的地区与中国云南的万家坝型铜鼓分布区连成一片。

石寨山型铜鼓以云南省晋宁石寨山汉代墓葬出土的一批铜鼓为代表。此类铜鼓造型较雄伟,而纹饰刻画细腻,是黑格尔第Ⅰ类型铜鼓中年代较早的部分。石寨山型铜鼓最初主要集中在滇池平原,其中仅晋宁石寨山一处墓地就出土了17面。

石寨山型铜鼓很快就突破了万家坝型铜鼓的分布范围。往北发展,越过金沙江,进入四川南部。四川会理是发现石寨山型铜鼓的最北地点。会理铜鼓于1975年在金沙江支流城河上游西岸的罗罗冲出土,面径41厘米,身高30.4厘米,腰径32.5厘米,足径50厘米,鼓面纹饰8晕,太阳纹8芒,芒间填斜线,第五晕最宽,和沿边一样光素,其余6晕及胸上部的纹饰都是每3晕为一组,由2晕锯齿纹夹1晕同心圆圈纹;胸下部饰6组船纹,每船2至4人;腰部被羽状纹、锯齿纹、同心圆圈纹组成的纹带纵分为8个方格,方格分宽窄两种,彼此相间,宽格内饰牛、鸟图像,窄格以双线横切为二,上半格有一半各饰1只鸟,另一半承接鼓耳,无纹;下半格各饰3只鸟。

四川会理出土的铜鼓,属石寨山型晚期鼓

贵州赫章出土的石寨山型鼓

广西贺州苍梧故地出土的石寨山型鼓

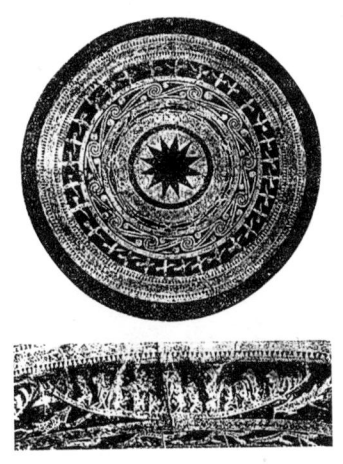

老挝乌汶鼓，鼓面有30只环飞的鹭鸟

印度尼西亚展玉鼓，是分布最南的石寨山型鼓

从滇池平原翻过乌蒙山，石寨山型铜鼓到达属乌江上游的贵州赫章。1957年在赫章县可乐区辅处罗戈寨出土一面铜鼓，面径45.5厘米，身高24.5厘米，足径48.8厘米。鼓面二弦分晕，纹饰8晕，太阳纹9芒，芒间饰复线角形纹、圆圈纹，第二至四晕、第六至八晕都是锯齿纹夹勾连圆圈纹的纹带，第五晕是主晕，饰翔鹭纹；胸上部、腰下部所饰纹带与鼓面纹带相同，胸下部有羽人划船纹，腰上部被纵分为8格，每格内均饰一公牛。1978年又在可乐祖家老包153号汉墓中出土一面铜鼓，面径41厘米，身高25厘米，足径46厘米，鼓面二弦或三弦分晕，纹饰8晕，太阳纹8芒，芒间饰复线角形纹，第二、三晕，第六、八晕都是锯齿纹与圆圈纹构成的纹带，第四晕是连续雷纹，第五晕是4只翔鹭纹；胸上部和腰下部的纹饰与鼓面纹带相同，胸下部是6组竞渡船纹，腰上部被纵分成8格，其中4格中饰牛纹。

石寨山型铜鼓由滇池往东，经江川入南盘江顺流而下，进入句町国，经驮娘江入西林，经西洋江进入广南，直下百色，在广西西部的西林、隆林、百色、田东都有石寨山型铜鼓发现。沿右江—邕江—郁江顺流而下，深入瓯骆故地，散布于珠江流域；在贵港罗泊湾南越国时期的贵族墓葬中和贺州龙中苍梧国故地的岩墓中都发现过石寨山型铜鼓。

万家坝型铜鼓顺元江东下，往南经文山、麻栗坡入盘龙江、泸江而下红河，与从元江而下的一支汇于红河流域。在红河平原与当地骆越的青铜文化结合，产生既类似于石寨山型铜鼓，又与石寨山型铜鼓有区别的东山铜鼓，使铜鼓铸造工艺在这个地区获得了充分的发展。

东山铜鼓在越南北部形成高潮后，很快遍及红河平原及其周围丘陵地带。由此而西，散布到老挝沙湾拿吉、柬埔寨马德望，再往西至泰国的乌汶、洛坤、清迈，南达万伦等府，再往南到马来西亚的瓜拉丁加奴，往东南达印度尼西亚爪哇的展玉。

萌渚岭的南支和云开大山的北支互相靠拢，将东流的西江锁住，使广西东南形成一个大盆地。东下的石寨山型铜鼓没能越过这两座大山再往东传。铜鼓艺术被迫回流，大约在公元2世纪以后，在越南红河流域和中国邕江—郁江—浔江流域形成一个新的类型，即冷水冲型。

冷水冲型铜鼓，是黑格尔Ⅰ型铜鼓的晚期类型。冷水冲型铜鼓是由石寨山型演变而来的。这种演变过程最早发生在越南的红河流域。早期的冷水冲型铜鼓主要分布于越南北部的红河下游地区，尤以清化、河山平等省最多，包括河内、河北、海兴、义静，南到平治天、嘉莱—昆嵩省。南经老挝桑怒，柬埔寨磅清扬，泰国程逸、北碧，马来西亚雪兰莪和印度尼西亚的爪哇三宝垄、松巴哇桑格安、罗地、塞拉卢等岛屿。在中国境内此类铜鼓主要分布于广西境内的左江—邕江—郁江—浔江流域。早期的冷水冲型铜鼓以广西宾阳、邕宁、武鸣、横县等地最为集中，南到扶绥、大新，西到田东、田阳和云南富宁、陆良，最北到四川古蔺。晚期的冷水冲型铜鼓以广西桂平、平南、藤县最为密集，北到蒙山、昭平、金秀、鹿寨，包括柳州、象州、武宣、来宾、上林，南到贵港、容县。

大约从7世纪起，由于受到唐宋王朝强势文化的影响，中国南

第三章 历史印痕：铜鼓文化的传播与分布

四川古蔺鼓是分布最北的冷水冲型铜鼓

广东云浮的北流型铜鼓

广西灵山出土的典型的灵山型铜鼓

方铜鼓逐渐从岭南地区东部退出，往西南和西北转移，铜鼓又为之一变，发展成为遵义型。此类铜鼓数量较少，主要发现于贵州和云南，广西、四川也有出土，在云南广南和广西那坡彝族现在还在使用。

宋代以后中国西南少数民族使用的铜鼓主要是麻江型。

麻江型铜鼓分布很广，广西、贵州、云南、四川、重庆、广东、海南、湖南西部，越南西北部的高平、河江等省都有发现。广西的壮族、苗族、瑶族、侗族、彝族，贵州的布依族、水族、苗族，云南的壮族、彝族，海南的黎族，越南北部的苗族、倮倮族（彝族）等民族现代使用的铜鼓，绝大部分就是这类铜鼓。这类铜鼓最集中的地区是广西与贵州交界的大山区，那里积淀着丰厚的铜鼓文化。

句町、夜郎地区的滇系铜鼓在往东移的过程中，碰上发达的南越青铜文化，在两广地区南部又发展成为一个新的类型。这类铜鼓形体硕大，质地厚重，花纹以几何形图案为主，晕圈密密层层，很容易同其他地区的铜鼓区别开来。清人编《西清古鉴》时说的"流传于百粤群峒者"指的就是这类铜鼓。有的人以为是马援铸造，称它们为"伏波鼓"。黑格尔在《东南亚古代金属鼓》中将它们列为第Ⅱ类型。鉴于它们的分布范围仅限于广西、广东相连的有限地区，可以叫做"两广系统铜鼓"。既出于"百粤群峒"，也可称之为粤系铜鼓。粤系铜鼓又分为北流型、灵山型两个类型。

北流型铜鼓能够确知出土地点的有一百五十多面，主要集中在广西、广东南部交界地区，即云开大山区，在地理位置上连成一片。特别是以广西北流和广东信宜为中心的几个县最为密集，应是北流型铜鼓的大本营。最北的是广西的桂平、平南、苍梧，但未越过浔江（西江）北岸，最东的是广东的云浮、阳春，没

广西龙州派浪铜鼓，是西盟型早期铜鼓

有到珠江三角洲，最南的是海南岛的陵水，最西的是广西的邕宁，没有越过左江—邕江流域。

灵山型铜鼓的分布中心是广西灵山县及与之毗邻的横县和浦北。具体说来，就是六万大山西侧至郁江横县段的两岸。在此范围之外，只有零星散布。就散布范围而言，最东到高州，南到合浦，西到上思在妙，在越南谅山也有出土，北到桂平大洋。这个分布带，正好处在北流型铜鼓分布区的西侧和冷水冲型铜鼓分布区的西南方。

粤系铜鼓在云开大山区衰落的时候，一部分北流型铜鼓被挤压到海南岛，最终在那里消失。一部分灵山型铜鼓沿中越边境线往西流徙，到达越南北部山区，后来发展成为芒族铜鼓，即"类黑格尔Ⅱ型"鼓；一部分受冷水冲型铜鼓的影响，进入老挝、泰国、缅甸边境地区，后来发展成为西盟型铜鼓。

西盟型早期鼓发现于广西。1971年在广西龙州县响水龙江村派浪出土一面，鼓面大于鼓胸，腰、足相连，呈现直筒形。胸部有羽纹带孔扁耳两对。鼓面边沿逆时针环立青蛙4只，纹饰以一弦或二弦分晕，鼓面太阳纹7芒，夹复线单眼纹，其外为栉纹、菱

形填线纹、乳钉套圈纹、羽人变形纹、翔鹭与小鸟纹、飞鸟与团花菱形纹。胸、腰、足部均饰栉纹夹同心圆纹纹带及图案三角纹。1996年11月在龙州县武德乡武德街空定又出土一面，鼓面有4蛙，太阳纹12芒，主晕饰变形羽人纹和翔鹭纹，形制与纹饰和响水鼓近似。1982年在广西靖西县湖润乡庭毫山也出土过一面这样的铜鼓。这几面铜鼓是范铸的，工艺粗糙，其小鸟纹、菱形填线纹源于灵山型铜鼓，变形羽人纹、栉纹、同心圆纹源于冷水冲型铜鼓。在合金成分上，含铅量都较多，与灵山型铜鼓也比较接近。它们是西盟型的先声。

西盟型鼓的大本营在缅甸的掸邦。19世纪末至20世纪初许多旅行家到过掸邦地区，记录过那里使用铜鼓的情况。据他们报道，直到20世纪初牛当城还生产这类铜鼓。云南佤族地区的铜鼓是从缅甸那边流传过来的。这种铜鼓在越南西部山区也还在使用。西盟型铜鼓的工艺水平和艺术价值都比较高，它是集结了铜鼓艺术的传统经验，凝聚了铸造和使用铜鼓的民族共同审美情感的结晶，是铜鼓艺苑最后的奇葩。

第二节 铜鼓文化的分布

就世界范围而言，铜鼓仅分布于中国南方和东南亚各国，这已为考古发现所证实。这些国家中，以中国的云南、贵州、广西、广东、海南、四川和重庆南部、湖南西部，以及越南北部和中部偏北一带，是分布最稠密的地区。老挝、柬埔寨、泰国、缅甸、马来西亚、印度尼西亚都只有零星发现。菲律宾和日本古代是否有铜鼓，目前还无材料证实。铜鼓覆盖着这么一大片彼此连接的土地，承载着这片土地上各个民族的历史文化。

一、在中国的分布

中国云南、贵州、广西、广东、海南、湖南、重庆、四川等八个省、市、自治区分布着铜鼓,几个省(市、自治区)铜鼓的分布也不是普遍的。如广东仅见于北江以西地区,北江以东就不是铜鼓分布区;在广西,铜鼓主要集中于南部,桂东北也不是铜鼓分布区;湖南只有湘西出铜鼓;四川只有川南出铜鼓。文献记载在江西、湖北、福建等省有铜鼓地名,有出土铜鼓的传闻,但尚无考古材料证实,暂不划在铜鼓分布区内。

(一)广东

从文献记载铜鼓地名和出土铜鼓地点来看,广东铜鼓主要分布在北江以西地区,包括韶关、肇庆、佛山、湛江地区。

早在唐代僖宗时期,高州就有铜鼓从地下出土的记录。事见《岭表录异》,说高州有一乡野小儿在放牛时,追逐鸣蛙到一蛮酋大冢,发现一面铜鼓,后来这面铜鼓被高州太守林霭献给广州刺使郑纲。郝浴的《广东通志》载:万历间,茂名县溪水陡发,涌出铜鼓;《高州府志》载:雍正五年四月,高州鹤峒水冲出铜鼓。

湛江地区是广东出土铜鼓最多的地区,几乎每个县、市都有铜鼓发现,其中尤以与广西毗邻的廉江、高州、信宜一带出土最多,仅1950年以来就出土铜鼓五六十面。其他如徐闻、海康、化州、茂名、阳江、阳春等县、市也都有铜鼓出土。肇庆地区的罗定、云浮、高要、广宁、德庆和郁南,都有铜鼓出土。佛山地区和韶关地区偏于铜鼓分布地区的东侧,除南海县有铜鼓出土以外,中山、开平、台山、高鹤、乐昌、曲江、连山、清远、佛冈等地目前只有铜鼓地名,没有发现过铜鼓。北江以东地区铜鼓显著减少,揭阳一座明墓中曾

广东高要的灵山型铜鼓

出土一面并非实用的铜鼓；惠来出土了一面铜鼓，则是十分例外的；普宁、丰顺只有铜鼓地名。

（二）海南

海南发现铜鼓的地方也多，如琼山、文昌、万宁、陵水、澄迈、昌江和东方等县都出土过铜鼓。据《琼州府志》记载：明永乐（1403—1424）中，万州土官王惠起黎兵挖引多辉溪水，

海南通什民族博物馆展出的铜鼓

得一鼓；明天启五年（1625）昌化县邑人获铜鼓，藏峻灵王庙中；嘉庆二十五年（1820）感恩县西郊河畔农民垦土得铜鼓，送置真武庙中。据《琼山县志》记载：天宁寺有一铜鼓，上面有铭文："广州府番禺县客人李福通舍资财铸造铜鼓一面，在琼州天宁寺大洪宝殿，永远供奉，祈愿佛日增辉，风调雨顺，国泰民安者，时大明成化十三年三月吉日造。"明成化十三年即公元1477年。1977年在陵水县岭门农场、1979年在昌江县十月田等地都曾出土铜鼓。文昌、屯昌、万宁都有铜鼓地名。当地黎族在20世纪40年代还在使用铜鼓。

（三）广西

广西的铜鼓分布区比广东广，而且很早就见于文献记载。有人认为东汉马援获骆越铜鼓的地方就在今广西境内，三国两晋南北朝时期活跃在两广境内的俚人、乌浒、僚等，已普遍使用铜鼓。唐代西原蛮用铜鼓可见于李贺的《黄家洞》诗。唐代龚州（今广西平南县）修葺州城出土铜鼓，也见于《岭表录异》。宋代南丹州蛮向中央王朝进献方物已有铜鼓。桂东南、桂西南各县，桂东北自贺州、昭平、蒙山以南都有铜鼓出土，桂西北自龙胜、三江沿桂黔、桂滇边境各县，晚近时期仍有不少民族使用铜鼓。只有桂北

广西东兰县壮族群众传承铜鼓习俗

少数几个县不是铜鼓的分布区。铜鼓出土最密集的地区是玉林地区、钦州地区、梧州地区南部、柳州地区及南宁地区,传世铜鼓最多的是河池地区和百色地区。壮族、瑶族、苗族、侗族、彝族仍在使用铜鼓。

桂东南主要流行东式铜鼓,即粤桂系统铜鼓,也就是灵山型和北流型铜鼓。桂西和桂西北主要流行西式铜鼓,即滇桂系统铜鼓,也就是万家坝型、石寨山型、冷水冲型、遵义型和麻江型铜鼓。西盟型铜鼓则见于沿中越边境的几个县。

(四)云南

云南是铜鼓的发祥地,滇池周围是古老铜鼓最集中的地区。大约在公元前7世纪左右,最原始的铜鼓出现于云南西部地区。滇池以西,洱海以东,元江以北,金沙江以南,被公认为铜鼓文化的发祥地。楚雄、牟定、祥云、永胜、昌宁、弥度、曲靖都曾出土过万家坝型铜鼓。晋宁、江川、广南出土石寨山型铜鼓。西部中缅边境地区是晚期铜鼓的分布区,以西盟、沧源佤族地区的传世铜鼓最多,西到德宏自治州路西,南面包括澜沧、孟连、勐海、

第三章 历史印痕：铜鼓文化的传播与分布

思茅、普洱、景洪、勐腊等县，东到文山壮族、苗族自治州的文山（旧名开化）、广南和富宁。

（五）贵州

古代贵州是濮、越、氐羌等民族错居的地区。历史上的濮、越都是使用铜鼓的民族。据文献记载，遵义、贵阳、开阳、水城、仁怀、清镇等市县境内，都曾"掘得铜鼓"或"获铜鼓"。新中国成立后，在麻江、赫章、遵义又出土过铜鼓，并从贵阳、都匀、长顺、贞丰、丹寨、望谟、兴仁、兴义、册亨、安龙、从江征集到铜鼓，黔南、铜仁、兴义、安顺、贵阳和遵义等地区的布依族、苗族、水族等民族，至今仍保留使用铜鼓的习俗。贵州境内，以铜鼓命名的地名多达五十余处，有的称铜鼓山、铜鼓岩、铜鼓坡、铜鼓原、铜鼓洞、铜鼓坳；有的称铜鼓河、铜鼓水、铜鼓溪、铜鼓滩、铜鼓潭、铜鼓塘、铜鼓井，还有铜鼓乡、铜鼓寨、铜鼓段、铜鼓铺、铜鼓庙，等等。这些地方的得名，大多是"土人于其地掘得铜鼓"，或"相传武侯南征于此获铜鼓"。因此，铜鼓分布范围几乎遍及贵州全省，贵阳、遵义、安顺、毕节、兴义、黔南、黔东南、

贵州六枝布依族铜鼓文化节上的铜鼓阵

六盘水、铜仁九个地区都有铜鼓,其中以黔南、兴义、安顺、贵阳四个地区最集中。贵州曾经流行过石寨山型铜鼓,在赫章可乐罗戈寨、祖家老包古墓都有出土,在遵义杨粲夫妇墓、马家湾出土过遵义型铜鼓,在麻江县谷硐火车站出土过麻江型铜鼓。当代布依族、水族、苗族使用的铜鼓都是麻江型铜鼓。

(六)四川

四川铜鼓的分布地域也比较广,西自安宁河、大渡河上游,东北至嘉陵江流域的南部、阆中等县。在此范围之内,仅见于文献记载的有二十多个县、市,清嘉庆《庆符县志》卷二载:乾隆四十年(1775)在庆符县东三十里铜鼓窝,有人耕田掘获铜鼓;《叙州府志》载:嘉庆三年(1798)宜宾县横江乡水洞坎出土铜鼓;《雷波厅志》载:嘉庆年间(1796—1820)雷波县天姑密

四川成都铜鼓

乡掘地得铜鼓;《筠连县志》载:清咸丰二年(1852)筠连县农人于土中掘得铜鼓;《长宁县志》载:长宁县田间往往耕出铜鼓;《西昌县志》载:清嘉庆间德昌农人垦土得一铜鼓;民国《盐边厅志》载:拉鹿河附近出土铜鼓1面。在犍为、屏山、会理、会东、西昌、布拖、高县、珙县、兴文、南溪、富顺、泸州、营山、安岳、南部、阆中、雅安、邛崃、芦山、名山、成都也出土过铜鼓。上述地区或有使用铜鼓的少数民族居住过,或有铜鼓流传和保存,与近年铜鼓出土地点比较,大致符合,即安宁河、南广河、嘉陵江三个中心地区之外,还增加了邛雅地区,即大渡河和青衣江流域。比较而言,川西南地区的铜鼓较早且较多,川东北地区的铜鼓较晚且较少。

(七)重庆

重庆铜鼓主要分布于乌江流域和綦江流域,包括彭水、黔江、

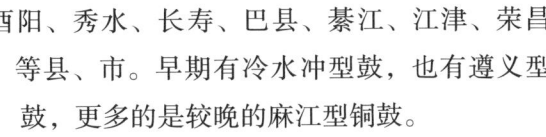

重庆铜鼓

酉阳、秀水、长寿、巴县、綦江、江津、荣昌等县、市。早期有冷水冲型鼓，也有遵义型鼓，更多的是较晚的麻江型铜鼓。

（八）湖南

湖南在历史上也有关于铜鼓出土和使用的记载。《宋史·蛮夷传》说：乾德四年（966）"南州进铜鼓内附。下溪州刺史田思迁也以铜鼓、虎皮、麝脐来贡"。下溪州就是现今的永顺，这里历史上一直是土家族聚居的地区，田氏是土家族的大姓之一。宋人朱辅的《溪蛮丛笑》载："麻阳有铜鼓，盖江水中掘得。"清嘉庆《湖南通志》记述古代苗族祭祀白帝天王（即竹王）的盛况，引用王阮亭的诗说："竹公溪口水茫茫，溪上人家赛竹王。铜鼓蛮歌争日上，竹林深处拜三郎。"竹王庙在城北五里雅溪，即今湘西土家族自治州首府吉首附近。新晃侗族自治县于1979年出土过1面铜鼓。以上各县与贵州、重庆交界，可见，湖南铜鼓主要分布于湘西南地区。

在这里必须说明一个问题，不少著作在讨论铜鼓分布地域时，常常提到北到中国内蒙古和张家口以北地区，东到长江口的银岛。其实这完全是误会。F. 黑格尔在《东南亚古代金属鼓》一书的第四章（地理分布）中曾说到他所知道的许多铜鼓来历、身世不明，这些鼓大都来自寺庙，"在内蒙古和张家口以北的喇嘛寺庙中"也有这类铜鼓。分明说的是铜鼓的流传而不是铜鼓的固有属地。同样他还说："关于Ⅱ型鼓，我知道它们分布在中国东南各省，最北的一面鼓则是在扬子江出海口的银岛上的一座寺庙里发现的。"他补充说："毫无疑问，这面鼓是从外地流传到此地的。"说的也是铜鼓的流传地。

二、在东南亚的分布

与中国南部毗邻的国家，如东南亚的越南、老挝、柬埔寨、缅甸、泰国、马来西亚、新加坡、印度尼西亚和东帝汶等也有铜鼓分布。

(一)越南

按铜鼓的存世量来说,越南是仅次于中国的第二个铜鼓大国。越南北部与中国西南边疆山水相连,很早就有经济文化往来。在云南滇西地区发源的铜鼓文化,到公元前4世纪左右,顺红河东下,与越南红河流域的青铜文化融合,创造了著名的"东山铜鼓"。

东山铜鼓是以越南清化省东山一带出土的铜鼓命名的,国际上称为"黑格尔Ⅰ型"铜鼓。一个世纪以前,奥地利学者黑格尔(F.Heger)在研究了165面铜鼓之后,将当时所知道的铜鼓划分为四个基本类型和三个过渡类型,以越南的沱江鼓(即慕列鼓)和中国的开化鼓为代表列为Ⅰ型。它们都是大型铜鼓,鼓身自上而下分为三节,上为胸部,膨大突出;中为腰部,收缩成直筒形;下为足部,向下垂直或先收后张,形成一个向外扩展的截头圆锥体。胸腰间附两对并列的扁耳,饰编织花纹。黑格尔当时描述了35面

越南上农出土的原始型铜鼓

这类铜鼓，认为它们是铜鼓中的最早形式，其他类型铜鼓都是由这类铜鼓发展而来的。在越南清化省东山文化遗址出土铜鼓以后，有人将黑格尔Ⅰ型铜鼓与东山文化联系起来，在1968年至1971年间，越南学者将黑格尔Ⅰ型铜鼓正式命名为"东山铜鼓"。越南的东山铜鼓主要分布于北部红河流域，以河内西南的河山平省最多，越南中部和南部也有发现。1975年越南学者统计有东山铜鼓52面，1985年增至144面。他们把东山铜鼓分为A、B、C、D、E五组22个式，其中A、B两组相当于中国的石寨山型；C组和E组相当于中国的冷水冲型；D组相当于中国的万家坝型。早期最著名的是A组玉缕鼓、黄下鼓和沱江鼓、庙门鼓、富川鼓、约丘鼓、广昌鼓，鼓体较大，装饰花纹丰富，鼓面、鼓胸、鼓腰的主体花纹都有人物、动物及其组合的写实画面，是最精美的铜鼓；次为B组的富维鼓、鼎乡鼓、河内鼓。晚期最著名的是C组的右钟鼓、农贡鼓、多笔鼓、蒙山鼓，鼓面边沿多素晕，有青蛙塑像4只，太阳纹芒间多以翎眼纹和折线纹相间排列，内侧第一晕为对向三角形纹或S形曲折纹，主晕是变形羽人纹和变形翔鹭纹，并间隔定胜纹，鼓身

越南清化省博物馆陈列展出的铜鼓

一般无主晕。早期东山鼓主要集中在平原各省,分布形成两大区域:河西一带和清化一带;晚期东山鼓的分布地点集中在更靠南一些的清化平原。

中国学者命名的"万家坝型"铜鼓,现在国际上称为"先黑格尔Ⅰ型"的铜鼓,在越南也有发现。1932年在越南河东省章美县美良社淞林寺附近的田野里出土过1面,1973年在该地又出土第二面。后来在永福省三清县陶舍社、上农社和老街省也有发现。这种原始铜鼓在越南主要分布在红河流域,尤其以接近中国云南的老街最集中。

此外,越南也有类似黑格尔Ⅱ型的铜鼓。这种铜鼓高大厚重,面广于胸,和黑格尔Ⅱ型铜鼓有许多相似的地方。1918年H.巴门特(H.Parmectier)发表《古代青铜鼓》一文,错误地把它们归到黑格尔Ⅱ型铜鼓之内。但经细心观察,这些鼓胸部长而下削,鼓腰已消失,只留下一道很宽的凸棱与鼓足相接,鼓面太阳纹中心隆起如球状,装饰花纹以菩提叶、荷花瓣、菊花茎及各种柠檬花为主,与真正的Ⅱ型铜鼓有别。据阮成斋研究,越南发现这类鼓129面,以红河、马江中游地区最稠密,越是深入山区各省,密度越小,向南分布只到义静,个别的在义安发现,没有超出河静;北方沿海各省如太平、海防、广宁根本没有此类鼓。①发现这类铜鼓的地区正是至今仍使用这类铜鼓的芒族人居住的地区。而且这类铜

越南和平省博物馆展出的
类黑格尔Ⅱ型铜鼓

鼓常出于16—18世纪芒族郎官宗族墓中，至今芒族人还在使用，年代比真正的Ⅱ型铜鼓晚得多，因此有的学者称它们为"类黑格尔Ⅱ型"铜鼓，或者直呼为"芒鼓"。芒族是越南北方人口最多的少数民族之一，居住在从黄连山、永福、山罗到河南宁、清化等较辽阔的地方，以河山平省最集中。芒族郎官们只有在主要丧葬的13天祭祀中才使用铜鼓。

分布于越南河江省和高平省的倮倮族也保存和使用铜鼓。据越南学者罗天宝调查，河江省同文、苗袜、安明三县的倮倮人有22面铜鼓。这些铜鼓都是黑格尔Ⅳ型铜鼓，即麻江型铜鼓。[②]

在靠近老挝的山区也有黑格尔Ⅲ型铜鼓，即西盟型铜鼓。义静省的克模（岱哈）人使用黑格尔Ⅲ型铜鼓，他们从老挝琅勃拉邦达冒瑶人那里买来。

（二）老挝

从目前掌握的资料来看，老挝古老的铜鼓主要出现于下寮，曾出土黑格尔Ⅰ型铜鼓3面。其中两面是在沙湾拿吉以北四十公里处的会华桑村附近的湄公河东岸崩塌时发现的，另一面是修巴色—乌汶公路时发现的。

在乌汶发现的铜鼓称乌汶鼓，具体发现地点是在当得的一块稻

老挝博物馆展出的铜鼓

田里，故又称为当得鼓，此鼓最初为巴色的纳尔逊所有，又称纳尔逊鼓，即老挝1号鼓。后由驻扎官J.博斯克送到河内，1924年收作法国远东学院藏品，编号为Ⅰ·17849。这面铜鼓，戈鹭波认为可与越南的玉缕鼓相提并论，把它的年代定在公元1世纪。[③]乌汶鼓与广西西林鼓十分相似，鼓面都有带回旋的S形螺纹、锯齿纹。乌汶鼓有30只翔鹭，西林鼓有20只，是翔鹭数最多的铜鼓。鼓胸部的船纹，乌汶鼓有6只船，每船9—11人，西林鼓也有6只船，每船也是9—11人。船形也基本一致，乌汶鼓船外每端有一条大鱼，西林鼓船外一端是大鱼，一端是站立的2只长喙鸟。乌汶鼓腰的上半部有鹿纹12组，每组有鹿2只。西林鼓腰的上半部也有鹿纹12组，其中9组2只鹿，另3组3只鹿。乌汶鼓、西林鼓腰下半部皆饰羽人12组，每组皆2人。

会华桑1号鼓面径97厘米，通高65厘米，太阳纹12芒，主晕是一圈图案化的鹭纹，其他为几何纹晕；会华桑2号鼓面径78厘米，通高50厘米，有相似的切线同心圆圈纹的模糊图形。巴门特将它们定为黑格尔Ⅰ型。[④]

1974年8月在沙湾拿吉省丰沙湾村湄公河岸挖出一面铜鼓，即丰沙湾鼓。此鼓通高56厘米，胸径71厘米。鼓面小于鼓胸，鼓胸膨胀，鼓腰呈圆柱形，鼓足较高。鼓面太阳纹12芒，芒间套叠V形纹，还有几何纹晕圈和曲线纹晕圈；鼓胸有栉纹，中间有点切线圆圈纹；鼓腰由各并行直段、切线圆圈纹柱分成许多格，格中有一只不明动物，可能是鸟。

此外，1975年4月在桑怒省芒万赛地区一个池塘里发现一面铜鼓；1990年，一位老人在位于老挝南部占巴塞省孔埠地区东桑村附近的河里发现一面铜鼓。

居住在老挝东部山区的克木人和拉麻人至今还在使用铜鼓。他们用的铜鼓都是黑格尔Ⅲ型鼓。生活在南塔省和丰沙里省的高人、生活在北丰沙里的富奈人使用的铜鼓是从泰国和缅甸购买的。克木人的铜鼓有的是用琅勃拉邦的铜源铸造的，形制与泰国、缅甸的略有不同。

（三）柬埔寨

柬埔寨在马德望近郊的特南蒙鲁寨和磅清扬的托斯塔等地都出土过古代铜鼓。

特南蒙鲁寨鼓又称马德望鼓，陈列在金边阿贝鲁沙罗博物馆，为黑格尔Ⅰ型。面径64厘米，中心太阳纹12芒，主晕有4只逆时针飞翔的鹭鸟，鸟长喙，平展双翅，三角形尾，已高度抽象化；还有数道中间有点的圆圈纹晕圈。

托斯塔鼓，于磅清扬省坦波乐的托斯塔村发现，也陈列在金边阿贝鲁沙罗博物馆，为黑格尔Ⅰ型。面径65厘米，通高35厘米，中心太阳纹10芒，芒间叠饰V形纹，还有字形纹、舞人纹和中间有点的圆圈纹。

迈尔在与巴黎的通讯中，得知旅行家安托诺（A. Antono）在柬埔寨一些寺庙、兵营和戏院里看到使用的铜鼓。安托诺说："铜鼓是山寨部落里的居民制造的，他们对其旋律曲调有天生的爱好。"柬埔寨东部的山民至今仍在使用这种铜鼓。

（四）缅甸

缅甸称铜鼓为"巴栖鼓"，其意是"蛙鼓"。制作铜鼓通常成双成对，一雄一雌，一个鼓面有青蛙，另一个鼓面无青蛙。有青蛙的铜鼓为雄鼓，无青蛙的铜鼓为雌鼓。

缅甸使用铜鼓的历史也很悠久。虽然，从考古发现来看，缅甸还未曾见很古老的铜鼓，但从历史记载来看，至少在公元8世纪就已使用铜鼓了。据唐人刘恂的《岭表录异》记载：唐贞元中"骠国进乐有玉螺铜鼓"。公元802年，骠国王派遣王子舒难陀和大臣那直元佐、摩诃思那率领骠国友好使团来中国访问，在长安献乐就用了铜鼓。著名诗人白居易为此还写过一首《骠国乐》诗。当时的骠国就是今日的缅甸。11世纪中叶，下缅甸有两件孟/巴利文关于直通穆库塔王的铭文，提到他的臣民敲击一面大鼓向他示敬；蒲甘江喜王朝（1084—1111）送给印度菩提伽耶一个佛教圣地的物品中有鼓，而从江喜佗优明的壁画可以看到有3面铜鼓。

缅甸是黑格尔Ⅲ型铜鼓（即西盟型铜鼓）的大本营，不仅一些博物馆和私人手中有铜鼓，而且克伦族、佤族、掸族直到现在还在使用铜鼓。克耶邦的威当城（Nwedaung）即今乐可，曾是制作"蛙鼓"（巴栖鼓）最盛的地方，直至1894年还有人制作。19世纪末，西方旅行家就从缅甸红克伦族手中购买过铜鼓。有的材料说，克伦族到1905年仍能制作铜鼓，甚至到了20世纪20年代，最后一个西盟型铜鼓的制作者尚在人间。

（五）泰国

泰国文献首次提到铜鼓是公元14世纪拍昭立泰王所撰的《三界经》。到了曼谷王朝，铜鼓仍是宫廷某些仪式的乐器之一。据清人李调元的《南越笔记》记载，明洪武四年（1371）暹罗（泰国）国王参列昭牙遣使奈思俚侪刺识悉替来中国进贡，贡品中就有铜鼓一项。可见泰国使用铜鼓的时间很长。据菩冲·占达维（Bhujjong Chandavij）报道：在泰国有16处遗址发现铜鼓，其中南部10面，东北部7面，北部3面，中部4面。它们是加信府2面，乌汶府2面，木达汗府1面，呵叻府1面，乌隆府1面，程逸府3面，北碧府4面，素叻府5面，春蓬府2面，坤府2面，宋卡府1面。⑤近年来，中国一些学者到泰国考察，对泰国的铜鼓也比较留意。据姚舜安、滕成达

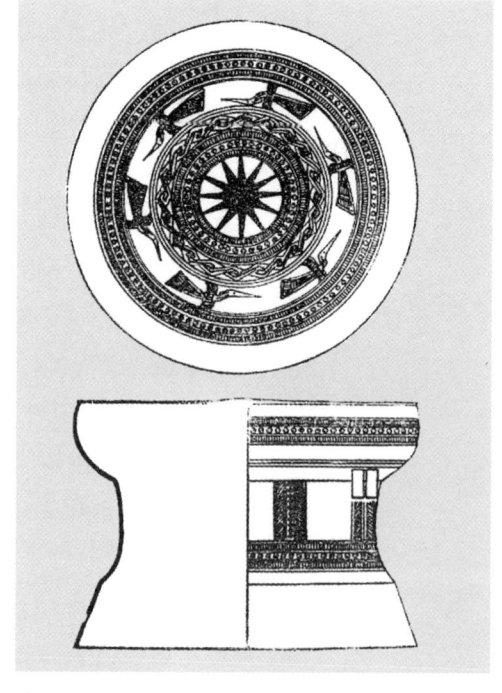

泰国翁巴洞铜鼓

调查，春蓬府、洛坤府各有3面铜鼓，万伦府有5面铜鼓。⑥泰国国王至今在主持国会开幕大典时仍然敲打铜鼓庆贺。泰国许多寺庙还保存着铜鼓，泰人和伦人还使用铜鼓。据广西民族学院范宏贵教授2002年初的考察，在曼谷西面一百多公里的北碧府程木缪县沙抵朗乡斯错勒村的尼维他巴通中学，在1999年建校舍时推土机推出1面铜鼓；在坤敬市博物馆陈列着1面铜鼓；大皇宫一座宫殿门旁边陈列着2面铜鼓；泰国国家博物馆陈列着4面铜鼓。全泰国馆藏铜鼓四十多面，民间收藏的铜鼓有二十多面。现在居住在泰缅边境的克伦人还在制造铜鼓。⑦

泰国也发现过原始形态的铜鼓，据邱兹惠说有3面：1面见于泰国南部，仅存鼓面；2面见于曼谷，其中1件已下落不明，1件被日本出光美术馆购藏。⑧出光美术馆藏鼓与云南大海波鼓、越南上农鼓相似，鼓面小，中心太阳纹凸起，胸部隆大，足部极短，辫状形耳。比较特殊的是，这是一面用失蜡法铸造的铜鼓。

泰国最著名的铜鼓是翁巴洞出土的铜鼓。据佩尔·索伦森在《泰国翁巴洞穴及其出土的五面铜鼓》中介绍，翁巴洞在泰国北碧府沙越县桂艾河与桂内河之间的群山中，1960—1962年泰国、丹麦史前联合考察队对该洞进行发掘，发现4面铜鼓碎片。此前该洞还出土过2面完整的铜鼓，其中一面在运往曼谷途中丢失，另一面落到北碧府知府手中，后来施舍给了一座庙宇。这些铜鼓的形制和纹饰与中国石寨山型铜鼓和越南东山铜鼓相近，都属于黑格尔Ⅰ型。其中86号鼓和89号鼓鼓面有变形羽人纹晕，其间还有2个相同的房屋纹，有2晕鸟纹，与越南的广昌鼓类似。"知府鼓"和上述4面鼓的纹样不同，鼓面纹样已完全抽象化，其中心区有一晕几何纹，外面是一晕几只正在飞翔的鸟，最外面的一晕又是和中心区相同的几何纹样，是翁巴铜鼓中年代最晚的一面。但比陈列在维多利亚和阿伯塔博物馆的黑格尔第11号鼓要早。据洛温斯坦因1962年介绍，黑格尔11号鼓有铭文，其年代为公元199年。

素叻他尼省阁沙梅岛也出过1面铜鼓，这面鼓与翁巴86号鼓相似，但在鼓面的羽人晕中没有房屋纹。阁沙梅岛离马来半岛东岸比较近，马来西亚东海岸地区发现的瓜拉丁加努鼓，也保留有越南广昌鼓的风格，但船上的羽人纹已明显图案化。

19世纪80年代起，一些西盟型铜鼓就从泰国流往西欧，奥地利王国驻曼谷的总领事就曾为奥地利自然历史博物馆征集过铜鼓。英国维多利亚女王也珍藏有来自泰国的大铜鼓。1901年泰国还赠送过一面西盟型铜鼓给日本帝室博物馆（现东京国立博物馆）。

住在泰国北部山地的一些部落直到20世纪初一直在使用铜鼓。按照古老的习惯，在泰国首都，铜鼓是一种高贵、庄严的乐器，通常在谒见场合，人们和着嘹亮的喇叭声，敲击铜鼓通告国王的到来。在盛大的国家仪典上也都要敲奏铜鼓，在神庙或寺院的各种重要的宗教仪式上也常常使用铜鼓。

（六）马来西亚

马来西亚有多少铜鼓，现在得不到确切的统计。据 M.W.F. 特威迪（Tweedie）所著《史前马来亚》一书所载有黑格尔 I 型鼓4面：1926年在彭亨地区的滕贝林河畔的耷都巴色加南发现过铜鼓，仅存鼓面的一部分，后藏于莱佛士博物馆；1944年日本占领马来西亚期间，在雪兰峨州的克朗也发现过铜鼓，只有鼓身一小片和不到一半的鼓面。这两面铜鼓都与越南东山遗址出土的相似。另据 B.A.V. 皮柯克（Peacock）报道，1964年在马来西亚西海岸甘榜双

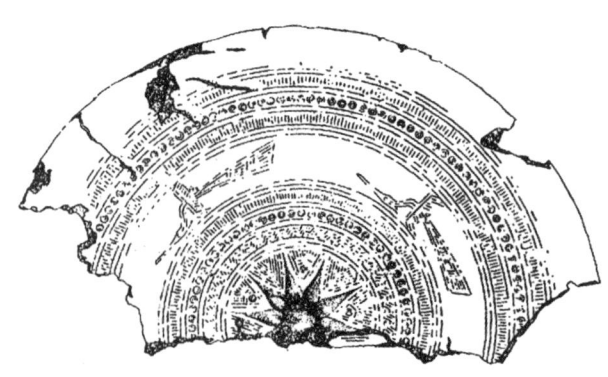

马来西亚雪兰峨州克朗鼓残片

溪朗发现2面铜鼓,羽人已图案化,翔鹭间有定胜纹,并有青蛙塑像,年代已比较晚。1967年在马来西亚东海岸的瓜拉丁加奴市南面的巴生古墓里也发现2面铜鼓。

马来西亚没有铜,没有产生原始的采铜方法,所以没有自己的铜器时代。在马来西亚发现的古代铜器,一个可能是由其他国家制造好传进来的;另一个可能是输入铜,与本地生产的锡合铸而成。铜鼓显然是从外地传入的。

(七)新加坡

新加坡未见铜鼓出土记录,但民间收藏有铜鼓。饶宗颐说,林徐典博士家藏两鼓,陈之初香雪斋藏三鼓。林氏藏鼓,其有青蛙塑像者是其先人购自沙捞越;另一鼓则先由中国海南林姓从官广西者带至文昌,后经其尊人携往新加坡,实是中国之"出口鼓"⑨。陈之初所藏三鼓都是黑格尔Ⅲ型,应是从缅甸或泰国传入的。⑩

(八)印度尼西亚

"千岛之国"印度尼西亚也是铜鼓分布区,铜鼓出土地点主要集中在苏门答腊、爪哇和甘尼安、松巴哇、萨拉亚尔,东边的罗地、塞卢、莱狄、塞拉卢诸岛也有铜鼓发现,甚至在卡伊群岛的土瓦岛上也出土过2面铜鼓。

印度尼西亚有东山铜鼓26面。其中,苏门答腊4面、爪哇9面、甘尼安6面、土瓦2面,罗地、塞卢、莱狄、塞拉卢各1面。

最古老的是北加浪岸铜鼓,发现于爪哇的北加浪岸,高48.2厘米,面径63.9厘米,鼓面中央太阳纹18芒,有1晕羽人纹和马鞍形屋顶的干栏图饰。干栏前面为4人敲击4面鼓的棚架图形。屋顶上有2只栖鸟。鼓胸有船纹。几何形纹除了同心圆纹、圆

印度尼西亚的塞拉亚铜鼓

点圆形纹外，还有栉纹。这些都与越南沱江鼓相似。

次为展玉鼓，又名巴巴甘鼓，1904年在爪哇岛展玉地区西北甘蓬巴巴甘发现，1905年送到巴达维亚博物馆。此鼓比较低矮，胸部鼓胀、腰部宽大、足部较高。面径66厘米，足径75厘米，通高47.5厘米。鼓面中心太阳纹16芒，芒间有短画花纹，各晕圈模糊不清，看得出的有Z字形纹、锯齿纹、有点同心圆圈纹，第八晕是长喙、展翅、三角形尾、逆时针飞翔的鹭鸟；鼓胸饰锯齿纹，中间有点同心圆、凸圆点花纹，胸上部有1条立鸟纹带。鼓腰有锯齿纹，有点同心圆、鱼刺纹，构成10格，除2格位于合范交接线上外，其余8格还有立鸟图案，每格2只，皆向右，鸟喙大而长，足短、眼凸。鼓足无纹饰。胸腰间有2对对称扁耳。此鼓与越南的约丘鼓、鼎乡鼓、富川鼓相近，但花纹已经衰退，鼓胸没有船纹，但有站着的鸟纹。腰上没有人纹和牛纹，而只有像鼓胸那样的鸟纹，应该晚于富川鼓。

三宝垄有3面铜鼓，1883年发现于爪哇岛三宝垄，后藏巴达维亚博物馆，属越南B组鼓，鼓面上鸟纹和河内鼓很相似。越南B组鼓没有青蛙塑像，但三宝垄鼓出现了青蛙塑像。

甘尼安鼓，与越南同孝鼓相似。但腰部的执剑披甲人像、骑马人像很特殊。

卢昂鼓，早在1715年以前就在卢昂岛上存在。后来在这个岛的伊鲁马拉小山上也发现一面这样的鼓，这面鼓高51厘米，面径91厘米，鼓身残缺不全，形状和纹饰与塞拉亚鼓一致。

塞拉亚鼓，1861年在苏拉威西南端的塞拉亚岛波托班公村的小山丘发掘出土，随后被安置在该村酋长住所前的一栋小房子里，鼓耳用绳索穿着，悬挂在屋的横梁上，以便在节庆日子，发生火灾或战争危难之时用来召集部众。这面鼓作为一种虔敬的神器，为酋长治下的臣民所共有。鼓重约100公斤，高92厘米，面径126厘米，底径138厘米，太阳纹有24芒，沿鼓面边缘有4只大青蛙塑像。该鼓被敲击时发出洪亮悦耳的声音。从画面上看，纹饰出现

第三章 历史印痕：铜鼓文化的传播与分布

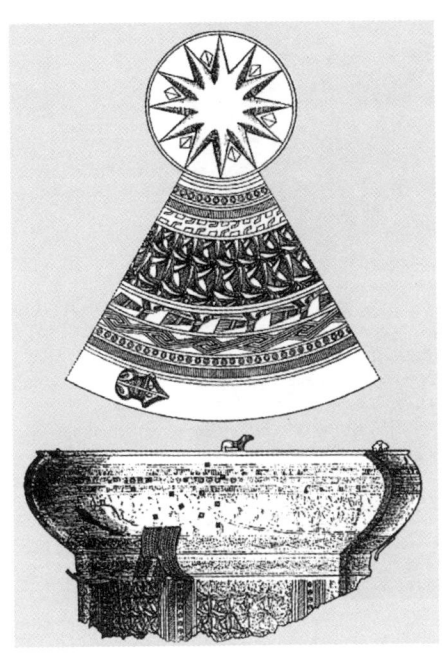

印度尼西亚的罗梯铜鼓

了那个地区最有代表性的动物：象和孔雀。与它放在一处的还有一件铜钺，从花纹式样看像是中国的，和铜鼓没有直接联系。由于塞拉亚铜鼓纹饰的原因，它的原产地不可能是中国，孔雀和大象明显指向缅甸和泰国，其他地区也不可能是其原产地。

罗梯鼓，在帝汶岛西南的罗梯小岛上发现，后存于巴达维亚博物馆，高62厘米，面径73厘米，太阳纹12芒，纹饰与塞拉亚鼓相似，鼓面边缘有4只青蛙塑像。

莱梯鼓，在帝汶岛东北端的莱梯小岛上发现，与卢昂鼓相像，但比卢昂鼓大。面径100厘米，通高75厘米，鼓面有青蛙塑像，太阳纹12芒。传说这面鼓是来自上天的神物，可能原属邻近岛上的摩亚土著，村里专门为它建了一间小屋，对它极为敬重。

土瓦鼓是在帝汶岛东北的卡伊列岛中的土瓦岛发现的。鼓面有4只青蛙塑像，太阳纹12芒，有动物和人物形象的纹饰，土人对其特别崇拜。

小结：东南亚铜鼓的发展历程

铜鼓在东南亚分布这样广泛，与居民迁徙有关，很可能有些古代越人带着铜鼓从中国南部和越南北部往南迁徙到东南亚其他地区；铜鼓代表着合法权威，有些铜鼓代表着中国南方或越南北部较强盛的国家统治权力的影响，颁赐给东南亚一些部落酋长，使其统治权力更加合法化；也有的铜鼓纯粹是作为商品交换到东南亚广大地区的。

铜鼓从亚洲大陆经泰国和马来半岛滨海地区到达印度尼西亚。马来西亚瓜拉丁加奴鼓和泰国翁巴鼓都是这条运输线上传送的。

广西东兰县三弄乡下弄宁屯布努瑶启用铜鼓习俗

从铜鼓的发展历程来看,大致可分为四个时期:即滥觞期、成熟期、发展期和式微期。

滥觞期:大约公元前7—前5世纪,是先黑格尔Ⅰ型,即万家坝型阶段,处于从铜釜演化而成原始形态铜鼓的时期。主要集中分布于中国云南中部偏西地区,洱海—礼社江流域,旁及云南东南部的文山地区,向东到达广西右江中游的田东一带;顺元江—红河东下达于越南老街等北部地区;在泰国也有零星发现。

成熟期:形成黑格尔Ⅰ型早期类型,分别在中国云南滇池附近形成石寨山铜鼓,在越南红河流域形成东山铜鼓。此后开始向东南亚各国传播。早期东山铜鼓与石寨山铜鼓并行发展,但东山铜鼓不像石寨山铜鼓那样于公元前后消失,而是继续发展,并回过头来影响中国境内的铜鼓,产生了后世繁盛的冷水冲型铜鼓。晚期东山铜鼓向东南亚扩散,老挝、柬埔寨、马来西亚和印度尼西亚的铜鼓都不同程度受到越南东山铜鼓的影响,使铜鼓文化深入到东南亚一大片古老民族地区，成为一种特有的文化现象。

发展期：由黑格尔Ⅰ型早期类型铜鼓，即石寨山铜鼓和东山铜鼓分别发展成为鼓面有青蛙塑像的冷水冲型鼓和东山晚期鼓。与此同时，在中国广西和广东交界的云开大山区产生黑格尔Ⅱ型铜鼓，即北流型铜鼓、灵山型铜鼓。黑格尔Ⅱ型铜鼓至唐代中期向海南岛和中越边境地区转移。在中国云南东南部和越南北部可以见到零星的黑格尔Ⅱ型中的灵山型铜鼓，后来退入越南西部山区，与黑格尔Ⅲ型铜鼓结合，发展成为"类黑格尔Ⅱ型"铜鼓。类黑格尔Ⅱ型铜鼓只见于越南西部，没有再往其他国家传播。

式微期：大约8世纪，冷水冲型铜鼓发展成遵义型铜鼓，11世纪发展成麻江型铜鼓，即黑格尔Ⅳ型铜鼓。中国黔、桂、滇边区是黑格尔Ⅳ型铜鼓的大本营。随着苗族、瑶族、彝族向印度支那半岛迁移，到15世纪后扩散到中越、中缅边境山区，近现代华侨也将铜鼓带往新加坡和印度尼西亚。几乎与此同时，黑格尔Ⅱ型铜鼓演变为Ⅲ型铜鼓，即西盟型铜鼓。Ⅲ型铜鼓最早出现于中越边境，如广西龙州响水的派浪鼓和靖西湖润的庭毫山鼓，大约8世纪进入缅甸。中国铜鼓进入缅甸可能有两条路线：一条是生活在广西的俚人从龙州、靖西一带，沿中越、中缅边境向缅甸山区迁徙，将铜鼓带入缅甸；一条是借云南南诏政权和傣族、骠族的政治

广西南宁青秀山的
铜鼓歌台

联系，使铜鼓越过中缅边境到达缅甸。中国铜鼓通过两条路线在缅甸与泰国交界的山区会合，形成一种新型铜鼓，即西盟型铜鼓，也就是黑格尔Ⅲ型铜鼓。

在东南亚，除了越南以外，其他国家还没有发现自己铸造的黑格尔Ⅰ型铜鼓。那里发现的黑格尔Ⅰ型铜鼓都是从中国南方或越南北部传过去的。

越南东山铜鼓早期阶段，大量集中在红河地区，还没有影响到东南亚。老挝出现的乌汶鼓与广西的西林鼓和云南的广南鼓接近，与越南东山铜鼓有所区别，可能是直接从广西或云南传过去的。泰国翁巴铜鼓既有石寨山铜鼓的特点，也有东山铜鼓的特点，交叉受到这两种铜鼓的影响。

自此以后，由于地缘关系，东南亚各国的铜鼓主要就受东山文化的影响了。影响扩展到东南亚海岛地区，其代表就是爪哇岛的北加浪岸鼓，与越南的沱江鼓相近。爪哇展玉鼓代表东山铜鼓所影响到东南亚海岛比较晚的阶段——约丘鼓、鼎乡鼓阶段。展玉鼓和越南鼎乡鼓、富川鼓很相近，花纹已经衰退，鼓面没有鸟纹，鼓胸没有船纹。

东山铜鼓对东南亚影响最大的阶段是以广昌鼓、右钟鼓为代表的时期。广昌鼓类型的影响在马来半岛东岸可以清楚看到，在印度尼西亚也有发现。右钟鼓类型对印度尼西亚的影响就比较大。右钟鼓上的羽人纹样在越南山罗省扶安县出土的一件铜奁上有，这种铜奁是汉文化容器，在广西贵港汉墓和云南晋宁石寨山汉墓都出土过这种铜器。可见，右钟鼓上的纹样是东山文化和汉文化相接触的时候出现的。也就是说，右钟鼓类型是在汉朝统治时期的东山铜鼓发展阶段，其年代当在公元1—2世纪。这就意味着，在汉朝统治时期，东山文化吸收了汉文化，但东山铜鼓继续向东南亚扩大影响。

和右钟鼓一起，在越南有代表性的铜鼓是农贡鼓、富方鼓、裴村鼓等，花纹趋于简化。这类铜鼓在东南亚地区也更普遍。

铜鼓传入印度尼西亚群岛时，苏门答腊流行巨石文化，已处于铁器时代早期。铜鼓最初可能从中印半岛南端直接传入，后来这种铸造方法被巨石文化的主人所吸收，自己铸造富有土著文化色彩的铜鼓，同时将铜鼓传入爪哇地区，由爪哇沿海古代文化中心的三宝垄广泛地传播到其他海岛。爪哇没有发现铜、锡产地，是否有矿砂或青铜锭进口，自己浇铸青铜器？印度尼西亚有部分铜鼓是当地自己铸造的，如塞拉亚鼓，有与右钟鼓相似的划船羽人像，但鼓身上又有孔雀、象、椰子树纹饰就是本地特色。由此慢慢形成本地铜鼓传统，莫科鼓（moko）完全是另一传统的独特产品。

在印度尼西亚群岛，黑格尔Ⅰ型铜鼓之后，没有其他类型铜鼓发现。唯一例外是属于黑格尔Ⅳ型的文登鼓。明末张燮的《东西洋考》一书记载的"爪哇下港物产"条说道："铜鼓即今华人所有者，诸国以爪哇为最。"在"文郎马神"条又说："入山深处有村，名乌笼里弹……夷人携货往市之，击小铜鼓为号。"说明晚期铜鼓只有大陆去的人在用。

近现代也有铜鼓在东南亚流动。如前面说到的新加坡林徐典家藏两面铜鼓，一面购自沙捞越；一面从中国广西带到海南文昌，再从海南带到新加坡。

创造灿烂铜鼓文化的各民族是同一大文化圈的兄弟民族，这些民族在两千年的漫长岁月中，通过各种形式的交往以及迁徙、融合，形成种种经济的、文化的关系。铜鼓文化是这些民族最具代表性的共同财富。

第三节 使用铜鼓的族群

铜鼓分布这么广泛，是哪些民族在使用，使之不断向前发展呢？这也要从两个方面来加以说明。

一、历史上使用铜鼓的族群

从历史文献记载来看，历史上使用铜鼓的族群有骆越、乌浒、俚、僚、蛮、仲家、苗、黎等族。

（一）骆越人

从文献记载来看，历史上使用铜鼓最早的人群是骆越人。《后汉书·马援传》载：公元1世纪伏波将军马援南征交趾，"得骆越铜鼓"。马援所得铜鼓冠以"骆越"二字，表明这类铜鼓是从骆越人手上获得的，或者是骆越人制造或使用的铜鼓。骆越，又作"雒越"，简称"骆"。"骆越"仅见于两汉。《汉书·贾捐之传》载：在汉元帝初元元年（前48）讨论是否出兵海南岛的珠崖郡时，贾捐之说过"骆越之人父子同川而浴，相习以鼻饮，与禽兽无异，本不足郡县置之"。把骆越人说得很落后、愚昧。《后汉书·任延传》说道，

越南清化省博物馆展出的骆越人使用铜鼓示意图

东汉建武初,任延做九真郡太守时,境内的骆越之民仍然"无婚嫁礼法"。骆越人居住的地方有骆越水,骆越水在邕州。《旧唐书·地理志》载:邕州宣化县"骦水在县北,本牂牁河,俗呼郁林江,即骆越水也,亦名温水,古骆越地也"。考其地望,宣化即今广西南宁,骆越水应该是今南宁的邕江及其上游左江。从上述文献来看,骆越人活动的时代大致是从战国至东汉时期,其活动地域包括汉代的珠崖、交趾、九真等郡。汉代珠崖郡在今海南,交趾郡在今越南北部红河流域,九真郡在今越南清化、义安地区。因此,骆越活动中心在中国广西左江—邕江流域至越南的红河三角洲一带。战国至东汉时期分布于这些地区的铜鼓是石寨山型东山系铜鼓,即以东山铜鼓和由石寨山型铜鼓发展而来的冷水冲型红河式和邕江式铜鼓为主。骆越人将铜鼓艺术推向了高峰。

(二)乌浒人

《南州异物志》记载:"交广之界民曰乌浒,东界在广州之南,交州之北。惜出道间,伺候二州行旅,有单迥辈者,辄出击之,利得人食之,不贪其财货也……出得人,归家,合聚邻里,悬死人当中,四面向坐,击铜鼓,歌舞饮酒,稍就割食之。春月方田,尤好出索人。贪得之,以祭田神也。"

乌浒人使用的铜鼓

这里说的交广二州,即是晋代的交州和广州。交州治所在龙编(今越南河内),辖境相当于今越南北部及广西防城港、钦州、北海至广东雷州半岛;广州治所在番禺(今广州),辖境相当于今两广除东南部以外的地区。交广二州交界处当是雷州半岛至郁江一带,那里的乌浒人经常埋伏在道路边,袭击过往行人。得到猎物后,悬挂起来,邀请邻里,敲铜鼓,歌舞饮酒,然后分食。

乌浒又称"乌浒蛮"、"乌蛮",是西瓯骆越人的后裔。乌浒的活动,主要见于东汉时期。《后汉书·南蛮西南夷列传》载:"灵帝建宁三年(170)郁林太守谷永以恩信招降乌浒人十余万内属,皆受冠带,开置七县……光和元年(178)交趾、合浦乌浒蛮反叛,招诱九真、日南,合数万人,攻没郡县。"可见,东汉时期,乌浒人已广布于交趾、合浦一带,影响所及已到九真、日南,势力也很强大。这一带是粤式铜鼓分布中心,可知乌浒人敲击的铜鼓应是北流型铜鼓和灵山型铜鼓。

(三)俚人

自南朝以后,乌浒一名在岭南地区已不多见,代之而起的则是俚人。

俚,亦称"里人"、"蛮俚",是东汉至南北朝时期中国岭南地区的民族。史籍中常以"俚獠"并称。岭南地区的俚獠,实际上就是俚人。俚是由乌浒发展而来的,这从俚的分布可以证明。据《后汉书·南蛮西南夷传》记载,建武十二年(36)"九真徼外蛮里张游率种人慕化内属,封为汉归里君";十六年(40)交趾女子征

俚人使用的冷水冲型鼓

侧起义,"九真、日南、合浦蛮夷皆应之"。李贤注:"里,蛮之别号,今呼为俚人。"三国时,吴人万震作《南州异物志》也说:"俚在广州之南,苍梧、郁林、合浦、宁浦(今广西横县)、高凉(今广东阳江等地)五郡皆有之,地方数千里。"这些地方正是秦汉时期瓯骆和汉晋时期乌浒活动的主要地域。南朝之后,俚獠之名时见载籍,《宋书·蛮夷传》说:"广州诸山并俚獠,种类繁炽。"《南齐书·州郡志上》"广州"条说:广州"滨际海隅,委输交部,虽民户不多,而俚獠猥杂,皆楼居山险,不肯宾服"。"越州"条说:宋末"割交、广、朱鸢三郡"并合浦以北地立越州,"穿山为城,威服俚獠"。两晋南北朝时期,俚人已进入奴隶社会,"生口"(奴隶)与珍宝同列,成为俚人豪酋财富和势力的重要标志,社会组织以

"峒"为单位，拥有铜鼓的首领称都老，都老击铜鼓集众或出战。

《太平御览》卷七八五引裴渊《广州记》载："俚獠贵铜鼓。唯高大为贵，面阔丈余，方以为奇。初成悬于庭。克晨置酒招致同类，来者盈门。其中富豪子女，以金银为大钗，执以叩鼓，竟，留遗主人，名曰'铜鼓钗'。"

《陈书·欧阳頠传》说，梁左卫将军兰钦"南征夷獠，禽陈文彻，所获不可胜计，献大铜鼓，累代所无"。《梁书·兰钦列传》说，兰钦所擒获的陈文彻是"俚帅"，可见兰钦征讨的"夷獠"即是"俚獠"。

《隋书·地理志》说："自岭以南……其俚人则质直尚信，诸蛮则勇敢自立，皆重贿轻死，唯富为雄……诸獠皆然，并铸铜为大鼓。"

由此可见，俚人活动的地区也正好是"大铜鼓"的分布地区。而这种"大铜鼓"就是粤式铜鼓。南朝以后铸造和使用粤式铜鼓的民族就是俚人或俚獠。

南朝至隋代，在两广地区虽然继续设置郡县，但这些郡县多偏于沿河两岸交通便利的地方。郡县的行政权力，只能管辖到城镇及其近区，对广大乡村和山区则鞭长莫及。据《晋书·陶璜传》记载，公元280年，交州刺史陶璜上书给晋武帝时说："广州南岸周旋六千余里，不宾属者乃五万余户，及桂林不羁之辈复当万户，至于服从官役才五千余家。"可见当时中央统治力量薄弱。这种情况，持续到隋。在《资治通鉴·隋记》中也有记载，陈亡，"岭南未有所附，数郡共奉高凉郡太夫人冼氏为主，号'圣母'，保境拒守"。隋统一时，进兵岭南，只有得到当地民族首领冼夫人和宁猛力的支持才比较顺利。隋代在岭南以广州、桂州为政治军事中心，派官员，驻重兵，但在少数民族聚居地区仍依靠当地首领进行统治。粤式铜鼓最密集的地区正是郁林、合浦、高凉三郡交接的云开大山区，是封建王朝统治力量最薄弱的地带。正因为如此，这个地区铜鼓的铸造发展到登峰造极的地步。

（四）僚人

僚，古代文献作"獠"。獠的称谓，最早见于晋人张华所著《博物志》："荆州极西南界至蜀，诸民曰獠子。"有时獠与俚连称，称为"俚獠"，如前引《南齐书·州郡志》载广州"俚獠猥杂"，越州"威服俚獠"。据晋人郭义恭的《广志》所载："獠在牂牁、兴古、郁林、苍梧、交趾。"晋之牂牁辖境约当今贵州大部和广西西北部，郁林辖境约当今以广西贵港为中心，六万大山和大瑶山之间的郁江流域；苍梧辖境约当今广西梧

僚人使用的冷水冲型铜鼓

州市、苍梧县及蒙江下游地区；交趾辖境约当今越南北部红河三角洲一带。由此可见，晋时在南中和岭南地区都有獠人分布。据《隋书·地理志》载：至隋，"诸獠皆然，并铸铜为大鼓"。在这个范围内，两晋南北朝至隋时期流行的铜鼓应是冷水冲型铜鼓。

（五）南蛮

唐宋时期，中国南方铜鼓逐渐从岭南东部地区淡出，往西南和西北转移，使用铜鼓的民族以"蛮"最突出。其实，蛮只是对南方若干少数民族的总称，有时则冠以地名，称之为"西原蛮"、"广源州蛮"、"黄洞蛮"、"东谢蛮"，等等。

《新唐书·南蛮传》下篇说："西之南，有东谢蛮，居黔州西三百里，

蛮人使用的麻江型铜鼓

南距守宫獠,西连夷子,地方千里。宜五谷,为畲田,岁一易之。众处山,巢居,汲流以饮。无赋税,刻木为契。见贵人执鞭而拜。赏有功者以牛、马、铜鼓。……会聚,击铜鼓,吹角。"

唐代诗人白居易的《送客春游岭南二十韵》诗中,有"牙樯迎海舶,铜鼓赛江神"联句,说明岭南地区的少数民族用铜鼓祀神。李贺在《黄家洞诗》中,有"黑幡三点铜鼓鸣"句,说明黄家洞的蛮夷使用铜鼓指挥军阵。黄家洞亦称黄峒,在今广西境内,是少数民族"西原蛮"居住的"溪峒地",其中左江、右江流域以黄姓势力最强,故称"黄峒"或"黄家洞"。杜佑《通典》说:铜鼓"岭南豪家则有之,大者广丈余"。梁载言《十道志》说,岭南容州(今广西东南)夷多夏少,鼻饮跣足好吹葫芦笙,击铜鼓,习射弓弩。诗人陈羽在《犍为城下夜泊闻夷歌》中,说他深入四川岷江,在犍为城下听到"夷歌铜鼓"。唐代犍为即今之四川宜宾,可见川南少数民族当时也在使用铜鼓。

宋代诸蛮仍在使用铜鼓。据《宋史》记载:宋太祖乾德四年(966)"南州进铜鼓内附,下溪州刺史田思迁亦以铜鼓、虎皮、麝脐来贡"。据《西南溪峒诸蛮》记载,宋太宗雍熙元年(984)"黔南言,溪峒夷僚疾病,击铜鼓、沙锣以祀神鬼,诏释其铜禁"。南丹州蛮,亦溪峒之别种,地与宜州及西南夷接壤。据《蛮夷列传》二记载,宋太宗淳化元年(990)酋帅莫洪晉卒,其弟莫洪皓袭称刺史,"遣其子淮通来贡银碗二十,铜鼓三面,铜印一钮,旗一帖,绣真珠红罗襦一"。据《蛮夷列传》三记载,抚水州蛮,在宜州南,"其族铸铜为大鼓,初成,悬于庭中,置酒以召同类,争以金银为大钗叩鼓,去则以钗遗主人。相攻击,鸣鼓以集众,号有鼓者为都老,众推服之"。据《蛮夷列传》四记载,西南诸夷,汉牂牁郡地,"疾病无医药,但击铜鼓、沙锣以祀神,风俗与东谢蛮同"。《蛮夷列传》四还记载了宋真宗大中祥符七年(1014)晏州多刚县夷酋斗望三路分众来斗,为官军大败……夷人震詟,诣军首服,"纳牛羊、铜鼓、器械"。《续资治通鉴长编》有载梓州(今四川三台)、南平军的少数民族也还使用铜鼓。

北宋《太平寰宇记》里谈到雅州风俗，说"邛雅之夷，俗信妖巫，击铜鼓以祈祷"。泸州风俗："其夷僚，击铜鼓，弄鞘刀。"渝州风俗："今渝州之山谷有狼柔乡，俗构屋高树，不解丝竹，唯坎铜鼓。"贺州风俗："节会则坎铜鼓，大者广一丈，小则三四尺。"太平军（今广西东南部）"夷人号越包，多采珠及甲香为业，亲戚宴会，即以匏笙铜鼓为乐"。

陆游《老学庵笔记》中说，铜鼓"南蛮至今用之于战阵、祭享"。朱辅《溪蛮丛笑》中说："蛮地多古铜……溪洞爱铜鼓甚于金玉。"

还必须指出，南宋播州土司杨氏也很珍视铜鼓。杨氏祖籍山西太原，因唐末南诏叛乱，攻陷播州，僖宗乾符三年（876），杨端应募前往平叛，收复播州，为播州人所折服，留下来做官，成为播州土司。播州即贵州遵义。从《遵义府志》和《续遵义府志》记载得知，在清嘉庆十九年（1814）和光绪二十九年（1903），遵义境内都曾出土过铜鼓。1958年，在贵州遵义县桑木垭挖到一座土司墓，是杨端第十三世孙杨粲夫妇的合葬墓，在两个墓室的棺床底下各出土1面铜鼓，就是后来被命名的遵义型铜鼓。1964年在遵义马家湾砖厂取土时又挖到1面铜鼓；1981年在遵义县刀把水场口北1座"皇坟"的棺床下的腰坑内也挖到1面遵义型铜鼓。这些铜鼓可能都是播州杨氏土司墓中的随葬品。据《平播全书》卷十一载：在明万历年间，播州宣慰使杨应龙受到明王朝镇压，明朝官兵缴获铜鼓4面、铅造关防1颗、斩马刀42把、倭刀106把、大弩33架和银器若干。四川按察使只从其中拣出铜鼓4面、大弩2架解送京都进献。可见铜鼓不是一般物件。同时也说明，播州杨氏土司自宋至明一直视铜鼓为宝物。

（六）都掌蛮

明代都掌蛮又称为"九丝蛮"，住在山区的称"山都掌"，住在

第三章 历史印痕：铜鼓文化的传播与分布

都掌蛮用的麻江型铜鼓

平坝种水稻的称"水都掌"，是冠以地名的濮僚民族。他们主要活动于四川南部地区。

自明宣德至万历的两百多年中，都掌蛮屡屡反抗明王朝的统治。明王朝的每次征剿，虏获的战利品中都有铜鼓一项。如《宪宗成化实录》卷五三记载，成化四年（1468）提督四川军务、兵部尚书程信与总兵官襄城李谨奏："……今南宁伯毛荣，游击将军罗秉忠，都御史陈宜、汪浩，参将宰用吴径，都督芮成等，分兵进攻山都等处洞寨，所获铜鼓六十三面，并牛、马、猪、羊、盔甲、牌、刀、旗号、弓箭无算。"《明史·刘显传》记载，隆庆改元（1567），四川巡抚曾省吾，议征都掌蛮，令刘显移镇其地。郭成破鸡冠，获阿大。诸军攻牡猪，禽方三。阿二走，追获于贵州大盘山，克寨六十余，获贼魁三十六，俘斩四千六百，拓地四百余里，得诸葛铜鼓九十三，铜、铁锅各一。由此可见，都掌蛮拥有大量的铜鼓。

都掌蛮的铜鼓由酋领掌握，主要用于召集部众，指挥军阵。他们把铜鼓视为部族的生命，铜鼓一经丧失，整个部族就意味着毁灭。《明史·刘显传》记载都掌蛮首领阿大被俘后说：铜鼓"声宏者为上，可易千牛，次者七八百，得鼓二三，便可僭号称王……鼓山巅，群蛮毕齐……鼓失，则蛮运终矣"。

在都掌蛮活动的地区，明清以来常有铜鼓出土。《叙州府志》卷十六记载，四川叙州长宁县"田间往往耕出之"。《庆符县志》卷二记载，庆符县在乾隆四十年"耕田获铜鼓一面"，雍正十五年闰五月，黄螂获铜鼓4面。这些地方还留下许多铜鼓地名，如庆符县有铜鼓寨，珙县有铜鼓田等。2003年12月9日，宜宾市兴文县九丝镇鹿舞村村民在开荒时还挖出铜鼓，鼓通高38厘米，面径63厘米。

(七)仲家

仲家之名最早见于《元史·地理志》:"栖求等处仲家蛮。"明清史籍称之为"仲蛮"、"仲苗"、"青仲"或"仲家"。常有仲家俗尚铜鼓的记载。

明弘治《贵州图经新志》卷十二记载:"仲家,范铜为鼓,其制类鼓,无底。遇死丧,待宾客,击以为乐。相传诸葛武侯之所铸者,价值牛马或以百计,富者倾产市之,不惜也。"

仲家用的铜鼓

嘉靖《贵州通志·风俗》卷三记载:"丰宁司仲家婚姻用牛马,有击铜鼓举哀。"

田汝成在《行边纪闻·蛮夷》中说:仲家"俗尚铜鼓,击以为娱,土人或掘地得鼓,即夸张言诸葛侯所载者,富家争购,即百牛不惜也"。

清乾隆《贵州通志》卷七记载:仲家"其种有三:一曰补笼,一曰卡笼,一曰青仲……岁时击铜鼓为欢,土人或掘地得鼓,即以为诸葛所遗,富者不吝价争购"。

嘉庆《黔西州志》记载:"仲家岁时击铜鼓为欢。"

清李宗昉《黔记》卷五九中说:"仲家……俗尚铜鼓,中空无底,时时击之以为乐。"

清《黔苗图说》云:"补笼仲家,贵阳、南笼、安顺三府,定番、广州二州皆有之,以十二月朔为大节,岁时击铜鼓为欢,掘地即得铜鼓,武侯南征时所遗者,重价争购。"

清《黔苗诗说》有《咏补笼仲家》一首:

补笼风俗未相悬,仲子分支色总妍。
独怪残冬寒雪里,齐挝铜鼓乐新年。

张国华《禹甸吟编》卷一《仲家》：

仲家邕管楚迁来，衣短裙长足踏埃。
每逢婚丧延好客，纸旗铜鼓对楹开。

艾应芳在《独山县志》中记载：

仲家……丧葬，凡属亲眷及瓜葛，本村邻舍，男女络绎成群……男女对击铜鼓、木鼓，鼓声相应。稍有不合节，罚酒一瓢，饮至昏醉。

从以上记载来看，仲家能范铜铸鼓，岁时击铜鼓为欢，遇丧葬也敲击铜鼓伴舞。仲家地区也有铜鼓从地下出土者，富者不惜倾家荡产争购。

（八）苗族

苗族源于上古苗蛮集团，唐宋时期，由于社会经济的发展和

贵州雷山苗族用的铜鼓及接音木桶

人口的繁盛,遂从若干少数民族混称的"蛮"中脱离出来,明清时期在中国西南地区已十分活跃。不少文献记载了苗人使用铜鼓的习俗。

明人田汝成在《炎徼纪闻》中说:

> 苗人……岁时召亲戚挝铜鼓,斗牛于野,其负者祭而食之。大胾若掌,以牛角授子孙曰:某祖、某父,食牛凡几。

清人傅恒的《皇清职贡图》卷七载:

> 苗人,相传为盘瓠之种,楚粤滇黔皆有之。其在滇者,惟曲靖、东川、昭通等府花苗,随各属土流兼辖……遇节序,则击铜鼓、吹角,赛神。

清人贝青乔《苗俗记》载:

> 苗……椎牛歌舞,兼以赛神,名曰"吃牯脏"。红苗则兼击铜鼓,名曰"调鼓"。

徐家干的《苗疆闻见录》卷下载:

> 苗疆(按:今黔东南苗族地区)有铜鼓,形圆有耳……其平面上之纹缕不一,间亦有十二辰者,与汉之十二辰鉴仿佛相类。俗传为诸葛遗器,可避瘟,呼曰"诸葛铜鼓"。用兵苗疆,时恒获之。

有一本记载太平天国时期贵州各族农民起义的《咸同贵州军事史》,记述唐炯到清平一带(今麻江、凯里等地)血洗苗山和乘机掠夺了很多铜鼓的情况。王柏心作了一首《得唐炯征苗所贻铜鼓歌》，其中说道：

> 蛮人重见诸葛公，椎结罗拜马蹄下。
> 舁致铜鼓雷回文，遗式颁从诸葛君。
> 唐侯得之远贻我，裹氎深护黔山云。
> ……
> 溪峒猺獠皆乐和，祥风甘雨耕耘多。
> 顷田十妻不租算，清平边吏无繁苛。
> 家家范铜铸为鼓，大或千钧小二黼。
> 花裙蛮女叩银簪，跳月赛神纵歌舞。
> ……
> 此鼓发声可十里，但堪震骇山人耳。

可见，明清时期，滇黔各地苗族使用铜鼓已很普遍。

（九）仡佬族

仡佬是僚人的直系后裔，也是使用铜鼓的民族。《唐书》载：仡佬人"宴聚则击铜鼓、吹大角，歌舞以为乐"。明嘉靖《贵州图经》载："石阡县苗民司之仡佬，丧葬击铜鼓唱歌，男女围尸跳跃。"清张澍《黔中纪闻》曰：仡佬"又有斜纹布，名'顺水斑'，盖模取铜鼓文以蜡刻板印布者，出独山州澜土司"。后因社会变迁，铜鼓日渐失传，仅有铜鼓的残俗及传说留存民间。清末民初，贵州安顺县湾子寨的老人在弥留之际，要家人扶坐在铜鼓上断气后才行沐浴；平坝县大狗寨的老人咽气时，除了扶坐在铜鼓上外，还要用两面铜鼓垫脚。

（十）黎族

清代黎人是俚人的后裔，是现代海南黎族的先民，他们也使用铜鼓。清李调元《南越笔记》卷六说："琼州有黎金，似铜鼓而扁小,上三耳,中微其脐,黎人击之以为号,此即铛也。古时蛮部多以铜为兵,以铜为器,富者鸣铜鼓,贫者鸣铛,以为聚会之乐。"

二、当代使用铜鼓的民族

铜鼓已流传两千多年,在大部分地区和众多的民族中已相继退出历史舞台,只留下某些遗迹和历史的回忆,只有很小部分地区、很少部分民族,还保存着使用铜鼓的习俗,成为铜鼓文化绵延千古的"活化石"。就目前所知,保留铜鼓文化的地区只有两大块:一块是中国南部广西桂西北和贵州黔南接壤的地区,这个地区往南延伸到云南的文山、红河地区,并深入到越南西北部山区;另一块是中南半岛西北部,以缅甸东部掸邦高原与老挝、泰国交界的山区为中心,往北深入中国云南南部边境。这两大块互相靠近,断续衔接,历史上都比较封闭。在这两大块铜鼓分布区里生活的壮侗语族的壮族、布依族、水族、侗族、泰族,苗瑶语族的苗族、瑶族,藏缅语族的彝族,孟—高棉语族的佤族、克木人,还有芒族、布标人等,都还在使用铜鼓。

这些民族大都跨国而居,尽管有的族称不同,但从族源和语言、习俗等角度分析,仍可看出它们原本是同族。其中有的在国境两边同时保持使用铜鼓的习俗,如生活在中国广西、云南的壮族和生活在越南的侬族,生活在中国贵州、云南和越南河江的布依族,生活在中国贵州、广西的苗族和生活在越南河江的赫蒙人,生活在中国广西、云南和生活在越南河江的瑶族,生活在中国云南、广西的彝族与生活在越南河江、高平的倮倮(彝族),都还在使用铜鼓。又如克木人,总人口不多,但散居在老挝、越南、泰国、缅甸等国的崇山峻岭之中,在中国云南西双版纳的一支,在越南奠边府西部的一支和老挝琅勃拉邦的一支,都还在使用铜鼓。对他们使用铜鼓的习俗进行分析研究,可以探索这一地区这些民族的历史渊源和他们迁徙、流动的轨迹,从而看出他们在历史上

第三章 历史印痕：铜鼓文化的传播与分布

的互动关系及其发展的脉络。

(一)壮族

壮族，《宋史》始以"撞"为族称，明清以来称为"僮"，1965年正式命名为"壮"，是中国少数民族中人口最多的一个民族，分布在广西、广东、湖南、贵州、云南、四川等省(自治区)，其中广西占91.7%。壮族的先民是世居岭南的越人。百越的一支——骆越，及其后来的乌浒、俚、僚，都是使用铜鼓的民族，其使用铜鼓的习俗一直延续到近现代。广东省博物馆藏120号铜鼓在鼓面内壁铸有"古僮百姓，归服罗定"等铭文，就是壮族铸造和使用铜鼓的明证。广西东兰县有一首古老的《铜鼓歌》，开头就唱道："员外有钱又有金，当年富贵图名声，买得铜鼓来敲打，我们相随到如今。"现代的壮族仍大量收藏和使用铜鼓，其民众主要集中在广西的红水河流域，以东兰、天峨、南丹、巴马等县最多，田林、

红水河流域的壮族群众在青蛙节打铜鼓

隆林、西林及毗邻的云南文山壮族苗族自治州也有不少。据民国三十五年（1946）《凤山县志》所载：当时广西凤山县隆梅乡九龙村黄文观，隆梅村黄伯器，砦牙村罗文书、龙昌运、罗明圆、罗润芝、罗明总和乔音乡大同村罗广都有铜鼓。据广西河池文物工作站梁富林1992年对河池9个县市的调查，河池现存铜鼓1417面，其中东兰县562面，南丹县401面，大化县229面，巴马县140面，天峨县42面，都安县16面，凤山县16面，罗城县2面，河池市1面，专署所属机关8面。这些铜鼓中确定属于壮族的铜鼓730面。这些铜鼓都散存于民间，每年都拿出来使用。[11]壮族铜鼓大都为个人或宗族所有。新中国成立前，拥有铜鼓最多的是南丹县那地罗氏土司，有24面。1944年日寇入侵，将土司衙门付之一炬，24面铜鼓全被烧毁。现在个人拥有铜鼓最多的是东兰县兰阳乡人韦万义，共有12面，被当地壮族百姓称为"铜鼓王"。

现代壮族民众已不会铸造铜鼓，但流传着许多铸造铜鼓的歌谣，尚可推知当年铸造铜鼓的神奇场面。现在壮族民众使用的铜鼓的来源，一种说法是祖上传下来的，另一种说法是祖辈从外地买来的。广西河池地区的壮族铜鼓主要是从贵州、百色购买和在本地区内各县之间互相买卖得来的，如东兰县巴畴乡巴英村廖卜农等老人说，他们的一些铜鼓是从百色一个叫芭蕉洞的地方买来

壮族同胞春节打铜鼓

壮族铜鼓阵

的，芭蕉洞是铸造铜鼓的地方，但那里铸造铜鼓的技术不如贵州。还有一种说法是外地师傅到本地来铸造铜鼓，这些铜鼓师傅像今天的补锅匠一样，领着徒弟，携带工具，走村串寨，哪里需要铜鼓就到哪里去铸造。东兰县长江乡周赖村的拉桃，板龙村的那谷，板林村的乾能，坡豪乡的坡豪，兰阳乡的旧州等地，传说都曾架起炉灶铸造过铜鼓。

壮族铜鼓分公母（雌雄），一般都需公母配对使用，最常见的组合是4面铜鼓为一组，公鼓、母鼓各2面。迎亲等喜庆场合，特别是一年一度的青蛙节，都拿出来使用。

青蛙节俗称"蚂𧊅节"，是一种集祭祀、占卜于一体的大型民俗活动，也是壮族铜鼓最重要的使用场合。青蛙节从每年农历的正月初一开始，到二月初结束，分为找青蛙、"青蛙拜年"、为青蛙守孝、葬青蛙等几个阶段。这几个阶段都要敲铜鼓。如大年初一清早就要敲着铜鼓到田里去找青蛙；"青蛙拜年"，要抬着青蛙棺材，敲着铜鼓挨家挨户唱新年祝词；为青蛙守孝期间也要每晚打铜鼓，唱蚂蚜歌；葬青蛙更离不开铜鼓，传说只有铜鼓声才能传达到天庭，通知天上的雷神，人间葬青蛙，祈求来年风调雨顺。铜鼓声也能召集远亲近邻，一起来参加隆重的青蛙葬礼。

春节期间使用铜鼓最热闹、最壮观，最扣人心弦的场面是村与村之间的铜鼓比赛。这种比赛，一般在相邻的两村之间进行，场地选在两村之间的平地或山坳，有时将铜鼓抬至高山顶上，隔着河与对岸的村子比赛。出场的铜鼓少则8面，多则一二十面，往往持续敲打几天几夜。铜鼓长时间的轰鸣，可传至数十里之外，惊天地，泣鬼神，大地为之动容。

壮族迎亲等喜庆场面用铜鼓，在《迎亲歌》中有所反映。如《客气》歌中，客人唱："刚才唱赞歌，有几首来合。灯油耗尽了，灯芯点不着，我们无歌才，今唱不成歌。铜鼓打烂面，怎么粘得合？"主人则唱：（你们）"四面大铜鼓，八面大铜锣，处处敲得响，心中尽是歌。"在新娘过门的前一天，男方就在家中悬挂铜鼓敲打，通宵达旦，以渲染娶亲的热闹气氛。第二天送亲队到来，铜鼓更是一刻不停地敲打着，直至婚宴散席，宾客离去。

广西东兰县个别地方有威望的壮族男性老人去世时，出殡时要打一面低音铜鼓，跟在送葬队伍后面，走几步，打几声，直到安葬结束。有的在出殡前的一天晚上就抬铜鼓到墓地通宵敲打，直到葬礼结束。

广西田林县的定安和旧州壮族有迎铜鼓进寨的习俗。当地有岑大将军庙，每年腊月二十九，众人用4把关刀、4把马刀护送铜鼓至将军庙，放在岑大将军塑像左侧，日夜焚香祭祀。到正月初二，就迎铜鼓进寨。这时，人们捧起插有岑大将军牌位的香炉，抬着铜鼓，边敲边走。大烛在前，花烛在后，三弦、笛子在两边鸣奏，群众夹道相迎，队伍每到一家门口，主人便将一支银纸花插在香炉里。到达预定地点后，由寨老领大家唱《太平歌》，唱完一首，又往前巡游。越到后来，加入巡游队伍的人越多，场面十分壮观。巡游结束后，又将牌位送回将军庙。

云南文山壮族苗族自治州的壮族同胞每逢重大节庆都要用铜鼓庆贺。活动一般选在老人厅或寨老家,先要举行祭鼓仪式,用鸡、鸭、猪肉、酒、谷物作祭品,祭祀完后,根据节庆内容,唱歌跳舞。广南县珠琳镇、者兔乡壮族在嫁女娶亲时,要"请"铜鼓到家中敲打,以示祝贺新婚夫妇喜结良缘。广南、丘北一些壮族老人过世,要敲铜鼓报丧,在为死者做道场和送葬时,也要打铜鼓,引导死者灵魂升入仙界。

壮族自11世纪开始迁入越南,居住在高平、谅山、北太、宣光、河江、安沛、老街等省,有将近100万人,称为岱族。18世纪及以后迁入越南的壮族,主要居住在谅山、高平两省,次为北太、河北、河江等省,总人数将近70万,称为侬族。他们都是从中国广西南边各县和云南文山一带陆续迁移过去的。其中部分侬族也还保留着使用铜鼓的习俗。河江省黄树皮县培露乡侬族人家至今还收藏有铜鼓。

(二)布依族

布依族在中国境内主要聚居在贵州省黔南布依族苗族自治州和兴义、安顺地区的几个布依族苗族自治县,也有一些分布在黔东

贵州扁担山区布依族鼓手在打铜鼓

南苗族侗族自治州、贵阳市郊区及其西北数县。从民族语言、古称、自称及地理分布来看，布依族与壮族有同源关系。黔桂两省（自治区）间的红水河可以说是布依族与壮族的分界河。生活在红水河左岸的是布依族，右岸的是壮族。

布依族称铜鼓为"连"或"那连"。传说铜鼓是布依族始祖布杰向天神讨来的。布依族的铜鼓属全寨公有，由村民轮流保存，一般存放在当年修建新房的人家。谁家当年修了新房，全寨人一起在除夕夜把铜鼓送到他家以示庆贺，送去以后，从除夕夜到正月十五，全寨人都可以去敲打，以后铜鼓就存放在这一家。直到同寨里又有人家修新房子时，再在当年除夕夜把铜鼓转送到这一家保存。以前布依族的村寨都有铜鼓，现在有的村还有2至4面。这些铜鼓和壮族铜鼓相同，都是麻江型的。铜鼓是铜鼓舞和铜鼓刷把舞的主要伴奏乐器。独山、荔波等县流行铜鼓刷把舞，舞者手持刷把，按铜鼓节奏起舞，根据调式变换舞蹈动作。凡遇隆重节庆，都会拿出来敲奏作乐；举行丧葬、祭祀时，只有鬼师才使用铜鼓。

按布依族习俗规定，铜鼓只能在过年或砍嘎及送葬等隆重场合才能敲击。砍嘎是一种杀牛祭丧的习俗。

黄果树大瀑布附近的扁担山是布依族的主要聚居区，普定县的陇戛是布依族大寨，寨中至今还有1对铜鼓。每年的正月初一，铜鼓声就飘荡在陇戛寨的老虎山下，随之山歌四起，一直闹到元宵。

布依族打铜鼓，用3根木棍做成支架，用棕绳拴住铜鼓一侧相邻的两耳，使之侧悬。鼓手用木槌敲鼓面，用小竹棍打鼓身，不用助音桶。演奏时有一定调式，有时还配以小皮鼓，还有人在旁边大声呐喊助威。有时一位鼓手同时敲奏铜鼓和皮鼓，使两鼓声音和谐。陇戛寨流传一本布依族铜鼓演奏曲，称为《布陇戛分云》，用布依语言记音，分为12段，代表12个月农事季节变化，或古代打仗进攻、收兵的12种信号，是每位青年必学的唱曲。

布依族在吟唱叙事民歌《格图河之歌》时，也要敲击铜鼓起兴。这首民族的序歌唱道："唢呐应山昂，铜鼓震天响，过年真热闹，人人喜洋洋。唢呐停一停，铜鼓放一放。让我把一支古老的歌哟，从头唱一唱。"

在杀牛祭祖和送葬时击铜鼓，则把铜鼓作为祭奠中的重器。由于铜鼓音色深沉、雄浑，传播悠远，民间又有敲击铜鼓向天神和冥世报信的传说。

镇宁县的布依族每个家族都有一面铜鼓，平时存放在寨老家，用黑布包裹着悬挂在屋梁上，重大节日、祭祖或丧葬时才能使用。取用铜鼓时需用一株谷穗去"请"，在接送过程中都需用黑布包严。据说，如果不是这样，在过河时，铜鼓会跳入水中。

黔南布依族过"嫩信节"（即春节）必敲铜鼓。有的在腊月三十"请"，有的在正月初一"请"。铜鼓被"请"出后，先由寨老敲"祭神调"，其谱为连敲3声再休止1拍，共敲9节，意为恭请天上、人间、龙宫三界之神。同时，各家敲铜磬，燃鞭炮，吹牛角，由长者焚香、化纸，进行祭祀。祭祀后，全寨的人集于一地，由两名儿童敲"丰收调"、"狂欢调"，大家围着铜鼓，踩着鼓点跳舞。

正月打铜鼓纯粹为了玩乐，称为"端来林"。在除夕之夜，用猪头肉、鸡、酒、香烛、纸钱进行隆重的祭祀。正月初一，正式拿出来敲打。

办丧事打铜鼓称为"斗摩"。只有村中老人去世办丧事时才能用铜鼓。死者的亲属必须备好鸡、肉、酒、香烛、纸钱送往卜摩家，请卜摩重祭铜鼓。祭毕，用一根粗麻绳贯穿铜鼓四耳，用披毡或衣服把铜鼓包裹遮蔽，背到死者家里，置于灵堂之中。卜摩遵照一定祭祀程序，按鼓调敲击，并且用一面小皮鼓，配套使用。鼓谱分4段12节，整个丧葬活动中共打4次铜鼓，每次打一段3节。每打完一段，就在悬挂铜鼓的麻绳上打一结，每一结表示打完3卦，叫亨丧南。

云南罗平县与贵州兴义相邻，其长底乡下德沙村的布依族自称"沙族"，还在使用铜鼓。

生活在越南一方的布依族，据说是从中国贵州迁移过去的。一

| 铜鼓文化

支是18世纪从贵州都匀逐渐南移，到中越边境云南的马关、河口一带，然后进入越南，称都匀人；另一支是从贵州望谟、罗甸、安顺等县南迁，沿任河迁到越南河江省管坝县和同文县，自称布依族、贵州人。现分布于老街、河江、宣光、安沛等省，一千四百多人，他们在迁移过程中将铜鼓带入河江，保留使用铜鼓的习俗。越南河江省管簿县决进乡一个布依族家庭收藏了一面麻江型铜鼓。

（三）水族

中国有34万多水族人，主要居住在贵州黔南布依族苗族自治州的三都水族自治县和荔波、独山、都匀以及黔东南苗族侗族自治州的榕江、黎平、凯里等县，少数分散于广西西北部的南丹县。水族是一个酷爱铜鼓的民族。水语称铜鼓为"Yean"（年亚）。"年

贵州三都水族
妇女打铜鼓

126

亚"是水族对铜鼓的专有称呼，说明水族语言中对铜鼓有专有名词，而非借用其他民族名称，可见其很早以前就有铜鼓了。水族民间传说，他们的祖先原来居住在广西邕江流域，由于战争等原因，先民们背着铜鼓往桂黔边境迁移，最后才到现在居住的地方定居下来。

水族民间传说，铜鼓是诸葛亮创造的，大概是诸葛亮在征服川滇时，了解到当地民族喜爱铜鼓，即因势利导，仿造大批铜鼓供土著民族使用，因而赢得这些民族的尊重。为纪念诸葛亮，水族人民把铜鼓叫做"孔明鼓"或"诸葛鼓"。水族民间还有"四耳铜鼓，尖顶王造"的歌谣。尖顶王是水族传说中的一位支持水族氏族部落开创天下、开拓疆土的天神，说明水族在形成单一民族的早期阶段即已拥有铜鼓了。在三都水族自治县和荔波县境内，分布着一种明清时期的石板墓，墓室的两端雕刻着铜鼓鼓面纹饰，就是水族在明清时期已广泛使用铜鼓的明证。清《三合县志略》载：三合（现三都）水族"每年九月逢亥，跑马为乐，谓之跑年坡，好吹芦笙、击铜鼓"。据民族调查，20世纪30年代"水族每家必备铜鼓，传系孔明遗物。平时藏于房中，举行招魂仪式后，即取出铜鼓悬于门前，先以酒三杯供神，再以酒喷于鼓内，然后开始击鼓，至第七日，始将铜鼓取下，存放原处"[⑫]。据1983年调查，三都水族自治县民间还有铜鼓314面，其中287面属水族收藏使用，占总数的91.4%以上。而在1958年，水族地区几乎每个自然村寨都有铜鼓，总数约为现在的5倍以上。

水族铜鼓有雌雄之分。水族的每一面铜鼓都有一个好听的名字，如芒短凸隆起，像老虎爪一样的铜鼓称为虎爪鼓；芒短凸，比虎爪鼓更为丰满的称为熊爪鼓；芒短凸，略呈三角棱形，像禽喙状的视其大小而称为鹰嘴鼓、鸠嘴鼓，还有鸽嘴鼓、乌鸦嘴鼓，等等。

水族过节，除了卯节唱歌、端节跑马之外，凡有铜鼓的村寨，都要把铜鼓拿出来敲奏，因而素有"敲鼓过端好赛马，敲鼓过卯好唱歌"的说法。

端节是水族的年节。每年从阴历八月第一个亥日起,往后两个月期间,贵州三都、独山、榕江、雷山和广西南丹一带的水族,即按地域分批在亥日、午日、未日或申日欢度端节。村村寨寨敲铜鼓,打皮鼓,登高、赛马娱乐。这时正值水历的年终岁首,故有"铜鼓声里辞旧岁,跃马登高迎新年"之说。

阴历六月的卯节,贵州三都、荔波两县交界的水族,除了上卯坡(传统歌场)纵情歌唱之外,也常常将铜鼓拿出来悬挂于厅堂,和亲戚邻里一起敲奏娱乐。这一带的敬霞节,也敲击铜鼓。

在其他喜庆日子里,如迎亲、盖新房等喜事,有铜鼓的人家,也绝不会放过敲奏铜鼓的机会,总要把铜鼓悬挂起来,让八方来客敲奏作乐。

老人过世时,家人还将铜鼓搬出来当做更换寿衣的坐墩。入殓以后,又将铜鼓平放在灵柩前当供桌摆放供品。在举行大型追悼活动时,人们不停地敲击铜鼓,借以驱逐邪恶,安慰亡灵。同时让天上的神听到鼓声,前来引渡亡灵升入天庭。有的地区,人们还围着铜鼓跳舞,以示为亡灵送行。

铜鼓是水族人民心目中最珍贵的物品,平时精心收藏,用时小心取出。一经用毕,就被谨慎珍藏起来,有的用来存放银首饰,有的用来装五谷。铜鼓是水族人民精神和物质财富的结合体,不论个人或家族,都以拥有铜鼓为荣。

水族有一支迁入越南。1979年越南发布的《越南民族成分名称》把水族划入巴天族内。巴天族自称八姓人,是一百年前从中国迁去的,带去了水书和铜鼓。在中国时,毗邻民族称他们为红瑶或头瑶。移居越南后周围的民族称他们为来苗或花苗,他们自称为水族,现居住在越南宣光省沾化县红光乡上明地区,只有五十多人。铜鼓是迁移过程中从中国带过去的。

(四)侗族

侗族有二百五十一万多人,主要分布在广西、贵州、湖南三省

(自治区)交界的县份,与壮族、苗族相毗邻。

侗族也是使用铜鼓的民族。《黎平府志》说:"黎平有铜鼓卫,又有铜鼓所。"铜鼓在"今曹滴、古州诸峒往往掘地得之","洪州一带所在皆有,开泰县署亦有其一"。刘锡蕃1933年著《岭表纪蛮》在记述广西融县(今融水、融安)、三江、罗城和贵州丙妹、下江(均今从江)一带的苗、侗各族结婚礼仪时说道,迎亲时"燃火炬,鸣炮竹,吹芦笙,击铜鼓,山谷为应",有击铜鼓一项。据贵州天柱县老人秦旭说:民国二十五年(1936)天柱县邦洞区侗族农民在开荒种桐油树时,掘得一面铜鼓,后来在一次大火中被烧毁了。榕江县车江寨在抗日战争时期(20世纪40年代初)在河中得一铜鼓。民国三十五年(1946)《三江县志》记载:和里乡杨成杰家,福安乡廖村韦建民家,高基乡桐叶村覃庆祥家,高基乡后里村覃海龙家,都"藏孔明鼓一个"。20世纪50年代以前,侗族地区保存的铜鼓比较多,尤其是在与苗族错居的地区,使用铜鼓的风气比较浓。1953年,中央访问团在广西三江县参观访问时,一个名叫"葛亮村"的侗寨人还将一面铜鼓作为最珍贵的礼品献给访问团,这面铜鼓现存中央民族大学文物馆。贵州省博物馆的6244号铜鼓是向该省从江县侗族村寨征集来的。湖南靖县、通道和广西龙胜等地的侗族已不使用铜鼓,但在他们的歌谣中还常常提到铜鼓。通道侗族的琵琶歌这样唱道:

侗族姑娘打铜鼓

村村都说你的铜锣好,
特来邀妹一起打。
寨寨都传你的铜鼓好,
特来邀妹一起敲。

目前只有侗族南部地区一些村寨还保存着一批铜鼓。1965年中国科学院民族研究所和广西少数民族社会历史调查组对广西大苗山（今融水）苗族自治县安太区的寨怀、洞安两个侗族乡进行调查时，发现寨怀还有4面铜鼓，其中新寨3面，分别存放在石庆莲、石秀新、石光凤家；旧寨1面，存放在潘正玲家。⑬据融水苗族自治县党史资料征集办公室唐家文提供的材料，在融水县的滚贝、安太、洞头、大年、四荣等侗族聚居的村寨里，祖传下来的铜鼓还有四十多面。其中滚贝乡杨顺福等16户保存有铜鼓17面，安太乡东天上坎村唐志坚等6户各保存铜鼓1面，寨怀村潘正荣、石光才等4户和中寨乡河村屯何明奎、琴江村唐昌华等户各保存铜鼓1面，四荣乡荣地村有4户农民也各保存铜鼓1面。这些铜鼓都是世代相传的，如寨怀村潘正荣家的那面铜鼓已传了七八代人。⑭

侗族大部分称铜鼓为 tog 11 ku 33，广西融水聘洞村侗族称铜鼓为 nan 212，民间多把铜鼓称为"孔明鼓"或"葛亮鼓"。广西融水安太、寨怀一带的侗族传说三国乱世时代，侗族都往山里逃难，每年秋收后无以为乐，孔明制造铜鼓和芦笙，教大家敲铜鼓、吹芦笙娱乐。为此，侗族人民十分怀念孔明，把铜鼓称为"孔明鼓"。

侗族尊敬铜鼓、珍惜铜鼓。有铜鼓的人家，视铜鼓为保家神。融水一带的侗族，在每年春节之前都要敲铜鼓，农历十二月十五日，铜鼓的主人把铜鼓"请"到大厅里，用布把铜鼓身上的灰尘擦净，然后拿糯米酒、糯米饭、酸鱼，摆在铜鼓旁，烧纸焚香，把少许米酒和糯饭撒在铜鼓后面，算是将铜鼓"请"出。然后用一条长绳将铜鼓的双耳串好挂在大厅的梁柱上，用一节捆有布和棉花的小棍敲击铜鼓，让铜鼓发出"轰轰轰"的响声。从这时起，家家户户开始备年货。也从这时起，全寨的姑娘都来敲击铜鼓祈年。铜鼓主人的家里每晚都聚集许多姑娘，除夕晚上，全寨姑娘集中到铜鼓主人家，守夜敲鼓，名曰送旧岁迎新年。主人备下好酒好菜招待她们。姑娘们一直守到天亮，铜鼓也就敲到天亮。大年初一过后，铜鼓仍然悬挂着，姑娘们还不定时地来敲奏，直到农历正月十五，全寨姑娘再次集中到铜鼓主人家，守夜敲鼓，直到午夜，主人才将铜鼓卸下，按原来的仪式祭祀一番，放回原地。正如清人黄炳坤《竹枝词·土老》所说："酒馌提携到婿家，妇翁风趣也堪夸。小年处处闻铜鼓，一月春头着意挝。"

侗族击铜鼓闹年迎春都是妇女，特别是姑娘们的事，男子很少参加，敲铜鼓时也有男子在场，不过他们只看看热闹而已，难得自己动手敲击。

侗族姑娘敲击铜鼓还有一定法度，一人手拿鼓槌敲击铜鼓，一人手捧木桶，在鼓后面来回摆动，变换鼓的音调、音量，以便达到更好的音乐效果。

（五）苗族

苗族是中国西南地区人口较多的少数民族之一。苗族分布很广，主要在贵州（50%）、云南（17%）、湖南（16%），其余在广西（8%）、四川（3%）等地，还有少数在海南和湖北西南角。居住在贵州清水江和都柳江流域雷山、丹寨、台江、黄平、凯里、施秉、镇远的苗族，使用铜鼓最普遍，广西融水、南丹的苗族也还在使用铜鼓。

广西南丹中堡苗族鼓手在打铜鼓

广西南丹县苗族在葬礼上使用铜鼓 全婕摄

据黔东南苗族传说，铜鼓是补天有功的孽妮从"天王"那里得来的。广西西林、隆林一带的偏苗有《洪水横流歌》，说远古时期，洪水泛滥，伏羲氏创造人种，"人种造成了，就在鼓里头"，这种鼓就是铜鼓。[15]别处苗族的《创世纪》故事中也提到过铜鼓。

苗族的铜鼓主要用于过苗年、尝新、盖新房和"吃牯脏"，贵州凯里里禾寨苗族的铜鼓用于芦笙节，贵州贵定仰望苗寨的铜鼓只用于丧葬，广西南丹中堡苗族的铜鼓主要用于过春节和丧葬。

广西融水苗族使用铜鼓的情况还从埋岩的歌词中反映出来。埋岩的时候要吹芦笙、敲铜鼓。据《融水苗族埋岩古规》一书[16]所载，《埋岩理词》中云："芦笙响满寨，铜鼓震四方，长辈来立岩，牢固像白石，长辈来竖岩，稳固像铁柱。"《整高汪欧埋岩》也唱道："哪里吹芦笙？在松相吹芦笙，在整些吹芦笙，达亨在松相打铜鼓。"在《埋岩歌》唱到埋岩由来一段时，描述整海这个地方，也提到打铜鼓："吹十二把唢呐，敲八个铜钹，整海寨真热闹。哪个祖先造鼓？同力造的鼓。同力不管铜鼓，给模力管铜鼓。模力公敲的鼓，鼓声震整海。"

居住在广西南丹县的苗族有两个支系，一支自称"仡雄"，因妇女习穿红裙，被称为"红苗"，分布于大厂、车河、城关一带，20世纪40年代以前也用铜鼓，现在没有铜鼓了。另一支自称"仡磨"，因妇女习穿花裙，又被称为"花苗"，主要居住在中堡、月里等乡，至今仍在使用铜鼓。据姚岚1990年的调查，花苗居住的村寨基本上都有铜鼓。其中中堡3面、油元3面、三幔1面、九立4面、油照5面、拉纳8面、油且3面、油角2面、中岭1面、拉晒1面、甲麦2面、拢结3面，月里的化良、比度屯5面，合计41面。据推算，20世纪50年代初的铜鼓至少是现存铜鼓的两倍，那时有的一个村寨就有十多面铜鼓。1958年大炼钢铁时，把铜鼓当做废杂铜强行收购，文化大革命期间，又把铜鼓当做"四旧"，强行收缴，致使"仡磨"铜鼓大量减少。现在能幸存下来的铜鼓，大多是铜鼓所有者冒着生命危险，私自埋藏或转移才保留下来的。

中堡苗族铜鼓的来源有两种：一是祖传，拉纳村拉纳屯的8面铜鼓中有7面是祖传的。中堡寨拥有铜鼓的岑乔宝是该铜鼓的第8代传人，油元寨拥有铜鼓的马柱庭是继承铜鼓的第四代传人，拉纳屯拥有铜鼓的莫明芳是继承铜鼓的第三代传人。铜鼓继承法，一般是传给较有打鼓经验，且在家族中有一定威望的男子。二是购买。有从外地购买的，也有从本族内部购买的。九立寨陆友才的铜鼓是20世纪40年代他祖父从贵州罗甸苗族地区买来的，曲照屯余化龙的铜鼓是1990年从贵州罗甸县大桥乡买来的，油元寨莫应周的铜鼓是1983年从同乡东井村纳贡屯壮族莫强手中买来的，拉纳村油且屯余光其的铜鼓是从中堡寨岑应山和岑耀德兄弟手中买来的。当时的铜鼓价格，每面少则1000元，多则2000—3000元。[⑰]中堡苗族称铜鼓为"招鼓"，一般都要与一面皮鼓配合使用。他们把铜鼓称为"母鼓"，把配合铜鼓使用的皮鼓称为"公鼓"。铜鼓低悬，皮鼓高挂。演奏什么调，由皮鼓决定，铜鼓跟着皮鼓转。

中堡苗族的铜鼓主要用于过春节和丧葬。春节打铜鼓庆贺，称为"庆鼓"。除夕晚上，凡有铜鼓的人家都准备好酒肉，烧香化纸祭供铜鼓，主人用酒象征性地清洗鼓面，念祭词，祈求鼓神禀报祖先，回来与子孙共度佳节，并保佑子孙人丁兴旺，五谷丰登。祭祀完后，先用棕绳系皮鼓于鼓架上，然后将铜鼓"请"出，在鼓耳上系一对水牛角，另用铁丝穿住鼓耳，侧悬于鼓架上，与皮鼓平行，主人在铜鼓上象征性地敲打3下，鼓鸣3声，叫做"试鼓"，说明敲奏铜鼓开始了。敲击皮鼓的人是正鼓手，敲击铜鼓的人是副鼓手，还有吹长号、唢呐等的乐手。正鼓手手举酒杯，对副鼓手、乐手和前来助兴的人群高呼一声："唔——喂！好久啰！"大家跟着齐声喊："好久！"演奏即开始。

中堡苗族将丧葬打铜鼓称为"哀鼓"。他们不但把铜鼓看成财富，而且还视为神灵，认为凡人死了，都应打铜鼓送葬，以求吉利。铜鼓声可以超度亡魂，为死者开路，以便冲破途中的九十九道难关，顺利到达阴间。铜鼓声也寄托子孙对死者的无限哀思和敬重，祈求祖先保佑子孙百业俱兴，家族发达。老人死后，先要请巫师择吉日，由巫师在尸体旁烧香化纸，把铜鼓、皮鼓请出来，悬挂于屋中的支架上，亲自敲3声，跟着到后门鸣炮3声，向周围村寨传递老人过世的信息。接着，巫师用一块白布在碗里蘸水，象征性地给死人"洗澡"。然后，亲属给巫师盛一碗酒，给鼓手、乐手各斟两杯酒。巫师吟道：某某老人，今天过世了，子孙用铜鼓、皮鼓和唢呐、大号为你做热闹，送你老人家到阴间去发财致富，你也要保佑子孙富贵平安。把手一扬，各位鼓手、乐手齐呼："好久啰！"所有鼓声、乐声和亲人的哭声，交织在一起，奏出特有的"哀乐"。

贵州雷山县苗族称铜鼓为"纽告"，与之相邻的凯里市舟溪乡里禾寨"长裙苗"，麻江县铜鼓乡铜鼓寨"短裙苗"，贵定县仰望寨苗族都还在使用铜鼓。

雷山苗族的铜鼓多数属村寨公有或家族公有，少数为私人所有。公有铜鼓多由世袭宗教头人"牯脏头"保管，或由家族中辈分高的老人，或在同一家族中有一定社会地位的人保管。原则上，拥有铜鼓所有权的各户都可以使用铜鼓，但实际上，每当过年时借铜鼓敲奏的人家都是富裕户，至少是当年有能力杀牛、杀猪和酿酒的人家。铜鼓一响，男女云集，需要酒肉招待，家贫者无能为力。麻江县铜鼓寨，就是因为跳铜鼓舞，来往的人多，把寨子吃穷了。20世纪20年代时阖族发誓，不再打铜鼓了，把铜鼓送到山洞里藏起来，永远与铜鼓告别。

雷山苗族的铜鼓主要用于过苗年、尝新、盖新房和"吃牯脏"。

"吃牯脏"是苗族的重要宗教活动，又称"囊疆牛"，现在又称"鼓社节"。正规的吃牯脏每隔13年举行一次，以一个村寨为单位，邀请外寨参加，有一系列仪式和娱乐活动，主要内容是祭祀祖先和祈求丰收。届时要屠杀水牛数头，打皮鼓并制造新的皮鼓。有些村寨的仪式已简化，祭品以猪代替，故又称"吃猪牯脏"。这时可敲铜鼓。若该寨没有铜鼓也可向外寨借用。1986年雷山县西江大寨"吃牯脏"时就向凯里县摆底租过铜鼓，当时租金为人民币三十元左右。贵州榕江县加宜苗族"吃牯脏"也用铜鼓，即在杀牛的时候，铜鼓齐鸣，为杀牛制造庄严热烈的气氛。

居住在贵州雷公山下丹江畔的苗族在过苗年的时候要"踩铜鼓"。这里的苗族至今还保留着以阴历十月为岁首的周代纪年法，每年阴历十月的第一个兔日开始过苗年。到苗年的第六天，即猴日的午后，保管铜鼓的寨老用香纸、鞭炮、米酒、鲤鱼将铜鼓"请"出来，开始带领全村男女老少跳铜鼓舞。人们在莽筒、芦笙伴奏下，踏着铜鼓的节拍，围着铜鼓柱跳舞，称之为"踩铜鼓"。这项活动一直延续到鼠日才结束。

贵州凯里里禾寨苗族的铜鼓用于芦笙节，在每年正月芦笙节来临之时，保管铜鼓的老人便穿起深紫色绸缎长袍，郑重地将铜鼓从家中"请"出，送到芦笙堂，悬挂在事先准备好的木架上，拿一个接音的木桶垫在下面。然后烧香礼拜。他手提酒壶，先斟一小杯，倾洒在鼓耳旁，再斟两小杯，分别洒向鼓面、鼓身，表示向铜鼓"敬酒"。老人的助手抽掉接音桶让铜鼓侧悬起来。老人右手执木槌，左手执竹棍，分别敲击鼓面和鼓身，助手则手捧接音桶对准鼓足一开一合送音。随着铜鼓声响起，男女青年云集芦笙堂，婆娑起舞，拉开芦笙节的序幕。

贵州贵定仰望苗寨的铜鼓只用于丧葬。铜鼓由一位有威望的长者收藏，平常秘不示人，即使是隆重的节日，也不拿出来使用。只有老人去世时，才将铜鼓"请"出，用以报丧。老人去世的当晚，家人请来寨里的一位长者带领两名青年，连夜赶往收藏铜鼓的人家去借铜鼓。将铜鼓用衣服包好，抬回本寨，用绳索套住双耳，悬挂到死者家的牛栏内。等到天亮前杀牛祭祖，将牛拉出牛栏，在牛栏附近将牛宰杀。两名青年各执一鼓槌，一轻一重有节奏地敲击铜鼓。夜深人静，铜鼓声传得很远，让整个山寨都知道有老人过世的消息，第二天全寨的人都会前来吊唁。铜鼓用过之后仍用衣服盖好，把牛栏关上，待将死者安葬完毕后的那天晚上，再备牛肉和酒，由一位长者和两位青年送回铜鼓收藏之家妥善收藏。

自明末清初起，一部分苗族人陆续从中国贵州、云南、广西迁入越南河江、莱州、高平等省，自称赫蒙。居住在河江省的赫蒙还保留着使用铜鼓的习俗。

（六）瑶族

瑶族是中国南方主要的少数民族之一，人口一百四十多万，主要分布在广西、湖南、云南、广东、贵州等省（自治区）的山岳地带。瑶族的支系很多，使用铜鼓的只有布努族系，包括大化、都安、巴马一带的番瑶、南丹的白裤瑶、田林的木柄瑶。

布努瑶族使用铜鼓的情况，史籍多有记载。《泗城府瑶人献岁碑》中说："每岁正月首，偕诸寨瑶人谐府行献岁礼，击铜鼓、錞于，一唱百合。"泗城府即今广西凌云地区，这一地区现在还住着许多布努瑶族。《嘉庆重修一统志》说："瑶在思恩，男子短褐青衣，妇

广西南丹白裤瑶鼓手进城打铜鼓

女小袂长裙,岁首祭先祖,击铜鼓为乐。"清朝时的思恩县在今广西环江毛南族自治县。

番瑶每遇重大事件,都以击铜鼓为号;聚众议事或共度佳节,也以敲击铜鼓传送信息。每年种下庄稼后,都要在田头地角架起铜鼓,一边敲打,一边舞蹈,祈求丰收。旧历五月二十九日是番瑶的年节——祝著节,主持人在高山顶上敲铜鼓,鼓声传到各个弄场和村寨,大家闻讯纷纷赶来参加节日的活动,在山上跳铜鼓舞。跳铜鼓舞的地点,有时选择在室外地坪上,有时就在住家的厅堂里。

室外打铜鼓,场面较大,或在高山顶上找一块大平地,或在一个宽阔的草坪上,或在村寨前后的一块空地上,用竹、木搭成鼓架,悬挂铜鼓。把一面皮鼓置于场地中央,与之合奏。演奏队由一男三女组成。两位女子面对面敲击铜鼓;男子敲击皮鼓,并以传统的鼓点和节奏,一边敲击,一边舞蹈;另一名女子手持瑶锦带、藤圈、竹帽等物,踏着鼓点跳舞。

室内打铜鼓,一般场面较小,通常将公母两面铜鼓高悬于厅堂左右梁上,公鼓在右,母鼓在左,先打母鼓,后打公鼓,以示母亲为

广西巴马番瑶鼓手在打铜鼓

大,父亲次之。

　　白裤瑶因男子长年穿着长仅掩膝的白色土布裤而得名。白裤瑶把以血缘关系为纽带的社会组织叫做"油锅"。每个油锅组织都有铜鼓,由油锅头人收藏和掌握。平时秘藏不宣,只有喜庆和祭丧时才拿出来,用于娱乐和祭祀。喜庆多用双鼓,阴阳共鸣;丧事多用单鼓,死者是男性则打公鼓,是女性则打母鼓。春节时,铜鼓多悬挂在屋内敲奏,不设铜鼓场。如果同一油锅的铜鼓多,也集合起来演奏,由牛皮大鼓指挥。起鼓的时间一般在腊月二十七日或二十八日,意思是迎接祖先回来过年;收鼓的时间是正月初三、初四、初五,择其中的吉日,敲奏铜鼓送祖先返回天庭。丧葬打铜鼓主要是配合砍牛送葬,向死者致哀,这时要设专门的铜鼓场。哀鼓场上所用的铜鼓除本油锅以外,主要由前来吊丧的亲友从外村寨背来,常常形成二三十面铜鼓同时演奏的壮观场面。

　　木柄瑶,自称"诺莫","木柄瑶"是他称。他们主要居住在广西田林县浪平、平山等地,保留有使用铜鼓的习俗。铜鼓由年长而又懂巫道的人保管,他们将铜鼓秘密地埋在地下,到每年腊月

第三章 历史印痕：铜鼓文化的传播与分布

南丹白裤瑶群众把铜鼓敲起来

逢龙日才挖出来，便于除夕祭社神和正月春节使用。

木柄瑶祭社神时要祭铜鼓，祭祀时一定要宰牛，费用由各户分摊。巫师主祭铜鼓，开始先打5遍铜鼓，代表5个木柄瑶村寨，每打一次即斟一次用苏木水浸过的酒；然后杀牛，将牛肉分成5份，在5个锅里煮熟，再捞出来摆在4张桌面上，供祭韦、陆、甘、莫四姓的神。

春节打铜鼓在正月初三，主祭人将铜鼓平放于地面，公鼓在左，母鼓在右，母鼓右侧放置一个皮鼓。主祭人在公鼓上放两个粽子，在母鼓上放一个粽子，再在铜鼓上各放一只烤熟的鸟和一张纸钱，然后点香，斟酒，烧纸钱。祭毕，将两面铜鼓悬在中堂横梁上，皮鼓悬在右厢房桁条上，主祭人先打一轮，别人才接着打。开始打得缓慢柔和，后来逐渐加快。打皮鼓的两人，既是鼓手，又是领舞者，边打边舞。到正月三十，由保管铜鼓的人将铜鼓秘密地埋入地下。[18]瑶族在越南分别称为瑶族、巴天族、山由族，分布很广，从北到南的很多地区都有他们的足迹，仅河江省就有七万多人。他们的祖先自13世纪中叶起，在不同时期从广西、广东迁移过去。越南的瑶族有的也还在使用铜鼓,河江省苗旺县陇征乡的大板瑶还留藏着两面铜鼓。当地人说,瑶族在招魂和为病人祈求健康时使用铜鼓。

(七)彝族

彝族在中国主要分布于川、滇、黔、桂四省(自治区)。四川约有一百三十多万人,大部分住在大小凉山,凉山彝族自治州是最大的聚居区。彝族是较早使用铜鼓的民族。在老彝文《西南彝志》中有关于古代彝族使用铜鼓的记载。彝族保存的铜鼓不少,但年代都比较晚。据传,播勒土司的"九重宫室"中陈列了9面铜鼓。田雯《黔书》说:罗罗(彝)"醉鼓诸葛之铜",可见清代时贵州的彝族还在使用铜鼓。广东省博物馆有一面铸有"楚雄卫山千户所百户印"篆文的铜鼓,四川省博物馆所藏清代九莲寺的铜鼓,都来自彝族地区,应是彝族使用过的铜

云南文山彝族荞菜节打铜鼓

鼓。在彝族聚居的西昌、德昌、雷波、布拖、会理等县,历史上都曾出土过铜鼓。根据近年来的民族调查,当代彝族的一些支系仍在使用铜鼓。

据说彝族中有一个叫实枃的部落,于汉至唐代南诏时期,使用一种"阔口铜鼓"。彝族打铁铸铜的工匠很多,但专门铸造铜鼓的不多,只有"铸给实枃的鼓响声震天"。彝族民间传说,铜鼓是天上居住的神人铸造的,它们有公母之分,有时天上下雨,母鼓呼唤公鼓,公鼓会飞向母鼓,与之匹配。在彝族洪水故事中也曾提到过铜鼓。故事说,彝族始祖笃米(即仲年由)与仙女结婚,生

第三章 历史印痕：铜鼓文化的传播与分布

了儿子，便敲响铜鼓向天庭报喜。天兵问：你今撞钟擂铜鼓，你有什么事？笃米回答说：是我生儿子，传给举祖听，传给天上听。凉山彝族彝语叫铜鼓为"吉普古则"。凉山彝族自治州文化局的蒋道纶是甘洛彝族。他说，金阳吉涅土司家祭祀时使用铜鼓。相传铜鼓能呼风唤雨，也能咒人。吉涅土司的百姓阿勒家现在仍在金阳，布拖发现的铜鼓就出自阿勒家。凉山彝族自治州政协的苏时旦是金阳白彝。他说，沙马土司家的铜鼓是用来放玛堵的。铜鼓放在山洞里，送灵时把玛堵送到山洞去，放在铜鼓里。铜鼓有两个，一个供土司放玛堵，另一个供白彝放玛堵。放玛堵的铜鼓，彝族人称为"泥十古则"，意思是"蒸笼棺材"。昭觉寺左民区只耳木公社（原沙马土司辖境）泥瓦觉有一个特大铜鼓，平时放在石座上，祭祀时才敲打它。

云南文山广南、富宁及麻栗坡自称偻族的一支仍在使用铜鼓。广南县者太、猪街、杨柳井、黑支果、八宝，富宁县归朝、田蓬等乡镇的彝族村寨都有铜鼓。广南县八宝镇杨柳树村有一对，平时分别由两户人家保管，在年节或遇丧事时取出来使用。富宁县

广西那坡彝族同胞跳弓节打铜鼓

里达镇里地村也有一对,平时由"宫头"保管,每逢旧历六月六过荞年节时才使用。他们敲击铜鼓主要是为舞蹈伴奏。倮族过节不祭神,只跳舞自娱,盖新房子要跳舞,死了老人要跳舞,都敲奏铜鼓相伴。特别是一年一度的跳弓节,要跳三天三夜的铜鼓舞。

广西隆林各族自治县的彝族在20世纪60年代还在使用铜鼓;广西那坡县白彝到现在为止,每年各种重大节日都还使用铜鼓。据彝族学者王光荣了解,那坡白彝在20世纪50年代尚有铜鼓七十多面,现在只剩7面。平时埋藏在地下,每年旧历十月初十从地下挖出使用,到第二年五月十六日再埋回去。挖出来和埋回去时都要举行隆重的祭祀仪式,唱《铜鼓王》经诗。每年的跳弓节也要使用铜鼓。

分布于越南河江省和高平省的倮倮族也还保存和使用铜鼓,河江省同文、苗旺、安明三县的倮倮族有22面铜鼓,高平省的倮倮族有8面铜鼓。河江省仅倮倮村10户家庭就有4对(8面)铜鼓,有的一户就有2对。有20至30户家庭的村,铜鼓数量更多。一些有势力的宗族,收有5对铜鼓。苗旺县的倮倮人说,从前每个村都有自己的铜鼓,甚至于每个宗族都有自己的铜鼓,每个不同的节日使用不同的铜鼓。河江省同文县陇句乡王移生家有1对,这1对铜鼓在三十多年前就在倮倮人的葬礼中使用过。同文县陇绵乡倮倮村眉能收藏有1面母鼓,鼓面径53厘米,高30厘米,鼓胸丰满,鼓足低矮。这些铜鼓都是麻江型铜鼓。铜鼓的所有权属于平民家庭。平时埋在地里,如族内有人亡故,则挖出来以备出殡时使用。倮倮人认为世上所有的东西都是天父和地母生下来的,铜鼓和天地一样古老。直到现在,同文、苗旺的倮倮族还用铜鼓祀天地、祀土神,祀典在每年阴历四月和六月举行。倮倮人认为人有三个灵魂,人到死的时候,一个灵魂归父(天),一个灵魂回母(地),还有一个灵魂在世上飘荡,要想使他的灵魂回到父母胸怀,就要请法师用铜鼓做丧礼。倮倮人做丧礼用的铜鼓要公母成对,公鼓挂在门的右边,母鼓挂在门的左边,鼓手站在中间同时敲打两边的铜鼓。垄句乡铜鼓乐有36个调子,送葬者随着铜鼓声跳舞,祭师朗诵祭文,护送亡灵返回远在中国的故土。

(八)傣族

傣族主要聚居在云南西双版纳傣族自治州、德宏傣族景颇自治州,以及耿马傣族瓦族自治县、孟连傣族拉祜族佤族自治县。

明人李思聪在《百夷传》中说,百夷车里乐者使用铜鼓。百夷(僰夷)即今傣族先民,车里人即今西双版纳傣族。江应梁在1983年出版的《傣族史》中说:"今日傣族的音乐,仍与五百年前《百夷传》所记的情形相类。"也就是说还用铜鼓。

1942年方国瑜到滇西边区考察,发现公明山傣族佛寺中有铜鼓,后来写在《新纂云南通志·金石志》的《铜鼓考》中,并刊载了一幅照片。近代云南傣族的个别土司仍收藏铜鼓,但在现实生活中已不大使用铜鼓。西双版纳宣慰府中存有一面铜鼓,平时与大皮鼓一起悬于大厅内,逢开门节、关门节时敲击,逢泼水节等节日抬出游行。[19]在红河州金平县的傣族村寨也还保存着铜鼓,其中老猛寨至今还保持使用铜鼓的习俗,每逢节日、婚丧或其他庆典,村民都要敲击铜鼓。

(九)佤族

佤族居住在云南省西南部的西盟、沧源、孟连、耿马、澜沧、双江、镇康、孔德等县,一部分散居在西双版纳傣族自治州与德宏傣族景颇族自治州境内。西盟和沧源的阿佤山区是佤族的主要聚居区。

佤族称铜鼓为"格老"。佤族铜鼓多集中在西盟的大佤地区,个别散存于沧源及其他各县的小佤地区。佤族在日常生活中经常使用铜鼓,使用铜鼓是佤族的文化传统之一。

大佤地区几乎每个村寨都有铜鼓,有的一户还不止一面,歹格拉寨有铜鼓35面,其中大珠米艾罗斯宽和艾不勒乱各有4面;窝努寨大珠米艾绍姆有5面。西盟全县曾有四五百面之多。据对永广、新厂、永龙、班哲、大马散、莫士美、芒杏、歹格拉7个村寨的调查，1952年42户共有铜鼓78面。后因出售、失火等原因，逐渐减少，到1965年只剩下22面。佤族不会冶铜，因而也不会制造铜鼓。他们的铜鼓都是从外族买来的。经过对78面铜鼓来源进行调查，其中27面已无法查明，11面是祖先留下来的，40面是买来的。永广11面，祖先留下5面，购自完冷2面，购自大小菜老2面，购自新厂2面。莫士美寨14面，其中3面是祖先留下来的，另11面分别购自窝羊、永不老、班哲永邦、岳宋、巴根、崖成等地，这些村寨都是西盟或缅甸境内的傣族村寨。[20]

佤族青年打铜鼓

西盟佤族铜鼓和缅甸、泰国流行的铜鼓属于同一类型，而缅甸克耶邦是这种铜鼓的铸造中心之一，克耶邦一些地区盛产铜、锡，那里的威当城是古代铸造铜鼓最盛的地方，从阿佤山经过掸邦到克耶族地区，步行不过三五日路程。很可能阿佤山的铜鼓就是很早以前由克耶邦辗转传入的。[21]

佤族铜鼓主要用于死人、失火和举行宗教活动。在宗教活动中也只限于"做大鬼"，如砍牛尾巴和做老母猪鬼。一般祭鬼只敲铓锣，不用铜鼓。在上述场合敲铜鼓，都寓有传递消息的作用。如失火敲它，是为了呼请邻寨援助；死人敲它，是为了把不幸的消息通知亲邻；即使做鬼，敲铜鼓也是为了告诉鬼神是哪一家做的鬼，讨得鬼的喜欢。

在佤族社会，铜鼓是私人财富，除了失火这种不幸意外事故外,一般只供本人使用,并只能保存在私人家中。砍牛尾巴、做老母猪鬼虽是群众性活动,但都是私人主办或合办,在这种场合敲铜鼓是为了夸示豪富。铜鼓一般不外借,只有班哲、芒杏等个别村寨可以向别人借铜鼓来做大鬼。

中缅边境澜沧江以西和萨尔温江以东的崇山峻岭,是佤族的聚居区。缅甸的佤族至今还使用铜鼓,他们使用的铜鼓是西盟型(黑格尔Ⅲ型)铜鼓,其产地大都在缅甸的克伦邦和掸邦地区。有人说,一直到1894年缅甸掸族及英塔族仍然在制作铜鼓,又说一直到1905年克伦族仍然在制作铜鼓,甚至直到1925年还在制造铜鼓。

生活在中国的佤族,在半个世纪以前还有猎头的习俗。当猎头队伍出发时,全寨的人都要出来敲铜鼓、铜锣,伴以歌舞相送;猎获人头回到本寨,也要敲铜鼓、铜锣,歌舞欢迎。死人、失火,要敲击铜鼓报讯;砍牛尾巴和做老母猪鬼等宗教活动也要敲铜鼓。20世纪50年代以后废除了猎头习俗,也就不再使用铜鼓了。

(十)克木人

克木人是中南半岛上一个人数不多,但分布较广的民族,主要居住在老挝、越南、泰国、缅甸等国的崇山峻岭之中。

在中国云南西双版纳自治州的景洪、勐腊二县也有一千七百多人,当地人称之为"岔满"。克木人使用的铜鼓是西盟型铜鼓,被称为"格隆",自称是祖传下来的。克木人的铜鼓属村寨所有,由老人保存,一般用于祭祖和求雨。祭祖是3年一大祭,于秋收后举行,由长房主持,历时3天,邀请同族及亲戚参加,在举行仪式之余,喝酒跳舞为乐。跳舞时必用铜鼓伴奏,而铜鼓必与铓锣、铜钹和象脚鼓同奏。铜鼓多由妇女敲击,她们边击边唱,男子随节拍跳舞。

西双版纳勐腊县勐满乡曼暖远寨原有4面铜鼓,到1990年只剩1面,保存在波涛金明老人家里。这面铜鼓面径57厘米,通高42.8厘米,重14.5公斤,鼓面有4只青蛙塑像,鼓耳下端的鼓腰和鼓足饰浮雕植物和2只螺蛳,圆雕1只四足长尾的动物(似黄鼠狼）、2只大象、1只田螺。每个月的初五、十四、十五日夜，波涛金明都要敲击铜鼓，让全寨的人听到铜鼓声。到十二月十五日过丰收节（又称新米节、冬节）时，波涛金明老人会把铜鼓送到寨中心，挂着敲奏，全寨人歌舞狂欢，并从铜鼓声中获得吉祥。在这一天取用铜鼓时，老人要进行祈祷，把酒洒在铜鼓上，用酒清洗、擦净，边擦边对铜鼓念一些咒语和说一些吉利话，然后贴上红纸，敲击几声，才让人抬到众人欢舞的场地去演奏。用完之后，又以酒祭鼓，然后将铜鼓用布包好，放回原来的位置。波涛金明老人总是把这面铜鼓放在既安全又神圣的顶楼上。

越南称克木人为"舍人"、"摩依人"，是"土著"的意思。奠边府平原西北部和西部的克木人，在春耕仪式中使用铜鼓，仪式由族长主持，前后杀3只鸡。杀第一只鸡，取血和谷种以祭神；杀第二只鸡，以鸡血点家族成员的前额，求神保佑老小及牛群平安；杀第三只鸡，以鸡血涂铜鼓和铓锣。族长祈祷说："我们用鸡血喷洒你，使你恢复原状。此后，从你身体迸发出的声音将永远悦耳。你不会破碎，不会裂开，即使在我们使劲敲打你的时候。"此后，青年男女喝酒聚宴，跳舞唱歌，春耕自此开始。有病、有灾难时也祭祖先，在此过程中一直敲打象征祖先魂的铜鼓，意思是敲醒祖先魂，促进民族或家族、家庭兴旺、幸福。仪式结束后，主人把铜鼓深埋在山林里，严格保密，不让外人知道。

老挝的克木人自称"达昌埃"，老语称为"老听"，意为住在山坡上的老挝人。聚居中心地区在琅勃拉邦省。村里的头领被称为"耐板"，大村的头领被称为"大热昆公"，许多村合并起来成为一个相当于乡的组织，其首领被称为"大伞"，即相当于乡长。铜鼓属于"大伞"（乡长）所有，但大伞也把铜鼓看做整个村寨和全族所共有，因此，需要时可以互相赠送或借用。对于克木人来说，铜鼓一方面是权威的象征，另一方面又是民族的象征。能亲眼见到铜鼓，是一生中的幸福。克木人将铜鼓放在屋里，收藏很谨慎。搬运时，用绳带将铜鼓系上，顶在前额，铜鼓放在背上，双手反搂着。遇到战争，他们会把铜鼓埋在地下，或者将铜鼓藏在森林里、岩洞中。在南塔省纳勒县，他们放铜鼓的地方离村子有1公里远；在鸟姆塞省芒昏县，铜鼓被放置在离村子只有50米的地方；在文富牙，铜鼓被收藏在离村500米远的山洞里。村里有人死时，才将铜鼓取出来使用。先用开水将铜鼓清洗干净，然后用鸡供奉，有时用一整头猪供奉。通常在供鼓时，把红布绑在鼓面青蛙塑像上。克木人在愉快的日子里，例如在盖新屋、结婚以及开垦坡地时打铜鼓。打鼓的方法有多种：一是将铜鼓直接横挂在鬼杆上打，二是在鼓耳上系一根绳子，将铜鼓横悬在鼓架上打，三是将两面铜鼓面对面悬起来敲打。克木人传说，天神曾叮嘱过他们，遇到灾难时，只要敲击铜鼓，天神就会下凡来帮助他们。

（十一）普剽人

普剽人，有时被称为布标人。在中国云南边疆麻栗坡县与越南交界的地方——普弄、马同、普风、童龙等寨居住着一群普剽人，他们十分敬重铜鼓。传说他们的祖先出生在普梅的大山洞里，人口繁衍多了，才走出大洞，移到麻栗坡董干乡的核桃坪。后来，又有一批汉人迁到核桃坪。因争夺土地，这两支移民经常发生冲突，普剽人敌不过汉人，被迫逃离核桃坪，散落到现在居住的地方。他们在离开核桃坪时，曾将一些铜鼓丢进山洞，用土石将洞口堵死，现在在洞外打水，还会听到洞内咚咚作响的铜鼓声。剩下7面铜鼓被背走，其中3面留在中国境内，4面被背过国界，背到越南去了。现在麻栗坡这边的普剽人只有3面铜鼓，对面越南境内的普剽人有4面铜鼓。普剽人只有在办丧事时才用铜鼓。在安葬死者后，回丧家祭灵时，要在门外悬挂铜鼓，在铜鼓上方吊1个簸箕，簸箕内摆8碗酒，随着咚咚的铜鼓声，四男四女各拿2块手帕，踏着鼓点跳舞，直到将灵屋烧掉。这就是《开化府志》记载的普剽"亲亡，令子婿跳舞，亲属击鼓鸣锣吹角祭，名曰娱尸"的遗风。普剽人十分崇信铜鼓，认定铜鼓不能过龙塘，如要背铜鼓

过龙塘的话，一定要用妇女的裙花边或腰带把铜鼓包起来，否则，铜鼓一见到龙塘就会自己滚下水里去，再也不回来。㉒

　　生活在越南河江省的普剽人自称嘎标（kapeo）。主要分布于同文、安明、北迷、宣光等县，只有三百多人，与汉人、苗人杂居。他们也使用铜鼓。据说他们的铜鼓是从中国买来的，分雌雄，成对使用，雄鼓是小鼓，声音尖细，但传得远；雌鼓是大鼓，声音粗犷，但传不远。使用铜鼓之前，要一一供祭，祭品为两碗酒、一只鸡。祭祀完毕后，将酒洒在鼓面上，然后才能把铜鼓挂在中间房的门旁，雄鼓挂在左边，雌鼓挂在右边，鼓面相对。一名男子站在两鼓之间，在巫师的指挥下，用削过的芭蕉杆敲打这两面铜鼓。他们认为，玉米和稻谷的魂怕铜鼓声，因此敲打铜鼓都安排在秋收之后。敲打一昼夜，人们伴随着鼓点欢快地跳舞。据老人说，过去嘎标人常常敲打铜鼓，现在平时严禁敲打，只用于丧事。铜鼓收藏在楼上的角落里，忌讳移动，因为移动铜鼓就意味着要办丧事了，不吉利。同文县浦拉乡的嘎标人在1960年的葬礼中仍使用铜鼓，嘎标人龚优亮家至今还收藏着一面铜鼓，此鼓属黑格尔Ⅳ式（麻江型），与河江省博物馆1971年2月收藏的那面铜鼓原是一对。

（十二）克伦族

　　克伦族是缅甸的少数民族，主要居住在东部掸邦高原。克伦人自己不会制作铜鼓，他们的铜鼓是从东边或北边的部落获得的。据《克伦百科全书》（1948年版）所载，克伦人的铜鼓是从瓦人或斯瓦人处购买的，在更近一些的年代里，克伦人的铜鼓是由掸邦人借给的。他们给每一面铜鼓起一个好听的名字。这类铜鼓是黑格尔Ⅲ类鼓，即我们所说的西盟型铜鼓。克伦人的铜鼓有冷鼓、热鼓之分。冷鼓为喜鼓，用于喜庆、宴会、佳节时；热鼓为丧鼓，用于殡葬活动，平时深藏于荒野林中，遇到驱灾丧葬才取回来使用。据传教士玛桑（Mason）说，克伦人在祭祀时不但要敲击铜鼓，而且要向死者供上米饭和鱼,这些供品就放在铜鼓鼓面上。这时铜鼓起到祭坛的作用。克伦人不用完整的铜鼓陪葬,但会从铜鼓上割取一小块给主人陪葬,他们认为,这样可以把铜鼓的灵魂引来,让它到阴间为主人的灵魂服务,使死者仍然感到拥有铜鼓的荣耀,这样,铜鼓还得以留存人间,供后人继续使用。

克伦族人打铜鼓

(十三)芒族

芒族是越南北方人口最多的少数民族之一,居住在从黄连山、永福、山罗到河南宁、清化等地较辽阔的地方,以河山平省最为集中。在芒族居住地区经常有铜鼓出土,这些铜鼓出自郎官的墓葬中,说明芒族很早就使用铜鼓了。现代芒族不会铸造铜鼓,他们使用的铜鼓是"类黑格尔Ⅱ型"鼓,和中国两广地区的灵山型、北流型铜鼓比较接近。

在半个世纪以前,当郎道制度在芒族社会中仍起作用的时候,铜鼓在芒族的精神生活中占有极为重要的地位。在很多场合,如春节、婚礼、耕种节都打铜鼓。郎道头人常用铜鼓和铜锣显示自己的威势,把铜鼓当做传家宝留传给子孙后代。在芒族社会中,铜鼓是醮祭供拜的神圣物,是芒道(土司)颁布命令的证物。在节日庙会、婚姻喜事的场合使用,是幸福的象征。铜鼓有时代表喜庆欢乐,有时代表悲痛忧伤,有时还代表富贵权力。有铜鼓的人必定是有权威或得到众人归服的人。在郎官们举行13天的丧葬祭祀活动时,铜鼓完全被当做郎官权力的象征物。

在各种祭祀仪式上,铜鼓由巫师负责看管和使用。有人死了,尚未埋葬,则把铜鼓放在灵柩旁边祭悼;到出殡时,拿铜鼓给死者陪葬，或者随灵柩送到坟地后，再把铜鼓拿回家来当做祭祀祖先的祭具。芒族在举行婚礼、葬礼时，也用铜鼓作为召集群众的信号；有敌情时，用铜鼓声作动员号令，督促士兵上战场。

老挝华潘省与越南和平省交界的地方，也有芒族居住，他们被称为"门"族，也有使用铜鼓的习俗。

[注释]

① ［越南］阮成斋：《黑格尔第Ⅱ类型铜鼓探讨》，《越南历史博物馆科学通报》1985年第3期。

② ［越南］罗天宝：《关于越南倮倮族铜鼓的问题》，《铜鼓和青铜文化再探索》，《民族艺术》1997年增刊。

③ V. 戈鹭波（V.Coloubew）：《东京和安南北部青铜时代》，法国《远东博古学院集刊》第29期，1929年。

④ H. 巴门特（H.Parmectier）：《一些新铜鼓》，河内《远东博古学院集刊》第32期，1932年。

⑤ ［泰］菩冲·占达维（Bhujjong Chandavij）：《泰国史前金属时代的铜鼓和工具》，《铜鼓和青铜文化新探索》，南宁，广西民族出版社1993年版。

⑥ 姚舜安、滕成达：《泰国铜鼓概述》，《广西民族学院学报》1997年第3期。

⑦ 范宏贵：《泰国铜鼓见闻》，《中国古代铜鼓研究通讯》第17期，2001年。

⑧ ［美］邱兹惠：《试论东南亚所见之万家坝式鼓》，《铜鼓和青铜文化再探索》，《民族艺术》1997年增刊。

⑨ 饶宗颐：《说錞于与铜鼓》，《东吴大学中国艺术史集刊》1973年3月第1卷。

⑩ 饶宗颐：《铜鼓续考》，《东吴大学中国艺术史集刊》1974年8月第3卷。

⑪ 梁富林：《河池传世铜鼓调查及其他》，《民族研究动态》1995年第2期。

⑫ 岑家梧：《水家仲家风俗志》，《西南民族论丛》，广州，广州清华印书馆1949年版。

⑬《融水苗族自治县安太区寨怀乡、洞安乡侗族社会历史调查》,《广西侗族社会历史调查》,南宁,广西民族出版社1987年版。

⑭ 杨权、郑国乔、龙耀宏:《侗族与铜鼓》,《贵州民族研究》1990年第3期。

⑮ 徐松石:《粤江流域人民史》,北京,中华书局1938年版。

⑯《融水苗族埋岩古规》,南宁,广西人民出版社1994年版。

⑰ 姚岚:《南丹苗族铜鼓》,中国南方及东南亚地区古代铜鼓和青铜文化第二次国际学术讨论会论文,1991年。

⑱ 李懋椿主编:《可爱的田林》,南宁,广西人民出版社1995年版。

⑲ 汪宁生:《铜鼓与南方民族》,长春,吉林教育出版社1989年版。

⑳㉑ 汪宁生:《佤族铜鼓》,《古代铜鼓学术讨论会论文集》,北京,文物出版社1982年版。

㉒ 翁家烈:《"普剽"风情录》。

第四章
迷人魅力:铜鼓文化的艺术特征

第一节 铜鼓造型艺术

人们看铜鼓，首先看到的是它的整体造型，即铜鼓的外观。铜鼓的形状，在历史上有过各种不同的记述，但以宋代文士周去非在《岭外代答》中的一段话最为贴切。他称铜鼓的外形"状似烘篮，又类宣座"，以后很多人都沿用其说。当然，千年前的烘篮、宣座是什么样子，现在也难说得清楚。但从唐人壁画、宋人画卷中，有时还能找到它们的身影。烘篮是口圆，肩部圆弧外鼓，腰部内束，足部略向外扩展的空心物体。宣座的外形与之相似，不同的

铜鼓艺术生态保护村

仅在于上平而下空。这种器物，已经透露出其侧面的曲线美。当时许多建筑物的砖、石柱础，也都采用这种形式。这种石柱础留存下来，仍可当做坐墩使用。

铜鼓是由炊具铜釜演化而来的，铜鼓的最初形态不能没有炊具的痕迹。作为炊具的铜釜，它的主要作用是煮食，要求有一个合理的接触火焰的底，以便受热；一个适量容积的体腔，便于盛食；一个略略敞开的口和微微内束的颈，便于承盖；为了便于提举，还要在腰部两侧设计1对半环状的耳。这就形成了高领、敞口、束腰、臌腹、小平底的基本形态。云南西部古代濮人就是从敲击这样的炊具受到启发，萌发了创制专门的打击乐器铜鼓的。所以，原始形态的万家坝型铜鼓极像倒置的铜釜。

炊具铜釜变成乐器铜鼓以后，它的主要功能已不是煮食而是演奏了，因而必须不断完善它的音响效果。原来接触火焰的釜底变成了专供敲击的鼓面，它的作用已不是传热，而是发音了，因而要求平展、宽大。原来容纳食物的釜腹变成了音响共鸣箱式的鼓胸，显得更加圆润。原来承盖的釜口变成支撑全身的鼓足，要求

南宁南湖公园的自鸣铜鼓阵

第四章 迷人魅力：铜鼓文化的艺术特征

广西南丹县中堡苗族使用铜鼓之前要祭鼓

外扩、平稳。提举用的釜耳由原来的1对变成了2对，逐渐宽大。面平，胸挺，腰曲，足外扩，这就是铜鼓定型化的最早形象。

最早的铜鼓也许仅从追求与铜釜的神似和比铜釜更便于敲击的要求铸造的。这些变化引起人们审美角度的改变。作为炊具的铜釜，一般置在三脚灶上，人们是居高临下俯视它的，口大于底，像一朵仰天开放的喇叭花。侧面曲线在人们的视线中自上而下移动，同光焰合在一起，显得柔和自然。作为乐器的铜鼓，整体上是铜釜的倒转，人们看它，首先看到的是鼓面，然后才是鼓胸、鼓腰和鼓足，曲线的游动呈现出相反的走向。但从总体来看，刚从铜釜脱胎出来的早期铜鼓总免不了带有铜釜的特征。

铜鼓是手工铸造品，一般都是一模一器，很少重复。它的外形变化带有很大的随意性，尤其是早期铜鼓。如万家坝型铜鼓，鼓高与鼓胸的最大直径的比值，波动范围很大，有的鼓显得很矮胖，有的鼓则显得很高瘦，表现了它外形的不稳定性。但是，人们在不断实践，美的感受是逐渐统一的，到了铜鼓定型以后，这种不稳定性就得到克服，尤其到了铜鼓发展期，有的铜鼓高与最大直径之比几成规范化，使我们领会到，铸造铜鼓的人不但追求铜鼓的音响效果，而且也注意到了铜鼓的外形美观。

石寨山型铜鼓逐渐走向成熟，胸部圆弧，线条逐渐柔和，但是早期仍然高矮不一，有的显得很高瘦，有的显得较矮胖。可见，到西汉时期，铜鼓外形各个部位的比例还没有规范化。

任何实用器物，其所具备的外形美，都是在不断地发展变化的，虽然各个时代、各个民族的欣赏习惯不同，但其总的意向都要求各个部位的匀称和比例的和谐。铜鼓外形总的发展趋势正是沿着这个规律前进的。

有的学者在研究铜鼓的外形美时，用黄金律进行比较，找到了它的变化规律。黄金律又称黄金分割和中外比，把长为 λ 的直线段分成长短两个部分，设长段为 ξ，短段则为 $\lambda - \xi$，使其中长段对于全长的比，等于短段部分对于 ξ 的比，这样的分割就叫"黄金分割"，它的比值为0.618。各部分的关系都符合这种分割的任何物体，都会使人产生最悦目的印象。人们在实践中发现，除了0.618以外，凡介于0.4—0.6之间的比例，都能给人以舒适、美观的感受。从抽样统计来看，早期铜鼓、万家坝型铜鼓除了有一例符合这种比例之外，其余的比值都较大，绝大部分在0.8以上，有的甚至超过1。但通高与足径相比，却有5例符合比例范围，占总数的2/3以上。石寨山型铜鼓符合美学比例的范围更大一些，在抽样统计数值中，通高与面径之比，有2例符合美学比例；通高与足径之比，有5例符合美学比例，其余各例的两个比值虽然都超过0.618，但超出的幅度远比万家坝型铜鼓小。

当铜鼓不仅作为乐器，而且上升为权力重器之后，它的形体就增高、加大，造成宏伟威严的效果。这就在石寨山型铜鼓的基础上创造出了冷水冲型铜鼓。

冷水冲型铜鼓高大轻薄，外形已很端庄。经抽样测量19例，其中能计算总高与最大直径比值的17例，除1例达0.74之外，其他都在0.63—0.71之间，波动已经不是很大，说明在鼓形设计上已初步规范化。虽然，按比值来说，鼓形显得高瘦，比值都超过0.618的标准值，但超出幅度很少，在0.1之内，仅2例为0.63，2例为0.64，很接近美学比例的标准值。这时鼓的最大直径仍然在鼓的胸部，仅广西宾阳六谷村鼓、宾阳长村岭鼓、宾阳思陇鼓、金秀平道鼓、平南大陶村鼓、藤县濛江鼓、广西博物馆藏155号鼓、190号鼓8面铜鼓鼓面径大于鼓胸。伴之而来的是鼓面的立体装饰增多，花样翻新，人们审美的注意点集中到了鼓面。有的鼓面边沿向外伸出，形成"唇边"。另外，鼓足变高，使它与鼓胸和鼓腰的高度接近，侧看显得挺拔。鼓胸的最大径往下移，给人以稳重感。

铜鼓再继续发展，随着使用民族社会内部阶级地位的变化，作为代表统治阶级至高无上的权威的地位日渐削弱，铜鼓的形体又变小变矮，以至由权力重器转化为神器和单纯的娱乐用具，这就是麻江型铜鼓。

麻江型铜鼓的造型比较单一，鼓面无唇边，鼓身曲线简化，由原来的三曲化为二曲。麻江型铜鼓的宽、高比值都在0.52—0.59之间，各鼓的通高多在26—30厘米之间，以27厘米上下为最多，面径多在46—49厘米之间，以47—48厘米上下的为最多。在鼓形设计上已基本定型，尺寸大小、宽高比例几成定格。其通高与胸径的比值虽然都低于黄金律的标准值0.618，但彼此都很接近，在造型比例上达到了高度的规范化，给人以自然的谐调美。

北流型、灵山型铜鼓，是典型的权力重器，它们以巨大厚重著称，"鼓惟高大为贵"，反映的正是这个时期的情形。北流型铜鼓的比值在0.53—0.58之间，灵山型铜鼓的比值在0.55—0.62之间，都符合美学原则。这类鼓外形庄重朴实，给人以威严典重之感。

任何艺术创作，都来源于生产和生活实践。人们从实践中逐渐总结出一套自身的审美原则。铜鼓的制造者在长期的实践中摸索，从万家坝型铜鼓比例上不规范，到石寨山型铜鼓比较规范，发展到冷水冲型、麻江型、北流型、灵山型的规范化，越来越接近标准的美学比值，就是这种审美要求不断成熟的标志。

第二节 铜鼓纹饰艺术

铜鼓除了作为乐器,讲究音响效果之外,它还作为神器、礼器和权力重器,讲究装饰,而且越到后来越讲究,形成特有的装饰艺术。铜鼓装饰的部位,是人们视线所及的地方,包括鼓面、鼓胸、鼓腰、鼓足、鼓耳,有时及于鼓的内壁。装饰的形式,包括平面装饰和立体装饰,十分丰富、复杂,有无穷的变幻,是铜鼓文化内蕴的直接载体。

一、鼓面的装饰

每面铜鼓都有一个平展的面和一个柔和曲折的身。鼓面是敲击的部位,也是最显眼的地方,是艺术装饰的首选之区。

鼓面中心的装饰是太阳纹。它原是浇铸铜鼓时浇灌铜液的浇冒口留下来的残痕,经打磨修饰后成为一个圆饼形的纹样。太阳纹的设计是铜鼓工艺家的第一步工作,任何铜鼓形制上的衍变,必先导致太阳纹的改变,所有纹饰的设计都由太阳纹领头,别的纹饰都只不过是为了装点太阳纹,要表达对太阳纹神圣的自然崇拜而已。

广西百色火车站广场大道旁的铜鼓巨型雕塑

铜鼓是由炊煮用的铜釜演变而来的，鼓面原是受热的釜底，因此，原始形态的铜鼓，鼓面朝下，是视觉看不到的地方，原是光素无纹的。后来，因为要翻转过来敲奏，鼓面朝上，才开始装饰一个火星纹，这就是太阳纹的原始形态。

万家坝型铜鼓的成型和发展，使鼓面中心的装饰由火星纹发展为太阳纹的雏形，有的光体周围还有杂乱的火焰纹，隐约可见向光芒过渡的形态。这些铜鼓，虽然鼓面纹饰很简单，并且似乎没有规律可循，但是以中央圆心定点，已确定了基本布局，为以后鼓面纹饰的发展奠定了基础。太阳纹外的晕圈，虽然杂乱无章，但留下许多空间为以后纹饰布局的发展埋下了可以回旋的伏笔。

石寨山型铜鼓已正式定型为敲奏乐器、神器和礼器，正面放置已是常态，因而对鼓面的装饰讲究起来，出现了写形的太阳及其天体环境景象。有光芒四射的太阳纹，有太阳的层层光波，有绕着太阳翱翔的鹭鸟。这些装饰已能引起人们对苍穹的无限遐想。这些铜鼓与万家坝型铜鼓相比较，鼓面纹饰已明显增多，布局也趋于合理、紧凑。光体扩大了，光体之外不但都有光芒，光芒间基本上都有光饰，光芒之外还绕以若干晕圈。光体突起，光芒呈锐角三角形，芒根与光体浑然相接，光芒的数量不定，但多为偶数，最少的是8芒，最多的是21芒。芒间的三角形框内饰以斜线角形纹。在三角形中，有的斜线向一边倒，有的相邻的角形内彼此相向或相背倾倒，有的则在角形内自成"八"字形，最复杂的是在角形顶端缀一圆点圆圈纹。晕圈用一弦或二弦分晕，主晕有的仍是空白，但有的已出现翔鹭。其他晕圈饰几何纹样，边缘一律留一圈较宽的空白。

石寨山型铜鼓鼓面主晕装饰的翔鹭完全是写实的，有长长的尖嘴，头上有着纤细的羽冠，羽冠下有圆圆的眼睛，翅膀不很宽，呈三角形，向身躯两边相对平展，尾羽也展成扇形，外部轮廓用硬直的阳线勾勒，羽毛用斜直的线条和方点表示，有的喙端下面还挂着一个食囊，特别突出细长的颈、尖细的喙角和飞翔中从尾翼拖出的长足，笔道简练，动态突出，形象逼真。翔鹭数以4只最为普遍，但也有10只、18只、20只的，最多的是老挝的一面铜鼓，有飞鸟40只。都成偶数，而且都沿着逆时针方向，绕着太阳飞翔。飞鸟在鼓面的布局，数目越少，排列越稀疏；数目越多，排列越紧密。4只飞鸟的，中间露出很多空白；而18只、20只和40只的，都是一只咬住一只，有的甚至后一只的头部搭到前一只的尾部，连续不断，构成一个锁链式的图案花环，形象优美，有一种飞腾之势，有着动态的美。在此晕的内外，紧邻的晕圈除了常见的锯齿纹、圆点圆圈纹之外，也较复杂多变，广西贵港罗泊湾10号鼓鼓面内侧是变形勾连纹，而罗泊湾13号鼓鼓面内侧是勾连"回"字雷纹，西林283号鼓鼓面内侧是勾连方块雷纹，西林280号鼓则是有如行云流水般的勾连云纹。

罗泊湾铜鼓鼓面纹饰

玉缕铜鼓鼓面纹饰

最复杂的是云南开化鼓，环绕太阳的是一组庞大的音乐舞蹈场面。这个场面安排在第七晕，全图有4队舞人，分成两组，两组之间各由一座干栏式的船形屋和与它相连的晒台隔开。屋顶立大鸟，屋内有铜鼓台和罐、瓿等容器。晒台上列坐2人，手握大棍敲击铜鼓，舞人队列的中部还竖立编锣一架。舞人头饰羽毛，或戴羽冠，身后皆拖曳长幅，其中有一队前3人左手向后斜伸，手指叉开，右手执弓，向前平举，最后一人则双手捧一匏笙吹奏。

越南北方出土的玉缕铜鼓、黄下铜鼓、古螺铜鼓和沱江铜鼓鼓面主晕装饰有舂米舞形象。这个画面处在祈求丰收屋和船形屋之间。臼的侧面呈"工"字形，底有座，口有沿，臼身上宽下窄。执杵者2人，一人披发着吊裙，一人髻发束遮羞布。2人面对着面，双手执杵，同时往臼里舂击。在他们的一侧，另有一人背着他们，似在吹奏，为舂米者提供节拍。玉缕铜鼓的舂米图中，披发着裙者在左，髻发束遮羞布者在右，所执杵棒上端有桨形羽饰，吹奏者头顶有飞鸟相伴。古螺铜鼓的舂米图中,执舂臼者一高一矮,高者披发着吊裙,居右;矮者髻发素身,居左。所执杵棒无饰,吹奏者头顶空白。黄下铜鼓舂米图中有一组两人头顶都有飞鸟陪衬,另一组只有一人头上有飞鸟陪衬,其中有一杵上端有变形装饰。以上三面铜鼓的舂米图像都是两组,而沱江铜鼓的舂米图像只有一组。我们注意到,执杵的两人一高一矮,发式和着装各不相同,应是一对男女。在某些民族中,举行这种舂米仪式常常是由未婚青年男女来完成的。舂臼的声音和动作表达爱恋的喜悦和劳动的满足。和中国古代南方民族的"舂塘"或"舂堂"舞极为相似。

冷水冲型铜鼓虽分东西两支,但鼓面装饰有明显的共同点,一眼可以看出的是,它们都已摆脱石寨山型铜鼓过于写实的风格,而逐步向抽象化发展,鼓面中心太阳纹,光体与光芒仍浑然一体,但芒数已固定为十二,很少例外,芒间饰以鸟喙形的翎眼花纹。晕圈中几何纹样有所增加,出现三角形复线纹、绚纹、羽状纹、眼形纹等新纹样,沿用的同心圆纹常用斜线连接,并以镜面对称方法,使两晕相邻,栉纹已代替锯齿纹;雷纹极少见。主晕中的翔鹭纹逐步变成抽象图案,特别显著的一点是,每面鼓的鼓面边缘都有青蛙塑像环列,以前完全是平面的装饰,现在加上了立体装饰,使得纹饰内容更为错综复杂。东西两支不同的是,邕江式铜鼓在鼓面翔鹭之间出现定胜纹,而浔江式铜鼓则无这种纹饰;邕江式鼓

冷水冲型铜鼓鼓面纹饰

麻江型铜鼓鼓面纹饰

面边沿仍留出空白，光素无纹，而浔江式鼓面纹饰一直堆砌到边沿，占满整个鼓面；邕江式铜鼓的立体装饰除了青蛙塑像之外，很少再有别的塑像，浔江式铜鼓除了4只大青蛙之外，在青蛙塑像之间还常常点缀着其他动物、人物等小塑像，常见的有马、骑士、牛、牛橇、鸟、龟、鱼等，平添了许多生活情趣。

北流型、灵山型铜鼓，鼓面装饰显得平淡，但很大气、豪放。中心太阳纹光体圆凸如饼，光芒细长如针，均匀地四射。

北流型太阳纹最常见的是8道光芒，一般不很长，控制在第一晕内，有的突破第一晕，芒尖到达第二晕，个别的芒尖开三衩。鼓面边缘布列4只瘦削的青蛙塑像，鼓面用三弦分晕，晕圈较窄，布满云雷纹，密密麻麻，铺天盖地，有的一种纹样从芒间铺到鼓面边沿；有的稍有变化，一晕云纹间隔一晕雷纹，或者一晕云纹间隔一晕水波纹。有的在云雷纹地上再捺印圆圈纹，构成纹上之纹。而岑溪五铢钱纹鼓则直接用五铢钱在两条窄晕上按捺出连环图案装饰。

灵山型铜鼓太阳纹光芒更细，第一晕更大，鼓面装饰仍以三弦分晕，但分出宽窄晕，基本上是一道窄晕间隔一道宽晕，窄晕中饰几何纹样，如云纹、雷纹、席纹、水波纹等，宽晕则饰变体的动植物纹，如变形羽人纹、兽形纹、鸟形纹等，边缘均匀布列逆时针方向的青蛙塑像6只（组），有的全是单蛙，有的则是三单蛙间三累蹲蛙，给人一种旋转的流动感。

麻江型铜鼓鼓面太阳纹形式多种，有的像石寨山型和冷水冲型，光体与光芒没有界线，浑然一体，光芒呈三角叶状，有的光芒呈高浮雕，突出鼓面；有的像北流型和灵山型，光体圆凸如饼，光芒呈针叶状四射。芒间有的空白，但大多数饰以翎眼纹。鼓面晕圈较疏朗，但必有一道或两道较宽的主晕，装饰主体图案，有的装饰乳钉纹，个别装饰对羊、坎卦符号，边沿一般空白。主晕常是游旗纹、符箓纹、家畜家禽纹、十二生肖纹、双龙献寿纹，大量吸收了汉族传统文化。除了用形象表达情感之外，有的用语言文字直抒胸怀，广泛采用汉字吉祥语铭文，捺印上"万代进宝"、

"永世家财"、"福如东海"、"寿比南山"等语，变幻多姿。

二、鼓身的装饰

胸与面紧相衔接，对它的装饰必须考虑与鼓面相照应。如果把鼓面作为天象来安排的话，鼓胸则应是大地。石寨山型铜鼓在胸上部一般安排与面部相同或相近的几何纹，如圆点圆圈纹、切线圆圈纹、锯齿纹或栉纹。最突出的部位则安排主题花纹，其最普遍的主题花纹是写实船纹。船纹装饰在铜鼓胸部，它的设计、安排，受到鼓胸圆凸这一特定条件的制约，不可能在一个平面出现几只船同时进发的场面，设计师要在一个环形曲面上做文章，尽量利用每一块空间，作多层次的排列。船纹以船和船上的人物为中心，把要表现的主题合理地填饰在铜鼓胸部的曲面上。粗看起来，每一只船像是孤立的，但展开来看，又是一船追逐一船，围绕着鼓身，循环往复。与此同时，在船头船尾的空隙处，绘上鱼、鳖、鸟，作恰如其分的补白，表示船在水中。画面的每一个物象都与整幅画的主题相关联，并且显得主次分明。在布局上，人与人之间，物与物之间，错落有致，和谐统一，但统一之中又有变化，使整个画面充满生机，富有韵律感。

广西罗泊湾铜鼓胸部和腰部纹饰

广西贵港罗泊湾小铜鼓上有船4条，船形很简单，船头船尾高翘，很像现在的竹排。每条船上平坐2人，这2人都裸体，脑后梳髻，双腿前伸，双臂向前划桨。整个画面显得空旷简洁；大铜鼓上有船6条，船身窄长，首尾高翘，都有羽毛装饰，船身中部有12道横梁，因此有的人把它当做双身船。每条船上有6个人，赤身裸体，但头上戴有羽冠。他们在船上前后排成一行，最前一人双手执一根羽杖,像是指挥者;后面5人都做相同的划船动作。船头前面站有衔鱼的鹭鸶或花身水鸟,表示船行在水中。在广西西林普驮280号铜鼓上有船纹6组,船身两头高翘,也有鸟羽装饰,船的中后部有一个像靠背椅一样的栅台,台下有一个像鼎一样的器皿,每条船上各有8人、9人或11人。9人一船的,有7人戴羽冠,其中一人跨坐在船头,3人平坐划桨,两人腰前后各挂一块吊幅,手执羽杖起舞,一人高坐栅台之上,指挥全船;另两人没有羽冠,头发向后梳成髻,其中一人划桨,一人在最后扳梢。船的前头有大鱼,后头有长喙鸟;8人一船的少一无羽冠者,扳梢由一戴羽冠的人担任;11人一船的,有9人戴羽冠,其中多一人划桨,另有一人在船尾起舞,其余各人和9人一船的相同。另外不同的是,这类船的前头是鸟,尾后是鱼。广南铜鼓的船纹,船上也有栅台,每船7人,只有船头一人头戴羽冠,其他人都梳椎髻,正中一人站立,手执羽杖,船尾一人躬腰屈腿,使劲扳舵,栅台上一人蹲坐,其他3人以相同的动作划桨。

发展到冷水冲型铜鼓,仍有这种遗意。鼓胸上部,紧接鼓面边缘的鼓颈部分布满栉纹、圆点圆圈纹、水波纹晕。鼓胸中部仍是船纹,但此时的船纹已不再是写实的了,而是演化为抽象的图案。为了体现船在水中,冷水冲型铜鼓的船纹,每组安排两只,上面的船表示在水面,下部的船倒过来,像是船倒映在水中。遵义型铜鼓和麻江型铜鼓,除了保留几何纹样的装饰以外,再也没有船纹,但个别麻江型铜鼓则出现耕田图、奔马图等反映农耕生活的写实画面。新出现的装饰纹样则有乳钉纹、双勾云纹和大回形雷纹。北流型、灵山型铜鼓胸部纹饰与鼓面相同,也是一晕一晕的几何纹,北流型最常见的是云纹、雷纹;灵山型还有钱纹、虫纹等更复杂的纹饰。

腰部的变化比较大。石寨山型基本上呈桶形,大部分被垂直的几何纹带分隔成若干个方形或长方形格,格中填饰写实图案,最简单的是饰一立牛,较复杂的则是羽人舞蹈图案。牛纹都是阳纹图案,以封闭式线描为主,牛角正视,牛身侧视,现出四足。轮廓内填饰几何形花纹。也有少数是绘影式的阴纹图案。所描绘的牛,细肚,长腿,长尾,长角,高峰,高臀。长角似水牛;肩峰隆起,又似黄牛;嘴似猪。综合观察应是一种瘤牛。因其脊背近颈处隆起如山峰,故称为"峰牛"。如果是羽人舞蹈图案,则每格中舞人有2人的,也有3人的。

广西西林280号铜鼓腰部的长方格又分上下两节,上节环绕一周,饰以鹿纹,分为12组,每组有鹿2至3只,2只者一雌一雄,3只者一雄二雌,向同一方向昂首而立;鹿头有角,长颈、短尾,四肢细长,鹿身上有斑点,把梅花鹿的外形特点勾画得很直观。下节饰舞人,有舞人12组,每组2人,化装成鹭鸟,头戴羽冠,顶饰蓑毛,髻缀双翼,身着连衣舞裳,舞裳分前后两幅。以手变换姿势为仪容,扭动腰身,表现鹭鸟飞翔停落的姿态。舞者有的曲张双臂,如临空振翼;有的斜俯双手,如垂翼低飞。其中2人双手叉腰,有如敛翼停落之态。各对舞人之间以几何纹带作边饰加以分隔,自成一幅双人舞的特写画面。将这12幅画面连接展开,就成一幅长画卷,分开的双人舞汇成多姿多态的大型集体舞。这场舞蹈,有如群鹭飞翔,或高或低,忽上忽下,翩然有序,美妙动人。西林281号铜鼓因锈蚀严重,方格内是否也分上下两节,尚难辨认,但在舞人的上空有冲天而飞的鹭鸟,其位置与280号铜鼓上鹿的位置相当。

广西西林普驮铜鼓胸部的船纹

广西罗泊湾铜鼓有舞人8组,每组2至3人。舞人头戴羽冠,头顶插矛头形羽牌4只,髻缀翼形羽饰,脸向左侧上昂,上身裸露,自腰以下围以鹭尾舞裳,舞裳前幅长略过膝,后幅拖曳着地,双臂下曲,向左右侧伸,做耸肩状,双手叉开呈人字形,左腿前伸,右腿后蹲,上身稍向后仰,扭动腰身,翩翩起舞。2人一组的,舞者头顶上空还有一只衔鱼翻飞的翔鹭相伴。3人一组的,有2组舞者头顶上各有2只衔鱼的翔鹭,其中一组的翔鹭往前飞翔,

广西罗泊湾铜鼓腰部的羽人舞蹈纹

另一组的翔鹭往后飞翔,3人的另一组,舞者头上没有翔鹭,但这一组的最后一个舞人的头饰与众不同,顶上插有7片蕉叶形的羽饰,可能是领舞者。各组舞人之间用锯齿纹、同心圆纹组成的纹带作边饰,加以分隔。单独地看,是2人或3人在舞蹈;连接起来看,却成一幅8组集合20人构成一个整体的大型集体舞的壮观场景。

云南广南鼓腰部装饰更为复杂,几何纹带将其纵分成14格,构成14幅互相关联的乐舞图,砍牛图是其中最特殊的两幅。图幅的中心是一根长长的立柱,立柱上端饰有羽葆等物,立柱下方系一头高峰牛。牛的正前方有一人举斧相向,牛的背后有一人扬钺下砍,描绘出一幅惊心动魄的场面。与此相关的方格内,一般每格都有2个化装成鹭鸟的舞人,但在铸范痕通过的两个方格内只有一个舞人,在另一舞人的位置安排一只立鸟。舞人双手一曲一张,作翔鹭腾飞之状;或一手执钺,一手执斧,举手蹬腿,做等待上场砍牛之状;或为正在砍牛者呐喊助威。与砍牛图相邻的另一侧,则有一幅猜拳罚酒图像,两人中间放一只酒缸,其中一人右手抬起,执酒杯,左手举起,屈下四指扳出一指;对面一人左手叉腰,右手扬起,出四指屈下一指。双方互相注视手势,吆喝之声如闻在耳。

舞蹈者、猜拳者把砍牛活动推向高潮。在各方格里，舞人在下方，仅占整个方格高度的1/4左右，空白空间占3/4，给人以天空辽阔之感；而砍牛的那一方格，鬼杆高耸入云，约占方格高度的3/4，与其他方格形成鲜明对比，构成完整的砍牛祭祀场面。

冷水冲型铜鼓的腰部装饰虽然继承自石寨山型铜鼓，但分格已成长条，主晕的羽人舞蹈纹已变形，抽象得难以辨认，而其下半段布满由弦纹构成的几何纹晕圈；有的鼓腰主晕也分成上下两段，但装饰变形舞人上下相同，只是重叠而已；个别鼓的垂直分格中出现空白方。遵义型铜鼓继承了这一特点，从而出现"皿"形纹晕，此外，整个腰部成为空白素面。麻江型铜鼓鼓身中部出现凸棱，将鼓身分成上下两段，看不出单独的腰，装饰也渐渐流入光素。北流型铜鼓的腰部亦如胸部一样，仍是密密麻麻的几何纹晕圈。灵山型铜鼓的腰部除几何纹晕外，还有1晕主晕，饰变形羽人纹、兽形纹或骑兽纹。邕宁吴圩岜卡岭铜鼓在鼓耳一侧还出现过骑士塑像，是很特殊的一例。

鼓足原是釜的口沿部分演化而来，它只是承重和扩音的部分，在铜鼓正置时求其稳固，敲奏时便于传声，起初没有任何装饰。万家坝型铜鼓足部没有装饰，石寨山型铜鼓足部也没有装饰，冷水冲型邕江式起初仍没有装饰，后来才出现栉纹和蕉叶纹。自此以后，在鼓足装饰纹样的做法才得以发展，以至一发不可收。浔江式，除蕉叶纹外，还有网纹、眼纹、水波纹、圆点圆圈纹，像该式铜鼓鼓面装饰一样，各种纹饰一直铺满到边。遵义型铜鼓足部纹饰简化，仅见稀疏的角形纹、大回字雷纹。麻江型铜鼓继承了这一传统，又逐渐增加晕圈数，追求与鼓胸纹饰对称，但鼓胸上常见的乳钉纹在鼓足上是没有的，而鼓足上的垂叶纹、角形纹也不见于鼓胸上，说明铜鼓的上下方位是不能颠倒的。北流型铜鼓鼓足装饰无可记述，鼓面、鼓身上是什么纹饰，鼓足上就是什么纹饰。灵山型铜鼓鼓足除了装饰平面纹饰以外，其突出的特点是铸有动物塑像。动物塑像的具体位置是在一侧鼓耳——靠右边的一只鼓耳的下方,而不在某对鼓耳的正中的下方。装饰的动物多数是鸟,有单只的,也有一对的;其次是虎或似虎的动物,单独一只;个别鼓足上出现过双羊。这些动物头朝下,尾朝上。如果用绳索拴住相对应的鼓耳,使铜鼓平悬,这些动物就成了头向前,尾向后的站立姿势。

三、鼓耳的装饰

鼓耳是供提携和悬挂铜鼓用的,在鼓身两侧,处于胸腰之间。一般是4只,两两成对。万家坝型铜鼓是细小的扁耳,呈半环状,光素无纹。石寨山型铜鼓扁耳加大,跨在鼓胸与鼓腰之间,曲度呈拱形,每一对鼓耳的两耳之间距离较大,耳面饰双股辫纹。但西林282号铜鼓每一对耳的两耳靠得很近,几乎挨着,每耳有3道索纹。冷水冲型铜鼓是大扁耳,中间开孔,表面装饰以绳辫纹为主,有的另附小环耳2只,分据两侧。到后期,有的是4只小环耳。这些小环耳也跨于胸腰间,个别的则下移至腰部。有的两耳相距很远,耳面饰双股,其至6股叶脉状辫纹,中部上下各开1个长方孔。麻江型铜鼓也是大扁耳,在胸腰间,跨度很大,一般素面,有的不开孔,有的上下各开1个方孔,有的上中下开3个孔。饰辫纹、羽纹或回纹,有的在下方装饰1个卐形符号。灵山型铜鼓

北流型铜鼓的圆茎蛇纹环耳

灵山型铜鼓的网纹扁耳

的2对扁耳仍呈桥形，圆弧较大，但跨度较少，与硕大的铜鼓相比，仍显小巧。耳的两端根部较宽，正好跨在胸腰交界的凹沟上，像一条宽带拱桥跨过一道壕沟。宽带两侧有滚边，带面錾刻网纹，有的刻双股叶脉纹。玉林莲塘坪鼓、横县圭壁鼓的鼓耳宽带两侧密布小珠，像镶的珍珠边。有的扁耳开孔，如广西横县燕水村鼓在下方开1个小圆孔，广西博物馆藏122号鼓上下各开1个长方形孔，将宽带上的叶脉纹隔断。北流型铜鼓除了类似灵山型铜鼓的扁耳之外，新出现圆茎环耳。由于承受特别大的重量，这种环耳做得十分牢固，圆茎实心，弯曲呈圆环状，耳根伸出3根歧爪，牢固地与鼓身结合。有的耳背面凹下成槽，看上去像是双环，更有牢固感。环面饰缠丝纹，或称缠缑纹或蛇纹。

第三节 铜鼓雕塑艺术

铜鼓上，除了平面装饰花纹之外，后来又出现了立体小塑像，更使人眼前一亮。这些塑像不但丰富了铜鼓画面的内容，起到很好的装饰效果，而且增加了情趣。

铜鼓上的塑像，一般安排在鼓面上，一部分在鼓足或鼓腰上，也有极个别的安排在鼓腔内壁。

铜鼓上最普遍、最广泛的雕塑品是青蛙。此外，还有人骑马、人喂马、母子马、人骑牛、牛拉橇、牛拉耧、牛群、观斗蛙、羊、虎、穿山甲、水禽、龟、鱼、蟹、田螺的塑像等等。

一、青蛙塑像

除了早期的万家坝型铜鼓、石寨山型铜鼓和晚期的麻江型铜鼓没有青蛙塑像之外，其他各类型铜鼓都有青蛙塑像。遵义型铜鼓是没有青蛙塑像的，但在有一些遵义型铜鼓上仍有青蛙的爪痕，象征着青蛙从此跳走，自此以后的麻江型铜鼓也就再也没有青蛙塑像了。

灵山型铜鼓上的累蹲蛙，臀部起螺旋纹，肥大厚实

虽然在冷水冲型、北流型、灵山型、西盟型这四大类型铜鼓的面部都饰青蛙塑像，但各种类型的造型和塑造工艺并不相同。

冷水冲型铜鼓的青蛙塑像制作得最精致，每面铜鼓固定为4只，形体硕大，空身扁腹，两眼圆突，四足挺立，身披辫形纹带，是最华贵、最美观的青蛙塑像。

北流型、灵山型、西盟型铜鼓除了单蛙之外，还有累蹲蛙，所谓累蹲蛙就是指一只大青蛙背上驮一只小青蛙。

冷水冲型铜鼓上的单体青蛙（左图）
北流型铜鼓的素面青蛙，四棱四正，像斧劈刀削的一样（右图）

双骑并驰（左图）
女童饲马（鹤龄鼓）（右图）

北流型铜鼓的青蛙塑像有两种。一种是素面小蛙,一般每鼓是4只,少数鼓面是6只。其中广西博物馆藏140号铜鼓鼓面有8只青蛙,鼓胸一侧环耳上还有1对小青蛙,是很少的例外。这种青蛙四棱四正,像斧劈刀削的一样,形态笨拙、呆板,表面无纹饰。它们的排列形式,或全部逆时针走向,或全部顺时针走向,或一逆一顺两两相对。另有一种"累蹲蛙",1982年在博白县宁潭乡大车塘出土一面北流型铜鼓,腹内还有2只并列的小青蛙。

灵山型铜鼓的青蛙塑像几乎都是6只,3只单体蛙和3只累蹲蛙相间环列。这些蛙的后腿并拢成一,变成三足蛙,背部饰辫纹、同心圆纹、复线半圆纹,臀部起密线螺旋纹,显得肥大厚实,造型和装饰都很优美。

铜鼓上的青蛙塑像,姿态各异,大多数形象逼真,生动传神,生气勃勃,显然经过匠师们的加工美化,寄托着人们的审美理想,是一种富有美学价值的艺术形象。

青蛙为什么能得到铜鼓铸造者如此的青睐呢?南宋方信孺在《南海百咏》的序文中已发出感叹:"周遭多铸虾蟆,两两相对,不知其何意。"

更有意思的是,在广西武宣县城对河码头出土的一面铜鼓上鼓面除了4只大青蛙之外,还有一张方桌,桌面四角各有1只面向中心的小青蛙,这4只小青蛙做奋力鼓动姿态。在方桌的一侧,并排站着两人,左边的那位双手扶桌沿,右边的那位背上背着1个小孩,右手扶桌沿,左手弯到背后托着小孩的臀部。他们都把视线投向桌面,似聚精会神地观赏青蛙斗架,别有一番情趣。

二、马和乘骑

冷水冲型铜鼓鼓面除了装饰青蛙塑像之外,还在4只青蛙之间点缀马塑像。马的塑像有一组的,也有两组相对的,其造型有乘骑和立马两种。乘骑类的组合又有不同方式,有一人一马单骑一组的，有二人二马双骑两组相对的，有一人一马与一人二马（即乘骑旁带一小马）两组相对的，有一人二马两组相对的，有二人二马双骑一组与双鱼一组相对的，参差布列，生机盎然。

广西藤县古竹鼓，鼓面上4只青蛙之间，分别布列双骑两组、单骑一组、双鸟一组，行走方向与青蛙相同。广西藤县和平乡鼓，鼓面上4只大青蛙之间分别布列着乘骑两组、双鸟一组、单鸟一组。

与藤县相邻的平南县出土过3面有乘骑的铜鼓，其中1972年在平南县丹竹乡出土的铜鼓，每处乘骑旁边都另塑有1匹小马。1990年12月在平南县大坡乡莲塘村出土的一面铜鼓在青蛙塑像间有双马单骑塑像4个。

桂平县出土过3面有乘骑塑像的铜鼓，其中西山福山东屯鹤岭出土的铜鼓，有一女童站在马的右侧，左手扶着马背，右手向马嘴送食，十分传神。

贵港市港北区庆丰乡万新出土的一面，骑者背负着小孩。

柳州市博物馆收藏有一面在柳州二级站征集到的铜鼓，乘骑有二处，其中一处乘骑的骑者怀抱着一小孩，与贵港庆丰万新鼓骑者背负小孩的形象有些类似。北京民族文化宫藏730715号铜鼓是广西壮族自治区博物馆赠送的，有乘骑两处，一处是二骑并驰，另一处是一乘骑加一匹小马，与平南县丹竹乡铜鼓很相似。清代乾隆年间撰修的《西清古鉴》在记叙"汉铜鼓"时说："是鼓更作骑士科洗，乘而

有骑士塑像的冷水冲型铜鼓（鸡公山鼓）

骑者背负小孩（万新鼓）

骑士怀抱小孩

第四章 迷人魅力：铜鼓文化的艺术特征

驰，旁挟一马。"指的就是这种铜鼓。光绪五年修《广州府志》引《香山志》说："诸葛武侯庙铜鼓，中两蛙间故有骑，以两手控马而驰者二。小榄麦氏亦藏一鼓，亦有二骑者，惟骑侧更有小马游牧状。"同是光绪年间的金武祥，在《粟香随笔》中记载说，他的两位朋友各送他一面铜鼓，大小相似，而花纹各异，两旁有人骑马形，或牧童牵牛形，均甚拙古。说的也是这种冷水冲型铜鼓。民国二十六年（1937）《邕宁县志》载：清乾隆间在县西出土一铜鼓，鼓面"坐立马将军，盔甲戈戟皆具"。黑格尔《东南亚古代金属鼓》著录一面德累斯顿博物馆的铜鼓，体内有一匹供役使的小马塑像，这面铜鼓是从广东北海（现属广西）流传出去的。1989年在广西邕宁县吴圩镇敢绿村出土的一面灵山型铜鼓在其腰部鼓耳下侧有一处乘骑塑像，是该类型鼓中仅见的1例。

三、牛、牛橇和牛犁

牛的塑像在铜鼓上的位置也和马的塑像一样，处在鼓面边沿青蛙塑像之间。只有广西苍梧县大坡镇富华出土的1面北流型铜鼓例外，鼓面边缘没有青蛙塑像，只有4头牛塑像，其中2头牛已残去，余下2头左右对称。牛皆短角，隆峰，头向前伸，四肢平稳站立。

广西象州县中平乡罗汉村出土的1面铜鼓，在青蛙

有牛橇塑像的冷水冲型铜鼓

白坟坪鼓上的牛群，牧牛者骑在最后一头牛的背上（右图）
牛拉着橇，背上停落着两只鸟（左图）

塑像间另有三组塑像,一组是双乘骑;一组是3乘骑,作二前一后排列,骑士都左手握缰;另一组是3头牛,作前面两头、后面一头排列,前面两头置于立体方框内。

在广西平南县同和乡白坟坪出土过1面铜鼓,鼓面上4只大青蛙塑像之间,点缀着3头朝同一个方向行走的牛的塑像。与牛塑像相对应的一方是5只一组站立着的鸟的塑像。3头牛的排列是:前面两头并列而行,后面一头将头伸到前面两头牛的后腿之间,紧紧跟随着。后面这头牛的背上还骑坐着一人,似放牧者赶着牛群归来。3头牛的形象相同,都是大头粗角,腰身浑圆,是典型的南方水牛。

这些牛的造型也如同同类铜鼓上的马的造型一样,腿粗而短,尾粗下弯,不合正常比例。但是,这些牛的体格健壮,脸短额宽,扁方粗角,角上起节,向后弯成半圆或禾叉形,腰圆腹宽,四肢粗壮,尾短不过飞节,是已经驯化了的耕牛形象。

与牛有关的造型还有牛拉橇和牛拉耧的形象。

牛拉橇所在的位置也同乘骑相同。形象是:牛的两侧各有一条辕木,前端用一根轭木连接,横套在水牛的肩背上,后端有一栏架,架上平放一只敞口大篓。辕木前高后低,后端直接着地。也有的在栏架下装上四条木脚,两侧辕木连接处也装上两条木脚,大概为停歇时用。牛背上停落着两只鸟,可能是啄食牛虱的牛鸦。牛鸦落在牛背上,显得格外宁静、

牛拉着耧,背上骑着一个人

一个人跟在牛后播种

牛被拴在木桩上

安详,衬托着牛拉着橇作短暂歇息的场景。

1972年,在桂平市石嘴镇河口村石鼓岭修筑防洪堤时挖到一面有牛拉橇塑像的铜鼓,这面铜鼓鼓面边缘有4只大青蛙,牛拉橇在其中两蛙之间。塑像全长8厘米,橇的前后基本平行,两侧是两条辕木,前端用一根轭木连接,套在牛的颈背上,尾部有一栏架,架上置一敞口大篓。牛除了拉橇之外,背上还骑着一人。骑者高5厘米,双腿跨越橇的辕木,伸向牛腹两侧,双手前举平肩,伸向牛头两角,做驾驭状。与此牛橇相对应的一方,装饰着3枝并列的花柱。

1993年在桂平市金田镇新燕村张凌彭屯出土一面有人牛耕种塑像的铜鼓,鼓面除4只青蛙塑像外,两蛙间各有一组人牛耕种塑像和一组孩童戏鸭塑像。人牛耕种塑像由一人一牛一橇组成,牛在前行,牛鼻上套一个圆形穿鼻环,环上系着粗绳索一条,人随其后,左手牵牛绳,呈驾驭状,胸前系一只半球形篓,做点播状。

故宫78770号鼓,在鼓面边缘近耳处,加饰有2头水牛塑像,牛体粗壮,双角,大嘴,四肢平直,尾小而下垂,立于木桩旁,牛头似有绳拴在木桩上。

四、孩童戏鸭塑像

该塑像出现在张凌彭铜鼓面上。孩童戏鸭塑像由1只母鸭、1

孩童戏鸭

只小鸭和1个孩童组成：孩童抱小鸭于前，小鸭两脚悬空，昂首翘尾，若惊叫状；母鸭在后，嘴向前伸，两翼欲张，做追逐状，反映出浓厚的生活气息。

五、羊塑像

仅见于灵山12号鼓，在一侧耳下近足处，两只小羊并排站立，皆短耳，短尾，矮足，一只头朝鼓足方向，另一只回首而顾。

六、虎塑像

虎的塑像仅见于灵山型和北流型铜鼓上，目前已知5例，其中确知出土地点的4例都在广西境内，另一例从铜鼓的形制、纹饰和尺寸大小来看，也应是从广西流传出去的。虎的塑像所在的位置和蛙、马、牛的塑像不同，不是在鼓面上，而是在鼓足部，而且都是头朝下、尾朝上。

灵山型鼓足上的双羊塑像

广西博物馆藏142号铜鼓是1954年从横县征集到的，属灵山型，鼓面有青蛙塑像六处，在鼓身一侧鼓耳正对着的足部有一只虎的塑像。虎的头尾均已残，但可以看得出身躯浑圆，四足粗壮，残长4厘米、宽1.3厘米、高2厘米。1993年2月，在广西玉林市沙田乡六龙村莲塘坪出土一面灵山型铜鼓，鼓面

莲塘坪铜鼓上的虎塑像

直径133.7厘米、高73.4厘米，有青蛙塑像六处，在鼓身足部一只侧耳的下方，也有一只虎的塑像。这只虎最完整，长9厘米、宽1.5厘米、高3.5厘米，硕头巨睛，尖耳獠牙，长尾高翘，足带利爪。1995年5月，在广西北流市大坡外镇大坡外村木鸡岭出土一面北流型铜鼓，面直径104厘米，高56.5厘米，在鼓身足部一侧的耳下方也有一只虎的塑像，虎长5厘米、宽1.7厘米、高2.5厘米，身披纵向卷毛，方头竖耳，凸睛阔嘴，龇牙咧嘴，与莲塘坪的虎相似。中国艺术研究院音乐研究所藏的铜鼓中，有一面北流型铜鼓也有虎的塑像。这面铜鼓面径103厘米，虎的塑像也在鼓身足部一只侧耳的下方，虎尾已残失，形体大小与莲塘坪铜鼓的相仿，圆睛利齿，躯体强健有力，腰部下弯，身饰斑纹。这四面铜鼓所饰之虎写实逼真，都为凶猛矫健状。

另外，1988年4月在横县板露乡圭壁村旗山出土一面灵山型铜鼓，面径118厘米、高64厘米，鼓面有6组青蛙塑像，4只扁耳边缘有珠，在足部有一对小环耳，晕圈密集，形制与莲塘坪鼓相同，而其鼓身足部一侧耳下方有一组怪兽塑像，此塑像长6厘米、宽4厘米、高3厘米，方头竖耳，凸睛巨鼻，从头至尾有扉棱，两肋平伸双翼，有人认为是飞虎。两翼上坐4人，分居两边，皆双手合十，未知何意。如果说此怪兽是虎的话，也是虎的异化。

虎是百兽之王，在林中统率众生。有虎塑像的铜鼓都是形体巨大的铜鼓，除其中一面的面径为92.2厘米以外，其他几面面径都在100厘米以上，莲塘坪鼓面径达133.7厘米，是灵山型铜鼓

圭壁铜鼓上的飞虎塑像

中最大的一面。这些铜鼓都是铜鼓族群中的"巨人"。有是鼓者,当是人中之王,击此鼓可以号令一切。我们还注意到,虎的塑像不在鼓面,而固定在鼓身足部一侧,正对一耳之下,而且它们的姿势都是四足挺立,头朝下,尾朝上。当此铜鼓被系耳侧悬的时候,它们正好平稳站立,面对着鼓足的后方。铜鼓被敲击,鼓声向后送出,似从虎口喷出的吼声,震撼山野,威慑四方。

母鸡头岭铜鼓上的穿山甲塑像

七、穿山甲塑像

见于桂平母鸡头岭铜鼓。这是1991年10月在广西桂平县木根乡秀南村母鸡头岭出土的一面冷水冲型铜鼓,现藏桂平市博物馆。鼓面青蛙间有一只穿山甲。穿山甲塑像长4厘米、高1.6厘米,全身覆盖瓦状角质鳞片,头小吻尖,体浑圆,四腿粗壮,尾弯而扁短,似爬行觅食状。

灵山型铜鼓的鸟塑像在鼓足部

八、鸟塑像

有鸟塑像的冷水冲型铜鼓是:北京民族文化宫73237号铜鼓,是20世纪50年代从广西宾阳县黎塘收购去的,这面铜鼓在两对青蛙塑像之间各塑1只立鸟。广西藤县古竹乡铜鼓,在青蛙之间各有乘骑和鸟的塑像1只。藤县和平乡铜鼓,在青蛙之间另有一处乘骑、三处鸟的塑像,有两处是2只鸟,一

冷水冲型铜鼓的鸟塑像在鼓面边缘

处是1只鸟。1978年在桂平出土的一面铜鼓在4只蛙之间有1只鸟和另外一种动物塑像。广西平南县白坟坪铜鼓,在鼓面4只蛙之间,除了有一组牛的塑像之外,还有一组鸟的塑像,有5只鸟。

鼓面塑鸟的冷水冲型铜鼓也仅见于浔江—西江两岸,东起藤县,西到宾阳,分布范围极为有限。台湾大学考古系标本陈列室收藏有1面冷水冲型铜鼓(3151A号鼓),鼓面四蛙间也有两对鸟塑像。从这面铜鼓的形制、纹饰看,也应出自广西浔江两岸。

在灵山型铜鼓上也有鸟的塑像,但塑像所在的位置不在鼓面,而在鼓身一侧一对耳的下面靠近足部的地方,一般饰小鸟1只或2只。闻宥《古铜鼓图录》著录的第4号铜鼓就是一面足部饰有1只小鸟的灵山型铜鼓。1955年广东省博物馆从灵山县征集到的一面,1964年在横县广龙龙水村出土的一面,1976年在横县良圻乡腾山村出土的一面,都是足部饰1只小鸟塑像的灵山型铜鼓。1962年南宁心圩出土的一面,1972年灵山出土的一面,以及横县六景镇大浪村出土的一面,灵山出土的4号鼓和1986年6月灵山县丰塘乡大丰村出土的一面,也是灵山型铜鼓,鼓耳下面足部所饰则是一对小鸟塑像。

据民国二十五年(1936)《钦县县志》记载:钦州冯树茂堂藏的一面铜鼓是民国初年在板城圩附近出土的,这面铜鼓"当一耳之下,腰肢之间,独有飞凤,长一寸半许,高一寸有奇,最为殊异"。此"飞凤"即是鸟塑像。

1986年3月在博白县城东南出土的有青蛙背负田螺塑像的那面灵山型铜鼓,足部也饰一对并列的小鸟塑像。

这种灵山型铜鼓只出在博白—灵山—横县—南宁一线,以灵山、横县为中心。就目前所知,出自灵山县的有4面,出自横县的有3面。在上海博物馆和湖南省博物馆也各收藏有1面足部有小鸟塑像的灵山型铜鼓,但估计也应来自广西,而且不大可能超出这个分布范围。

铜鼓上的鸟塑像所处的位置是比较一致的。冷水冲型铜鼓的鸟塑像都在鼓面上,与青蛙、牛橇、乘骑和巨龟的地位相当。灵山型铜鼓的鸟塑像都处在鼓的一侧的足边,所在的位置必定对着鼓耳,而且无论是1只小鸟还是1对小鸟,都处在左耳的下方。鸟的形象都是圆头,短颈,纺锤形身,长尾,身体显得圆胖。冷水冲型铜鼓上的鸟,没有刻画羽毛,啄较宽扁,像是水鸭。灵山型铜鼓上的鸟,刻画出羽毛,尤其是翅膀和尾,表现得更为细腻;啄较尖,形象似斑鸠。灵山型铜鼓如果平放,鸟头则朝下,如果将鼓耳系住横着悬挂时,鸟则平稳站立,鸟头向着后方。

九、龟塑像

部分冷水冲型铜鼓鼓面在青蛙塑像之间还饰以2只对称的龟塑像。这些龟,大都四足挺立,头向前伸,尾曳于后,龟背上饰以绶带纹和精美的螺纹。

1972年在广西桂平市西山镇渡头村出土的铜鼓和1974年在广西藤县平福出土的铜鼓,都在鼓面4只大青蛙塑像之间,于相对应的两处地方分别饰有1只巨龟塑像。这些巨龟的背甲都由绶带纹分

累蹲龟

有龟塑像的冷水冲型铜鼓

巨龟头向前做窥视状

灵山型铜鼓上的三足蛙背负小龟　　孩童推龟

隔成4格,每一格内由一巨大的螺纹填满;龟的四足挺立硬直,龟的头部向前平伸,双目平视,似窥测状;龟的尾下垂,且略向左摆。整个形象表现了龟在吃力地向前爬行。

闻宥的《古铜鼓图录》中著录的第13号铜鼓,所饰龟、蛙塑像与此完全相同。闻宥说此鼓原为吴大澂所藏,看来也应来自广西浔江流域。

1977年在广西平南县同和镇上村大麦山出土的1面铜鼓,鼓面4只大青蛙塑像之间,相对应的两处地方各立着1只大龟塑像,在大龟的背上又负有1只小龟,形成奇特的累蹲龟。

1972年在广西平南县大新出土的1面铜鼓,除了鼓面大青蛙之间的两只巨龟之外,在4只大青蛙的背上也各负有1只小龟,构成蛙驮龟的奇特形象。

1992年12月在广西上林县三里镇双罗村云聪屯出土了4面铜鼓,其中有1面铜鼓在4只青蛙塑像之间装饰有1个小孩双膝跪在1只大龟之后,双手抱住龟的左后腿,像被龟拖着行进的塑像,也是迄今所仅见。

顾燮光的《襟堪墨话》中记载,他于辛亥(1911)春,赴襄阳隆中,谒诸葛武侯祠,在祠中见一面铜鼓,"花纹斑驳可爱,旁驻龟四枚,跃跃如生"。

以上这些，就是至目前为止我们所知的铜鼓上的全部龟造型。装饰龟的塑像的铜鼓仅见于西江两岸的桂平、平南、藤县和上林等县，地理分布范围比较小。

十、鱼塑像

寻旺铜鼓上的一对大鱼塑像

1983年在桂平市寻旺西南出土的一面铜鼓，鼓面除了青蛙、乘骑之外，在乘骑对面的位置上塑造着一对鲤鱼像。这种鱼的塑像还见于广西象州县大普化村铜鼓，在鼓面青蛙塑像间相对应的两处各塑一条大鱼，鱼均用绳索捆住尾部，拴在一根木柱上。1992年2月在广西上林县三里镇双罗村云聪屯出土的铜鼓中有一面在4只青蛙塑像之间相伴的两蛙背上各负有一尾鱼。在瑞士苏黎世丽特贝格（Rietberq）博物馆藏有一面冷水冲型铜鼓，鼓面边沿除4只青蛙塑像外还有两组乘骑，每组双骑，并肩而行，在另两蛙间则有两条尾部相连的大鱼，鱼后站立着两人，一人面对鱼尾，双手合于胸前，似拉一物，而另一人右手持物，似投向身后的釜状器。

十一、蟹塑像

广州中山大学考古教研室收藏的一面冷水冲型铜鼓，鼓面只有3只光素的青蛙，在相当于另一只青蛙的位置却塑造了一只螃蟹。这只螃蟹四足挺立，二爪前伸，面向鼓心。用螃蟹塑像饰鼓，这是仅见的一例。

十二、田螺塑像

莲塘坪铜鼓，鼓面上有6只青蛙塑像，其中有2只青蛙背上各

武多铜鼓上的群螺　　　　　　　　灵山型铜鼓上的三足蛙背负的田螺

驮有1只田螺，田螺伏在青蛙背腰部近后腿之间，似在向前爬行。田螺壳光洁，壳面沟纹清晰，形象逼真。博白城郊鼓鼓面有6只青蛙，其中3只背负着小青蛙，另3只背负着田螺。田螺的形象和在蛙背上的位置与莲塘坪铜鼓相同。1988年4月在博白永安乡永安村老岭出土了1面铜鼓，鼓面6只青蛙的背上都有田螺，其中有1只青蛙背负着2只田螺。

这3面有青蛙背负田螺塑像的铜鼓，都是灵山型铜鼓。

民国二十一年（1932）出版的《同正县志》刊载了曾瓶山写的一篇《铜鼓考》，记述了清代道光二十五年（1845）在永康北五里旧县村出土的一面铜鼓，这面铜鼓"完好无缺，土锈深碧，而古气盎然。径围约六尺余，高尺五，槌心隆起，棱下稍丰，而腰渐束，底如其面而空，圜边踞蟾蜍四，其二各负小螺，不知取何义也"。清代的永康在今广西扶绥县治西北中东镇中东街。曾瓶山所说的"蟾蜍"就是我们现在说的青蛙，这面铜鼓就有青蛙背负小螺的装饰，但此鼓鼓面只有4只青蛙塑像，其中两只青蛙背的小螺是否是田螺，现已看不到实物，难以定论。

2003年11月在平南县同和镇武全村武多屯出土的一面冷水冲型铜鼓，鼓面除4只大的青蛙塑像之外，还有两处田螺塑像，一处有田螺两只，并排而立；一处有田螺3只，呈三角鼎立之状。这些

一人击四鼓塑像

谷仓塑像

田螺直接匍匐在鼓面上，似在向着青蛙跳跃的方向缓缓爬行。

十三、演奏模型

仅一例。在广州博物馆3—260号鼓上，塑造了一张长方形的高台，在高台上一字形并列着4面侧置的铜鼓，一人站在鼓前，执槌依次敲奏。

十四、谷仓塑像

见于1981年在广西平南县官成镇八宝村深塘出土的一面冷水冲型铜鼓上，在鼓面4蛙间有一处干栏建筑模型塑像，此建筑下有4根立柱，立柱顶着一个长方形的平台，平台上并排立着两个圆筒身、球状盖的谷仓囷。这种干栏式谷仓从汉代开始已在壮族地区流行，汉墓中随葬的陶制、铜制或滑石制干栏式谷仓在考古发掘中经常发现。

花树塑像

十五、花树塑像

仅有1例,即桂平市石嘴镇河口村石鼓岭出土的牛橇塑像铜鼓。鼓面两蛙间与牛橇塑像相对的一方有一组花树,3棵树苑一字形并列斜插在一处,树干粗壮挺拔,顶端开放着巨瓣花朵。

第四节 铜鼓音乐艺术

使用铜鼓的民族,利用铜鼓这种独特的乐器演奏出来的音乐,自有它特殊的风味。铜鼓音乐就是指单独演奏铜鼓和用铜鼓与其他乐器配合演奏形成的音乐。

铜鼓是一种打击乐器,具有独特的储存、共鸣和传声结构。敲击鼓面,能发出金属的音响。鼓面和突出的鼓胸呈可供储声、共鸣的拱形。鼓声经过圆柱形的鼓腰,最后到达宽敞的像喇叭口一样的鼓足,向外传送出去。这种结构,使我们看到它的主要作用是为了发出洪亮的声音,制造热闹的场面。一面铜鼓,敲击鼓面中心和鼓面边缘,可以发出两个不同的音,由这两个音构成简单的音程,再加上声音的强弱、节奏的快慢,并与其他乐器配合,就会创造出丰富多彩的乐章,形成独特的铜鼓音乐。

铜鼓的音乐性能,具体体现在音量、音色和音调上。古书上常用"击之响亮,不下鸣鼍"([宋]陈旸:《乐书》)、"声骇村落"([宋]王象之:《舆地纪胜》)、"声闻数里"([清]檀萃:《滇海虞衡志》卷五)、"振响遏云"([清]张燮:《东西洋考》卷三)等来形容,说明铜鼓的音量洪大。有的书上又说铜鼓"悬而击之,下映以水,其声非钟非鼓"、"悬于水上,用栖木槌击之,声极圆润"([明]曹学佺:《蜀中广记》卷七十),南海神庙铜鼓"叩之渊渊"([清]吴

白裤瑶鼓手演奏铜鼓

震方:《岭南杂记》),说明铜鼓的音色优美。当然,古人仅凭耳闻直觉,没有科学的测试仪器,这些记述不免带有很大的灵活性和夸大的成分。但从现存的铜鼓测音中也可证实,除了西盟型铜鼓之外,其他铜鼓大都具备音量洪大、音色圆润的特点。

铜鼓的音乐性能,各个不同的民族和不同的时代是有区别的。中国艺术研究院音乐研究所的音乐研究工作者与云南省博物馆和广西壮族自治区博物馆的文物工作者一起,于1982年对云南楚雄万家坝古墓群出土的5面铜鼓,晋宁石寨山古墓群出土的部分铜鼓和广西贵县罗泊湾1号汉墓出土的两面铜鼓进行了测音研究。

万家坝型铜鼓有大致平整的鼓面,这是板振动乐器的基本条件。鼓面与鼓胸构成的共振腔,也改善了铜鼓的发音条件。而且,鼓心与鼓边厚度有显著的差异,敲击鼓心与鼓边可得到2个不同频率的基音。测音结果表明,两音间音程关系为小二度,音分值为109音分,与纯律小二度大半音标准值112音分比较,仅差3音分。按误差在6音分内可视为同律之音的通则,其音分值差与纯律大半音相同,其生律法倾向亦当属纯律的范畴。

石寨山型铜鼓,鼓面增大,胸部最大径上移,腰部收束较大,使鼓面与鼓胸构成的共振腔更有利于振动发声。鼓面已完全平整，除凸出的太阳纹鼓心外，已出现饰有翔鹭等纹饰的晕圈。晕圈一般分宽晕和内外两区窄晕，宽晕是主晕，在鼓面半径的1/2处。铜鼓的振动方式之一，是鼓面按同心圆节线形成的不同区块此上彼下的往复振动。鼓面晕圈密布，可能反映了人们已经运用了节线的原理。

冷水冲型铜鼓显得高大，腰较直且高，鼓面立体装饰较任何其他类型铜鼓都要繁复，供敲击的部位比较集中。它的音乐性能又有其特殊之处。我们发现在鼓腰两对鼓耳之间还有一对半环小耳，在胸部和足部的内壁相对两边与鼓耳同侧，常设有半环小耳一对或两对。这种半环小耳不便于承受铜鼓本身的重量，它们所处的位置也不适于提举之用，这种半环小耳的设置应与调节音响效果有关。有人推测胸部内壁的小耳是作悬挂"助音器"用的，足部内壁的小耳是悬挂"制音板"用的。[①]在现代一些较大的木腔革鼓内，在接近鼓面的皮革下常有四条弹簧式的钢丝，鼓被敲击时，钢丝受到鼓声的冲击发出金属的共鸣声，使鼓声更加悦耳动听。铜鼓内壁的"助音器"的作用应与木腔革鼓内的弹簧钢丝相同，也可能是一种弹簧式的铜丝或薄铜片。"制音板"可能是一种圆形的薄铜片或木板。《蜀中广记》说："悬而击之，下映以水"，《广东新语》说铜鼓"或以革掩底，或积水瓮中，盖而击之"，贵州《八寨县志稿》说铜鼓"击时以绳系耳悬之，一人执槌力击，一人以木桶合之"。以上所说"下映以水"、"以革掩底"、"积水瓮中"或"以木桶合之"，都是起制音共鸣调节音响的作用。现代的白裤瑶族、水族、彝族击铜鼓时，仍有一人手捧木桶从后面接音，制音板的作用当与这种"接音"的木桶相同。冷水冲型铜鼓形体都较大，在正悬之下置盛水器助音，或侧悬之后用木桶助音都有困难，通过鼓足内壁的半环小耳设置制音器使鼓声受制于鼓足之内，再视鼓声的大小和演奏的要求，对制音器作不同程度的调整，控制鼓声，使其大小抑扬，更富变化。这不能不说是在石寨山型铜鼓的基础上对音乐性能的进一步发展。冷水冲型铜鼓鼓面立体塑像并不影响声音的扩散，相反还有助长扩散的作用。正如《广东新语》所说，"叩龟蛤则其声益远"。

北流型铜鼓和灵山型铜鼓，显得硕大厚重，搬动更为困难。这类铜鼓一般是陈设在寺院庙堂内的，它的调音问题更不可能靠垂直悬挂、下映以水和侧悬以接音桶接音来解决。这种笨重的铜鼓的调音，只好另想他法。我们发现不少北流型铜鼓在鼓面内壁中心有四个呈扇形的锤压角，这些锤压角以鼓面中心点为轴心，两相对称，而且中心有两对角，正对着鼓身上的两耳，当铜鼓横挂时，四角适居上下左右四方，锤压角大小依几何学上对顶角相等的原理，两两相等。通常是上下两锤压角和锤压面较小，左右两锤压角和锤压面较大。敲奏的时候，由于敲击的部位不同，相邻的两个锤压角和锤压面不等，声音就不同；相对的两个锤压角，因夹角和锤压面相等，只要打法相同，声音也就相同。鼓声的大小，通常同锤压角内的夹角大小和锤压面的大小有关，而且互成反比，最高音是在近鼓边处，最低音是在近鼓心处。在上下两个锤压角中，因夹角和锤压面较小，声音较硬而高；在左右两个锤压角中，因夹角和锤压面较大，声音较软而低。在各个锤压角内按所处晕圈位置不同，一晕一个音，内晕音较低，外晕音较高，最低的音在鼓的脐部。一个锤压角内可发3至5个音，相邻的两个锤压角内，因夹角和锤压面不相等，可发6至10个音。这些情况表明，北流型铜鼓制造这种扇形锤压角完全是从变音的角度考虑的。[②]

此外北流型铜鼓鼓面宽阔，敲响后波动时间较长，有了这种对称的扇形锤压角，可以与没有锤压的部位错开震动，使得音色抑扬变幻，具有雄浑的美。

麻江型铜鼓较小巧。鼓腹内壁没有半环小耳装置，鼓面内壁也没有扇形锤压角设施。为了克服声音单调的缺陷，有的民族在击打鼓面的同时，以另一小棍击打鼓身作为配音，有的民族则于正悬铜鼓之下，置盛器以助音，或在侧悬铜鼓之后面用木制共鸣桶助音，以控制音量和余音的长短。这种用木桶制音的方法灵活多变，应是最进步的制音方法。

在各个民族中，铜鼓大都是作为乐队中的主要伴奏乐器使用的。在演奏时虽以单独敲奏为多，但也与其他乐器一起合奏，有时还处于其他乐器的从属地位。

云南楚雄万家坝出土的5面春秋中期铜鼓，其中4面有烟熏痕迹的，均未与其他任何乐器同葬，可能是炊膳后娱乐独奏之乐，这种单独敲奏铜鼓伴和唱跳的形式也许是最原始的铜鼓乐。

第五节　铜鼓舞蹈艺术

舞蹈是最古老的艺术之一。人的劳动实践，是一切艺术的起源，也是舞蹈的直接源头。铜鼓即使在孕育时期，也必然就有铜

白裤瑶族的铜鼓舞

鼓舞的萌芽。铜鼓是由炊煮用的铜釜演化而来的，当人们从铜釜内取尽食物之后，将铜釜翻倒过来，用木棍敲打着，在简单的节奏之下，舞之蹈之，重现狩猎、采集或农耕中的某些精彩动作，这就是最初的铜鼓舞。当铜鼓形成以后，铜鼓舞也就作为一种独立的舞蹈形式广为流传。

可以毫不夸张地说，凡敲击铜鼓的地方，都必然伴随着翩翩的舞蹈。关于铜鼓伴舞的事实，历史文献中也多有记载。唐代诗人白居易有"蛮鼓声坎坎，巴女舞蹲蹲"的诗句，描绘的就是四川巴蜀女子在"咚咚"的铜鼓声中婆娑起舞的情景。

用铜鼓伴舞，在公元8世纪已流入缅甸宫廷艺术团。唐代贞元十七年（801），骠国（今缅甸）王雍羌派悉利移城主舒难陀率领一个文化使团，随同南诏国使臣到达唐朝国都长安献乐（《新唐书》卷二二）。这个使团有乐工35人，在长安表演了12个精彩的歌舞节目，其中就使用了神奇的铜鼓伴奏。诗人白居易写了一首《骠国乐》，记录了这次盛况空前的演出：

> 骠国乐，骠国乐，出自大海西南角。
> 雍羌之子舒难陀，来献南音奉正朔。
> 德宗文仗御紫庭，鞑纩不塞为尔听。
> 玉螺一吹椎髻耸，铜鼓千击文身踊。
> 珠缨炫转星宿摇，花曼斗薮龙蛇动。

这首诗，把当时的铜鼓舞生动而形象地记录了下来。"玉螺一吹椎髻耸，铜鼓千击文身踊"，击铜鼓，吹玉螺，舞者文身椎髻，耸肩扭腰，声情并茂。

明清时期，在我国西南少数民族地区，敲奏铜鼓以伴歌舞更是司空见惯的事。

明嘉靖三十四年（1555）余永勋等人所修《马湖府志》卷五载：

> 闻南中夷，岁暮罄所储祭赛其域内淫祀之神，相引百十为群，击铜鼓，歌舞饮酒，穷昼夜以为乐。

清代《滇南志略稿》记云南"花土僚"习俗曰：

> 自正月至二月，击铜鼓跳舞为乐，谓之过小年。

清代陈鼎的《滇黔土司婚礼记》，记述云南、贵州苗族青年男女在"跳月"狂欢之后，互择配偶，在婚礼上有数十名彩衣姑娘出来击铜鼓，讴苗歌，唱喜词，造成"震天盘旋，环绕庭中"的热烈场面。

清代田雯的《黔书》记载，苗族人死，也有击铜鼓唱跳之俗。

这些记载，在不同程度上反映了铜鼓在歌舞艺术中的重要地位。

铜鼓伴舞的古老风俗至今依然流传于使用铜鼓的民族之中。从这些舞蹈中，可以看到一些历史的返祖现象，从而推知铜鼓的原始功能与活跃于祖国大西南的巫术交感活动的密切关系，也给创作新型的民族舞蹈提供了一些启发。

壮族铜鼓舞有两种表现形式，一种是自娱性的，是集体舞蹈，比较原始、素朴、粗犷；另一种是表演性的，接近于舞台艺术，有一定的表演程式。

自娱性的铜鼓舞流行于红水河畔。每当新春佳节，人们就将寨里的铜鼓集中到比较平旷的场地上，按铜鼓的大小次序，排列出一定的"音阶"。由一个熟知铜鼓音阶和声律的老鼓手敲着锣指挥，鼓手们一人一鼓，按照统一的指挥，敲出各自的鼓点，与其他的铜鼓配合，形成特有的节奏和旋律。跳舞者穿着节日的盛装，应声起舞。舞蹈的内容一般有"开场"、"春耕"、"夏种"、"秋收"、"冬藏"、"迎春"6个部分。鼓手们按一定的节拍掌握鼓点的疏密缓急、轻重高低，以表达四季农事紧张繁忙的情调。舞者随着鼓声表演各种优美感人的动作，再现各种农事情景。鼓声传至十数里之外，其他村寨的人听到鼓声,也集合男女老少抬着铜鼓来助兴,有的村寨与村寨之间还展开比赛。赛铜鼓的活动常常从正月初一开始,直至十五结束。结束那天晚上进入高潮,满寨、满峒灯火通明,金鼓齐鸣,舞场上人声鼎沸,极为壮观。

表演性的铜鼓舞原是祭神的舞蹈。它的表演对象是神,是跳给神看的。用各种舞蹈动作满足神的欲望,以祈求神的护佑。神是人的化身,只有人认为美的,才能博得神的欢心。所以表演给神看的舞蹈,同时也就是让人欣赏的舞蹈。广西东兰县壮族表演性的铜鼓舞由7人表演。这7人的分工是:铜鼓手4人,皮鼓手1人,伴舞者两人。舞场后的两边立杆,两杆之间横架1根长竹木,用绳子将铜鼓悬挂其上。铜鼓4面,分公母,二公二母,相间排列。鼓面朝向观众,鼓与鼓之间相隔约1米左右。皮鼓摆在铜鼓的正前方,距离铜鼓约3米。开始,先由铜鼓手上场,他们各自站在对应的铜鼓左边,右半身侧向观众,右手持鼓槌击鼓面,左手执小棍打鼓腰。公鼓先打,母鼓随后,形成鼓点"都当冬达",反复数遍后,开始加花点,一对公母与另一对公母前后交叉,闹场一阵。接着皮鼓手上场,一边打鼓,一边舞蹈。这时的鼓点节奏平缓。皮鼓手舞一阵后,伴舞者上场,一人执雨帽起舞,一人杠竹梆敲打。自此时起,鼓点越来越急,舞蹈越跳越激烈。皮鼓手是这支舞蹈中的中心人物,按照铜鼓奏出的节拍,一边打,一边做出各种舞蹈动作。打皮鼓的动作有正面打、侧身打、抬腿打、翻身打、转身打;有时打鼓心,有时打鼓边,有时两根鼓槌互相击打,动作变换快速而有力。手拿雨帽的舞者和肩扛竹梆的舞者跟着鼓点起舞。持雨帽的舞者,忽而给皮鼓手扇风,忽而表演播种、插秧等动作,忽而将雨帽伸到皮鼓面上和皮鼓手头上,有的甚至表演男女交媾的手势,动作诙谐风趣。扛竹梆的舞者,左肩扛着竹梆,右手执木棒不停敲击,忽而蹲下,忽而跃起,表演追赶鸟兽、保卫农作物的动作。接着,击鼓者、执雨帽者、扛竹梆者,一起圆场起舞,鼓声越敲越急,气氛越演越热烈,整个场面使人极度兴奋，进入如醉如痴的境界。

布依族流行着铜鼓刷把舞，舞者手持刷把，按铜鼓敲出的音调节奏变换不同的舞蹈动作，这种舞蹈都在丧葬活动中举行。届时将铜鼓悬挂起来，由一人执木槌敲击，其他人手里执一根长约5尺的竹竿（刷把），围成圆圈，一边跳跃，一边用竹竿相击叩地。

水族铜鼓舞有两种。一种是单人舞，即敲奏铜鼓者独舞。舞者一边敲击铜鼓，一边做出复杂的舞蹈动作。另一种是在铜鼓的伴奏下由敲奏皮鼓者舞蹈。铜鼓由一人敲奏，一人用木桶在后面接音；舞者则站在木腔皮鼓旁，双手执鼓棒，随着铜鼓的节奏敲击皮鼓鼓面及鼓边，时而双棒齐下，时而两手交替，扭动跳跃，变换各种动作。舞者动作幅度大，粗犷有力，表现出水族人民粗犷、豪迈的性格。

苗族的铜鼓舞是在一年一度的芦笙节举行的。贵州《黄平州志》载：西苗乐岁时，"吹长芦笙，撞诸葛鼓，妇人随男人后，摇摆进退，亦自有疾徐三步骤焉"。苗族铜鼓舞一跳就是三天三夜，舞者遍身插野鸡毛加以装饰，并且边舞边歌唱。跳铜鼓舞的动作和芦笙舞的动作一致，即男女青年随着铜鼓声围成一个圆圈，双脚向前徐徐移步，双手前后慢慢摆动，节奏沉着而缓慢。艳丽的苗族少女，是铜鼓舞中的主角，她们的银头饰，两侧上弯，像新月，尖端上耸，又像弯牛角。颈上戴着的银项圈，手腕上戴着的银手镯，上面挂满小银铃，随着婆娑起舞的节奏，阵阵作响。打铜鼓的人右手执木槌，敲击鼓面；左手执小竹片，敲击鼓身。助音的人手捧助音木桶对准鼓足一开一合地接音。芦笙同时四起，汇成多声部的合奏，为铜鼓舞提供节拍。

瑶族的支系很多，番瑶、白裤瑶都有铜鼓舞。番瑶的铜鼓公、母成套，相互配对，跳铜鼓舞时，还有皮鼓、铜锣伴奏。表演时由5人出场：1人敲公鼓，1人敲母鼓，1人打皮鼓，1人打铜锣，还有1人手拿竹帽起舞。当铜锣一响，铜鼓、皮鼓便有节奏地敲打起来。打铜鼓、铜锣、皮鼓的4人边打边舞，忽儿侧身，忽儿反背，

南丹白裤瑶族
的铜鼓舞

忽儿像雄鹰腾空，忽儿像鲤鱼跳龙门，动作粗犷有力，舞姿优美大方，象征着耕作、狩猎和与自然作斗争。拿竹帽者，穿插在4个鼓手之间欢舞，有时学猴偷摘仙桃，有时学猴攀崖跳树，做出各种滑稽动作，逗人取乐。白裤瑶族的铜鼓舞叫"勒泽格辣"，只有在秋收之后为死去的老人办丧事时才跳，舞蹈人数不限，以铜鼓多少而定，铜鼓多时排成"门"字形。皮鼓一面，放在铜鼓队列之外。皮鼓手是舞中的主角，也是整个舞场的指挥。舞者模仿老猴取食、攀摘的姿势，动作古朴，粗犷敏捷，刚劲有力。鼓棒时而从上至下擂击鼓面，时而敲打鼓边，时而敲打鼓身，有时又从下而上击打舞者身体各个部位，动作千变万化。

彝族铜鼓舞是群众性的娱乐节目。铜鼓舞是需要多人的集体舞蹈，不到十人以上，一般跳不起来。但是舞蹈动作简单，主要动作有：横迈步、两步抬、三步抬、四步抬和斜身两边踢等，易学易会，铜鼓的声音又极易激发人们翩翩起舞的情绪。因此，大凡喜庆节日，无论在公共场所，还是在某一家庭，只要听到铜鼓声，人们就会自然而然地从四面八方汇集起来，手拉着手围成一两道

壮族祭祀始祖使用铜鼓

圆圈,尽情舞蹈。男女青年还趁此机会,物色自己的意中人,手牵着手,唱歌传情,倾吐心中之爱。

在艺术发展的初期阶段,音乐和舞蹈是互为依存、不可分割的。这就是我们常说的"载歌载舞"。唐代《乐府杂录》还把舞蹈比作音乐的容貌,称之为"舞者乐之容"。最原始的乐器是为配合舞蹈的节奏使用的;最原始的舞蹈,也只有某种打击乐器伴奏。凡以打击乐器伴奏的舞蹈都以强、弱、快、慢,轻、重、缓、急的节拍来控制舞蹈的进行,铜鼓舞也是如此。铜鼓舞的节奏性很强,这与一切原始舞蹈粗犷、单一而整齐有力的动作有着密切的关系。舞蹈是靠人体动作来表达感情的。有节奏、有组织地变换不同的姿势,构成舞蹈的艺术形象。舞蹈动作大部分来源于人的自然动作,也有一部分是对鸟兽动态的模拟,还有一部分是对自然景物的艺术概括。最早的舞蹈形式都是模仿性的,淳朴自然。但是,随着舞蹈的发展,舞蹈动作的模仿成分逐渐减弱,表演成分逐渐增强,形成各种各样的表情、动作。

在原始舞蹈里,集体巫术动作占很大成分。在原始社会的人们看来，依靠舞蹈可以同自然神沟通，取得自然神的和解。因此，原始舞蹈又以祭祀为主。铜鼓作为祭器，它的出现本身就使舞蹈带有祭祀的色彩。从不同民族保留下来的内容不同的铜鼓舞，约略可以窥见铜鼓舞的发展历程。原始民族的舞蹈常常具有很大的社会性，几乎所有的氏族成员都是舞蹈的参加者。他们跳舞的目的是为了娱神和自娱，完全是出于自发性的。彝族跳弓节的铜鼓舞和苗族的铜鼓舞都是集体舞，尤其是彝族的铜鼓舞，男女老少，不分性别和年龄，都是舞蹈的参加者，保留原始意味最浓烈。狩猎是原始民族必然经历的劳动，原始人狩猎必须依靠集体力量，依靠大家的合作，所以狩猎民族的舞蹈都是群体性的舞蹈。当人类进入农耕社会以后，农业劳动是社会生产的主要内容，表现农业劳动的舞蹈动作也进入某些民族的铜鼓舞中。他们用虔诚的舞蹈向大地之神祈求丰收。

铜鼓声以打击乐的细微和复杂的节奏，以其特有的音乐语言，撞击着同一族群的人们的共同心弦，引导人们走进舞场，举手投足。铜鼓声会使人着魔，自觉或不自觉地卷进它的旋律，心灵和精神环绕着它的主旋律不可自拔。当铜鼓舞进入高潮的时候，也是舞者如醉如痴的时候，神和人都得到如意的满足。集体狂欢的舞蹈圈是连续形成的，而且又是无头无尾、无穷无尽的。铜鼓的中心点是供敲击节奏音、控制舞蹈节奏的，鼓面的晕圈和舞队的圆圈，使人们很自然地联想到对太阳的崇拜习俗。人们围着铜鼓，一圈又一圈地旋转舞蹈，把天、地、人群融成一体了。

[注释]　①②　潘世雄：《铜鼓的音乐性能》，《中国音乐》1982年第4期。

第五章
娱神娱人：铜鼓文化的社会功能

从历史演变的角度来看，铜鼓有其发生、发展的历程，它的用途也由单一用途逐渐发展到多种用途。铜鼓是从铜釜演化而来，原本是炊煮器皿，因为敲奏，才兼具乐器功能。然后从炊具分化出来，成为独立乐器，才具有打击乐器的特色。因其响度大，传声远，也适用于指挥军队作战，或作为传递讯息的工具。后来，铜鼓不但能传递人间信息，也能沟通人与"神"之间的联系，祭祀活动离不开它，因而又是神器。而在古代，能主持祭祀和指挥军阵的，一般都是民族或部族的首领，因此铜鼓也就成为象征权力和财富的重器。

第一节 作为乐器的铜鼓

铜鼓是一种打击乐器，具有独特的储存、共鸣和传声结构，敲击时能发出金属的音响。使用铜鼓的民族，利用铜鼓这种独特的乐器来演奏音乐。

具体而言，敲击铜鼓鼓面中心和鼓面边缘，可以发出两个不同的音，由这两个音构成简单的音程，再加上声音的强弱、节奏的快慢，并与其他乐器配合，就会创造出丰富多彩的乐章，形成独特的铜鼓音乐。

一、铜鼓的音乐性能

铜鼓的音乐性能，各个不同的民族和不同的时代是有区别的。

万家坝型铜鼓有大致平整的鼓面，这是板振动乐器的基本条件。鼓面与鼓胸构成的共振腔，也改善了铜鼓的发音条件。而且，鼓心与鼓边厚度有显著的差异，敲击鼓心与鼓边可得到两个不同频率的基音。

壮族的铜鼓及鼓槌

石寨山型铜鼓鼓面增大，胸最大径上移，腰部收束较大，使鼓面与鼓胸构成的共振腔更有利于振动发声。

冷水冲型铜鼓形体较大，需要通过鼓足内壁的半环小耳设置制音器使鼓声受制于鼓足之内，再视鼓声的大小和演奏的要求，对制音器作不同程度的调整，控制鼓声，使其大小抑扬，更富变化。

北流型铜鼓和灵山型铜鼓显得硕大厚重，不少北流型铜鼓在通过对称的扇形锤压角，可以与没有锤压的部位错开震动，形成此起彼伏，使得音色抑扬变换，具有雄浑的美。

麻江型铜鼓较为小巧，鼓腹内壁没有半环小耳装置，鼓面内壁也没有扇形锤压角设施。为了克服声音单调的缺陷，有的民族在击打鼓面的同时，以另一小棍击打鼓身作为配音，有的民族则于正悬铜鼓之下，置盛器以协音，或在铜鼓的后面用木制共鸣桶助音，以控制音量和余音的长短。

二、铜鼓的演奏方式

单鼓独奏：在各兄弟民族中，铜鼓大都是作为乐队中的主要伴奏乐器使用的。在演奏时虽以单独敲奏为多,但也与其他乐器一起合奏,有时还处于其他乐器的从属地位。

二鼓合奏:由两面铜鼓不同的音程构成合声,奏出更悦耳动听的曲调。如普宁石寨山 M12:2号铜鼓形贮贝器面纹饰有同敲大、小铜鼓之图:两面铜鼓平置在地面,一面铜鼓由男子二人徒手拊击,边歌边舞;另一面铜鼓由妇女二人相对,一人击鼓,一人歌舞。

四鼓齐奏:4面铜鼓平置于地,大小各异的两组鼓分别由两组乐人每人各执一棒敲击。这种每人各击一鼓的演奏方式说明使用者只能通过不同音高的二鼓或四鼓,以及敲击鼓心、鼓边等不同部位形成由不同音程组成的合音,为歌唱或其他旋律的乐器进行伴奏烘托。

1983年,广西一些民族音乐工作者利用广西博物馆收藏的铜鼓演奏了彝族《快乐的罗索》、壮族舞曲《棒棒灯》、瑶族《祝酒歌》、日本民歌《四季歌》、加拿大歌曲《红河谷》和电影《刘三姐》、《乡恋》的插曲等,其中演奏壮族民间舞曲时,还用了西林铜鼓墓中出土的羊角钮铜钟伴奏,效果都很好。

广西东兰壮族的铜鼓表演要求四鼓合奏,二公二母

三、铜鼓的演奏方法

演奏铜鼓时,铜鼓的悬置方法因时因地、因民族习惯的不同,表现为多种多样:有正置于地的,有侧置于台的,有侧悬于架的,也有正悬于架的。

正置于地:这种方式便于演奏,演奏者可以灵活地运用双手敲击,并可绕着铜鼓跳跃歌舞。贵州苗族跳铜鼓舞时就采用这种方法。越南和平省敏德县芒族地区的铜鼓也是平放在一张席子上,底下垫几块石头,由一个巫师执一根鼓槌敲打鼓心,另一人双手执一对长棍敲打鼓边来进行演奏的。

侧置于台:此演奏方式常见于公母鼓对置的情况。两面铜鼓面对面,通常中间相距约50厘米,由一人执槌敲奏。广西布努瑶的公、母二鼓就采用这种放置方法,分别由男、女二人演奏,两鼓之间距离不限。与侧置于台类似的还有一种是侧置于架,即用三条木棍交叉做成架,将铜鼓横摆于架叉上敲击。

侧悬于架:用绳索系住铜鼓的一只耳或相邻的两只耳,将之悬垂于木架上。今贵州台江苗族、三都水族、广西南丹的白裤瑶、

扛起铜鼓准备演奏(左图)
壮族祭祀铜鼓(右图)

第五章　娱神娱人：铜鼓文化的社会功能

隆林彝族等都采用这种侧悬方法。越南清化省的芒族也有将铜鼓横挂在木架上敲打的。此演奏方式一般都要在铜鼓后面配以木桶助音。这种助音的木桶用薄木板制成，使用时由一人捧着，正对铜鼓的足，配合鼓点来回摆动，以增加音量，并控制余音长短。由于助音木桶对着鼓足的来回拍动成左右摆动形式，使铜鼓共鸣腔内的空气时紧时松，能发出嗡嗡隆隆多变的声音。

正悬于架：用绳索分别系住铜鼓四耳，吊于有一定距离的两根平行的横木之上，或分别系于四根竖立的木柱之上。今泰国和越南的一些民族仍用此法。泰国有的部族将四根木柱竖插在地上，把铜鼓的四耳分别绑在四根木柱上，让鼓面朝天，鼓足向下，稍离地面悬空吊着，一人手执鼓槌敲打鼓面；越南富寿省上宜地区芒族在这样悬置的铜鼓下方还要挖一个深约三十多厘米的圆坑，以便容纳鼓音。正悬的铜鼓，鼓足与地面有一定距离，利于声波的传递，便于演奏，同时也为悬挂安置助音器提供了方便。

此外，还有在运动中敲奏铜鼓的情况。如在云南晋宁石寨山汉代滇族墓中出土的一件铜贮贝器上刻有阴线舞蹈图案，其中有二人抬着铜鼓徒手拍击并边走边打的形象。

敲奏铜鼓的方法有双槌击和单槌击两种。双槌击即鼓手两手各执一根鼓槌，同时或交替敲击。这种敲击方法可以奏出快速的鼓点和较复杂的节奏，能够灵活自如地轮奏出鼓心音和鼓边音。单槌击即鼓手手中只有一根鼓槌。这种鼓槌一般比双槌击的鼓槌要大，敲击的力度较强，但是难以奏出快速的鼓点和复杂的节奏。广西巴马、都安等地的布努瑶在作公、母鼓对击时，由男女各执一鼓槌，分别击之，就是单槌击法。此外，还有一种槌条混击法，

把铜鼓背起来

演奏者一手执鼓槌，一手执竹条或木条。演奏时，鼓槌击鼓面，发音浑厚、低沉；竹条或木条击鼓胸或鼓腰，发音清脆、短促。鼓面音和鼓身音对比强烈，表现力较强。这种演奏法流传地域最广，今苗族、水族、布依族、白裤瑶族、彝族等仍在采用。

敲奏铜鼓所用的鼓槌也是很讲究的。铜鼓鼓槌的形状大多是T形，槌头用长约10—15厘米、直径约6—8厘米的横木做成，中部凿一长方形孔，以木柄或竹柄装之。个别地区不用鼓槌，而用鼓棒，如沧源佤族用长仅尺余，头端裹布的木棒敲击铜鼓。

铜质的鼓面比木质鼓面张力大，需用较强的力度敲击，要求做鼓槌的材料必须具备一定的硬度和较强的韧性，广西南丹白裤瑶所选用的是鸡血藤，木柄瑶所选用的是油麻藤。

铜鼓鼓槌的槌头分为软槌和硬槌两种。广西番瑶使用的槌用布缠成，贵州苗族、布依族等在木槌头上扎布团，此皆软槌。广西南丹白裤瑶在使用鼓槌之前，要用清水浸泡使其柔软。鼓槌柔软，可以敲出柔和的声音，同时也避免击伤铜鼓。贵州三都水族、广西田林木柄瑶、云南富宁倮族敲击铜鼓时则用硬槌。

四、铜鼓曲谱

铜鼓声音构成音乐的一部分，也有自己的曲调。这种曲调多由鼓手世代相传，加以保留和发展，每个时代都注入新的时代意识。在有些民族中，随着铜鼓的失传，这些曲谱也就消失得无影无踪了。

给铜鼓粘上胶布以便衔住铜鼓

(一)普定布依族铜鼓曲[①]

贵州普定县布依族在20世纪80年代初还保存有名为《布陇戛分云》的铜鼓曲油印本。这些铜鼓曲是用布依语记音的,分为十二段。

第一段为:

代玉一三样,先云,坐云,
三样,哪,更,哪,哪吗,
更照借,照了。

第九段为:

代九,鸭疾不,先云,坐云,
哪吗更连迁跛哪,哪吗更松拜,
哪吗更照借,哪吗更照借,更跛哪照借!
哪吗更照借!抖照借!抖照借!抖照借!
借、借、借!……

(二)会东布依族铜鼓鼓谱[②]

四川凉山州南会东县的布依族也流传着这种鼓谱,分四段十二节。

第一节为:

卓照、照卓照。卓整照而卓整照。且整照而卓整照。且整照而卓整照。(注:"且"音jie,"而"音lie,下同)

第四节为:

瓜寡整瓜。寡整正而照而卓。寡整卓照而照。照而卓而照而照。卓而照而卓。且且卓而照。且且照而卓。且整照卓照。且整照而卓整照。且整照而卓整照。照而卓而照而照。卓而照而卓。且且卓而照。且且照而卓。且整照卓照。且整照而卓整照。且整照而卓整照。（注："正"音zhong）

第六节为：

照且且卓而照。且且照而卓。且整卓照正。卓吉正服且。卓照且且如。且且卓而照。且且照而照。且整照而卓整照。且整照而卓整照。且整卓照正。卓吉正照且。卓照且且知。且且卓而照。且且照而照。且整照而卓整照。且整照而卓整照。

第九节为：

卓照且且知，照卓且且如。（以下反复三次）且整卓整照整照。且且知。且且卓而照。且且照而照。且整照，卓照。且整照而卓整照。且整照而卓整照。

第十二节为：

卓照，照卓照。卓整照而卓整照。且整照而卓整照。且整照而卓整照。

在上述铜鼓鼓谱中，"照"是鼓槌打铜鼓中心（光体），竹棍打皮鼓中心。"卓"是指鼓槌打铜鼓中心稍下方，竹棍打皮鼓中心。"朝"同"照"。"正"是鼓槌打"卓"部位下方，即大约在铜鼓芒心至鼓面边沿的中间1/2处，竹棍打皮鼓中心。"瓜"是鼓槌打"正部位下方，即大约在铜鼓鼓面芒心至鼓面边沿的2/3处，竹棍打皮鼓中心。"整"是鼓槌打皮鼓中心。"康"是槌打击皮鼓边，竹棍轻击铜鼓"寡"位置。"寡"是指竹棍弹击铜鼓鼓面芒心右下方,槌打击皮鼓边沿。"且且知"同"寡",竹棍在"寡"位置由下向上刮弹。"而"、"门"同"康"。

(三)南丹白裤瑶铜鼓曲谱③

广西南丹白裤瑶的铜鼓曲有许多种调式,仅里湖附近各寨就至少有5种,即怀里式、瑶里式、纪后式、岜地式、瑶里倒式。

举例来说,纪后式的慢4拍节奏型:

1. 打．打 打 打　打 打 打 ｜

岜地式的4/4拍节奏型:

2. 　冬 冬　冬冬冬　冬冬　冬 0 ｜

岜地式中间突慢的3/4拍节奏型:

3. 　冬　　冬冬冬 ｜

白裤瑶群众在跳铜鼓舞

五、铜鼓音乐功能的社会化

铜鼓是低频响器,频率越低,在空气中传播越远,因而适合远距离传递信息。在丛林密布、山陡水急、交通极不方便的地区,在现代化通讯工具普及之前,信息传递不灵成为人们生活中很大的困扰。铜鼓的声音在某种程度上弥补了这种缺憾。同一地区或同一部族特殊的鼓语,传递着特殊节奏的声波,形成一张无形的通讯网,部分满足了人们在这方面的要求。正如清人檀萃在《滇海虞衡志》中所说:铜鼓"会集击之,声闻数里以传信"。

据 A.B. 迈尔《后印度铜鼓向东印度群岛播迁》所载:泰王国二世王宫里有一面铜鼓是用来报时的,每当日出、日落和午夜,人们就敲响它。在绿玉佛寺禅房中的壁画上描绘了皇家渡船在行进中使用铜鼓的情景。在罗的土地上,铜鼓是为泰国人民"至高无上的主"国王而敲响的。虽然现在由于新的价值观的影响,在泰国社会中,铜鼓已失去了它原来的意义,但在宫廷中还严格地保留其礼仪及仪式,仍然可以听到铜鼓声音的回响。

明人梦觉道人、西湖浪子所辑《三刻拍案惊奇》第十二回《坐怀能不乱,秉正自无偏》记述了从内地到广西融县(今融水苗族自治县)做县丞的秦凤仪奉命深入苗寨催粮,接待他的苗人首领恰好是曾被他救过命的人。这位首领为报答秦凤仪的救命之恩,主动

廖明君研究员与日本学者一起考察白裤瑶铜鼓文化

泰国玉佛寺佛殿画中使用铜鼓情景,铜鼓垂直竖放

白裤瑶铜鼓

出来替他催粮:"便去敲起铜鼓,施枪弄棒,赶上许多人来",很快完成催粮任务。可见,铜鼓声也是苗族首领召集部众的信号。刘锡蕃在《岭表记蛮》中说到20世纪30年代的苗山:"今蛮人集议军警公益一切事件,亦以撞击铜鼓为惟一号召之方法,流俗相沿,犹未少变。"

明清时期,壮族地区有的衙署放置铜鼓,官府开门升堂时也打铜鼓。贵州岑巩县有一座铜鼓山,上有古刹,古为烽火报警点,常备铜鼓、干柴于山上,遇事则起火鸣鼓来报警。民间如遇失火等事,也常常敲击铜鼓呼请邻寨的人赶来援救。

在许多乡村,遇到有人去世,也要敲击铜鼓把不幸的消息通知亲人和邻居。即使用来做祭祀仪式,敲击铜鼓也有把鬼神召唤到做仪式场上来的用意。

由于铜鼓在不同场合有各种不同的用途,要使族人听到鼓声能分辨出具体的含义,就必然有一定的鼓点,即通过敲击铜鼓的不同部位,以鼓声的长短、频率的快慢等不同组合来区别,使同族人一听就会明白。如云南哈尼族,在失火或死人等不幸事件发生时,敲击的鼓点就急促;做鬼时,敲击的鼓点就缓慢;召集部众从事战争时,则击铜鼓3下,鸣枪3次。

把铜鼓衔起来

第二节　作为神器的铜鼓

一、铜鼓与原始宗教

铜鼓的主要社会功能之一是用于祭祀，即从事各种宗教活动。因此，铜鼓本身就是宗教的产物，其必然带有浓厚的宗教色彩。

根据历史文献记载，中国南方居民自古以来多信巫鬼，巫术文化现象非常普遍，如战国时期的《楚辞》就是巫觋吟诵的祝词。岭南越人很早就信巫，《史记·封禅书》说："是时，既灭两越……乃令越巫立越祝祠，安台设坛，亦祠天神上帝百鬼，而以鸡卜。上信之，越祠鸡卜始用。"这种占卜习俗在岭南越人地区非常普遍，一直沿袭不改，直到唐代仍然如此。柳宗元在《柳州峒氓》诗中说："鸡骨占年拜水神。"李商隐在《异俗》诗中也说广西的少数民族"家多事越巫"。广西左江流域的崖壁画，正是战国至汉代流行于我国南方的巫术文化的产物，是巫术活动的历史遗迹。

南方广大地区各个时代铸造、使用的铜鼓，便是这种原始宗教活动的典型器物。使用铜鼓的民族，把铜鼓视若神器，流传着许多神奇的故事。

印度尼西亚的居民认为铜鼓是神秘莫测的，他们确信保存在卢昂岛上的铜鼓，有1面是从天上掉下来的。这面铜鼓被当做禁物，因为怕招致疾病，谁也不敢去触动它。库尔岛上的居民也确信那里的2面铜鼓是从天上掉下来的。在莱堤岛和萨拉亚岛发掘出来的铜鼓，也被当做神圣的东西。

《蛮司合志》记载：明朝平定四川九丝山时，其首领阿大说"是鼓有神"，他每次出征时都要敲击铜鼓集合部众，打完仗后，又要"椎牛祭鼓以贿神"。谈迁的《国榷》中也说，都掌蛮（即九丝蛮）认为打仗获胜，也是"皆鼓之灵"。

四川凉山彝族的毕摩经书里还有这样的记载："击铜鼓咒你的

文山壮族将铜鼓埋入稻谷堆中,认为这样稻米耐吃

嘴,嘴歪;击铜鼓咒你的眼,眼瞎;击铜鼓咒你的头,头胀。"

广西隆林彝族传说铜鼓会自己飞出去同海龙王打架,如果打赢了,它就会从水里跳起来,跳得有几层楼那么高。

传说隆林县城新州镇铜鼓桥下有1面铜鼓,是从别的地方飞来同新州河里的海龙王打架的,因为鼓耳被树根挂住了,它就再也飞不回去了。为了防止铜鼓飞走,主人常用野山羊角把铜鼓耳挂起来。他们还传说铜鼓是粮食的王,如果把铜鼓放在粮食堆上,粮食就耐吃。

四川凉山布拖县彝族传说铜鼓是天上居住的神人铸造的,是掌握风雨的。雨水多了,要杀白鸡祭铜鼓;如雨水不止,要杀白羊祭献铜鼓,就能将雨止住;天旱不雨,杀牲祭祀后,用木棒打击铜鼓,天就会下雨。

广西都安也有用铜鼓祈雨的习俗。都安瑶族自治县板岭一带的农民在久旱不雨的时候,常将铜鼓和水牛集中到村外山头,聚众赛铜鼓求雨。如果求得了雨,即杀牛祭天。都安瑶族自治县拉烈一带的壮族和瑶族则用铜鼓和猫来求雨,在敲过一通铜鼓之后,

悬挂在新房中的彝族铜鼓

壮族群众用铜鼓祭祀始祖布洛陀

将猫杀死，放在清水岩中，等待霖雨的到来。同样的，克伦人常常认为铜鼓具有神奇的力量，在他们举行的奉献仪式中，铜鼓是崇拜的对象。人们认为，在群山中打击铜鼓，铜鼓发出的悠扬回声可以取悦于"土地神"，因而给人们带来幸福，特别是对于铜鼓占有者的家庭。

这些民族把铜鼓视为神器，视为神灵的化身，对它顶礼膜拜，崇敬备至。广西左江崖壁画有许多地方表现了人们膜拜铜鼓和围着铜鼓举手投足舞之歌之的场面。

把铜鼓作为崇拜对象的早期礼仪在《广州记》中已有记载：俚僚铸铜为鼓，鼓惟高大为贵，面阔丈余。初成，悬于庭，克晨置酒，招致盈门，豪富子女，以金银为大钗，执以叩鼓，叩竟，留遗主人也。

为什么要用金银大钗叩击铜鼓呢？因为铜鼓有灵气，金银大钗叩击铜鼓以后，也带上了灵气，就更加宝贵。

这种对铜鼓的神秘感，也反映在使用铜鼓的过程中。水族传说铜鼓是孔明遗物，使用铜鼓时，先以酒三杯供神，再以酒喷于鼓面，然后才开始击鼓。苗族在使用铜鼓时，首先由主人向铜鼓敬酒：他一手提酒壶，一手拿酒杯，先斟满一杯，洒在鼓耳旁；再斟一杯，洒向鼓面；最后一杯洒向鼓身。广西南丹白裤瑶使用铜鼓有起鼓和收鼓的仪式，充满神秘色彩：无论起鼓和收鼓都必须由头人主持，备上水、酒、饭、肉祭奠。起鼓时，先用竹片蘸水清洗鼓面中心的太阳纹，接着用稻穗蘸上酒，轻轻地在鼓边、鼓面上，由外到内，又由内到外地抖洒一遍，同时念着祭鼓词，将稻穗系在鼓耳上。广西隆林彝族起铜鼓时，用糯稻草捆粽粑十二节挂在

彝族鼓手敲击铜鼓祝贺新房落成

铜鼓耳上,将铜鼓与接音木桶摆在一起,贴上纸钱,用活鸡供奉。杀鸡时,将一些鸡血滴在铜鼓上,并用这些鸡血来粘贴鸡毛。鸡肉做好后,还和粽粑一起供在铜鼓上,主人烧香化纸,进行礼拜。广西田林木柄瑶也有一套起鼓埋鼓仪式,木柄瑶的铜鼓是埋在村外的,每年春节之前,都要备上鼠干、鸟干、猪肉,煮熟后分装在3只碗内,配上3对酒杯,3双筷子,几张纸,派几个身强力壮的青年拍着牛皮鼓上山,将牛皮鼓放在铜鼓坑前,点燃6炷香,由头人念经,请求神明保佑,然后才将铜鼓挖出洗净,抬回村寨,放到社神前,再杀1头牛祭奠。从新年初三开始跳铜鼓舞,也要用鼠、鸟、猪肉和酒祭奠。到二月初一用同样的仪式将铜鼓送上山挖坑掩埋。

从这些活动中可以看到,铜鼓主要用于巫术活动,带有原始宗教和浓厚的神秘色彩。

铜鼓上的装饰花纹,也多是原始宗教意识的反映,如雕塑中的青蛙、龟、鸟,画像中的翔鹭等,传说中都是通神的灵物,也是动物崇拜的遗迹;装饰图案中的太阳纹、云雷纹、水波纹等,是自然崇拜的遗迹;画像装饰中的龙舟竞渡、羽人舞蹈等,都是祭祀活动中的重要项目,带有强烈的娱神色彩。

二、铜鼓与人为宗教

道教是我国土生土长的宗教。它渊源于古代巫术,在理论上奉道家老子的《道德经》、庄子的《南华经》等为经典,在形式上炼丹画符,追求长生不老,羽化升仙。

道教由于受到帝王贵族的提倡,在南北朝时期有了很大的发展。那时中原多战乱,不少人避乱南方,其中不乏信奉道教之士。尤其在东晋时期,道教奠基人葛洪因羡慕岭南所产的丹砂而求为勾漏令,对道教在岭南的传播起了更大的促进作用。此后,道教在南方特别是岭南一带开始发展起来。

具体来说，历代统治者在实施政治统治的同时，也把道教作为加强统治的辅助手段，向民族地区传播。自唐以后，西南民族地区道观、寺院普遍出现，道教渗入许多民族的生活领域，并与当地的巫术有机地结合在一起。因此，宋元以后，铜鼓上的装饰主题就几乎完全由游旗纹、符箓纹为代表的道教纹饰所独占。明清之时，以道教为主的宗教艺术进一步渗透到铜鼓的人物、畜禽、鱼龙、花鸟、山水等主题纹饰之中。

佛教在汉代开始传入中国。佛教传入中国的途径很多。在陆路方面，一条自印度西北经波斯，越葱岭，进入中国新疆，传播于甘肃、陕西、山西、河南、河北一带；一条自印度东北经缅甸进入中国云南、四川，然后沿长江和汉水传播于长江流域各省。在海路方面，一条由印度沿海经马来半岛、南洋群岛，泛海到中国广州，进入两广地区；一条直接泛海到东南沿海各省，然后传入中原内地。

随着佛教的传入，佛教艺术也给中国文化带来新的内容。但是，佛教在中国使用铜鼓的民族区的影响比起道教来更为淡薄。如广西的佛寺都集中在汉族地区，少数民族聚居区极为罕见。即使到宋元以后，封建统治阶级有意识地加强佛教的传播，在少数民族地区出现了零星几所寺院，其规模也很小，而且往往处于巫术、道教的包围之中，成为巫道的附庸。反映在铜鼓文化上，佛教文化打下的烙印也是支离破碎、模糊不清的。

对于使用铜鼓的民族来说，道教和佛教都是外来的宗教，它们进入铜鼓流行区，很自然地都要与当地原有的宗教发生复杂、尖锐的冲突，这种冲突的结果是它们都被不同程度地肢解和吸收，改变了本来的面貌，成为当地巫术文化的一个部分。但是，道教和佛教毕竟是文化先进地区有系统理论和教义的宗教，它们的传入多少都给铜鼓文化带来了新内容；而且，随着汉族封建统治势力的加强，开始在铜鼓文化的某些方面逐渐起支配地位。如在麻江型铜鼓上，道教艺术在装饰纹样方面的影响明显增强；而在西盟型铜鼓上，佛教艺术的色彩则比较浓厚。但这些装饰都与当地的巫术文化相联系,不能完全分离开来。

具体来说,麻江型铜鼓的装饰艺术以道教艺术占统治地位,大量的游旗纹、符箓纹、八卦纹、十二生肖纹等,构成了时代特色;而佛教艺术也对麻江型铜鼓有一定的影响,莲花纹、莲座纹、佛光纹、垂幔纹、忍冬纹等也常见于麻江型铜鼓上。此外,有的铜鼓上既有游旗纹、符箓纹、十二生肖纹,又有莲花纹、垂幔纹,正好反映了使用铜鼓的民族既接受道教的信仰,也接受佛教的影响,道、释、巫三位一体,互相杂糅,呈现出多元文化一体化的现象。

三、铜鼓纹饰的宗教意涵

(一)游旗纹

壮族百姓敲起铜鼓过春节

游旗就是道教的幡,代表着道教的信仰。游旗纹是麻江型铜鼓最常见的纹饰,是由冷水冲型铜鼓上的图案舞人纹演变而来的,开始是变形舞人的头部简化成圆圈,舞人头上的羽饰变成向后侧飘拂的飘带。后来这个图案变成上宽下窄的梯形图案。早期,变形舞人头部的圆圈中有的加一圆点,飘带是双勾的,线条长而柔和,有的尾端岔开成两支,飘带之下有梯子格或曲线图;中期,变形舞人的飘带变短,而且显得僵直;晚期,变形舞人的折角变圆,飘带下的曲线靠两边,中间有一逗点。这些图案因像道士在仪式中使用的幡,故定名为游旗纹。游旗纹本身并不是道教传入以后的新符号,而是在铜鼓原有纹样的基础上渐至演化而成的,但游旗纹大量出现于宋元以后的麻江型铜鼓上,却与道教的影响有一定的关系。游是指缀于旗上直幅帛上横向飘扬的条块,旗就是飘着的旗幡。游旗纹是麻江型铜鼓鼓面主晕的主体纹饰,同一图案在1面鼓上的主晕圈内用二方连续排列方法，排满整整的一晕。

（二）符箓纹

符箓是道士用来"驱鬼召神"或"治病延年"的秘密文书，被道家说成是天上神的文字。这些"文字"，笔画屈曲，似篆字形状，没有很固定的表现形式。道书称之为"云箓"、"丹书"、"符箓"、"墨箓"。符箓纹于宋代以后出现在铜鼓上，多作古铃形和凤字形：外框两笔、三笔或四笔，左右对称；方框内正中有一个圆圈，圆圈下方是两道或三道同心圆弧。符箓纹的外形很像道士手中的铜铃，而圆圈及其下方的同心圆弧又似摇响铜铃时发出的声波。符箓纹框内的线条变幻离奇，一般都分辨不出首尾，透露出神秘的宗教色彩。

（三）十二生肖与十二辰

鼠、牛、虎、兔、龙、蛇、马、羊、猴、鸡、狗、猪，十二生肖是日常生活中常见的动物或传说中的灵异。铜鼓上的十二生肖纹有时与十二辰铭文相配。十二辰原是汉代律历用以计时的一种方法，起源于十二时的计时律历。

铜鼓上出现十二生肖纹大概从明代开始。毫无例外，十二生肖纹都装饰在麻江型铜鼓鼓面上。铜鼓上的十二生肖纹都是剪影式的浅浮雕，一般作为鼓面的主纹使用，有的还配以十二辰铭文，有时与符箓纹、游旗纹、八卦纹同时出现。

贵州省博物馆馆藏的"万历元年"铭文铜鼓，是目前所知确切年代的最早的1面十二生肖纹铜鼓。此鼓太阳纹12芒，芒间重纹三角夹变形蝉纹，第二晕是人像纹，24个拱手站立的人像整齐均匀地围成一圈，应为24神，代表了一年的二十四节气。第四晕是十二生肖纹，12

铜鼓鼓面有十二生肖纹

种动物正好对着太阳纹的光芒空隙,代表一年的12个月。生肖的安置严格按照十二辰顺序,但每一个生肖的姿势有正的,也有倒的,本来是按着逆时针方向行进的行列,由于有的生肖印模的倒印,出现一些顺时针方向走向,看起来很不协调。这种正反错置的安排也许是有意的,似乎人所驯养的家畜(牛、马、羊、猪、犬)、家禽(鸡)为顺置,足向内;野生的动物(虎、猴、兔、龙、鼠)为倒置,足向外;蛇的图像被漏印,似乎也是有意的,或可能就是主人的属相。但龙的图像除了这一晕圈的1条以外,在第八晕圈"万历元年,孔明置造"八字之间又加印了4条相同的龙纹。由此可见,至少在明代铜鼓上就出现十二生肖纹了。

在广西柳州征集到的一面铜鼓上,第六晕上的12种动物就已完全按照阴历计时的干支系统与十二支相对应的秩序排列了,且每两个动物之间都用一个游旗纹隔开。再到后来的一些十二生肖纹铜鼓上铸以十二支铭文,其性质和作用就更明白了。如云南省博物馆馆藏的一面"盘古"铜鼓,鼓面8晕圈,第三晕是"盘古至今,人望财兴"铭文,主晕在第六晕,等分成12宽格和12窄格,每一宽格置一个写生动物,每一窄格铸一地支铭文,十二生肖配以十二辰,次序非常明了。

对于使用铜鼓的民族来说,十二生肖所代表的12种动物是他

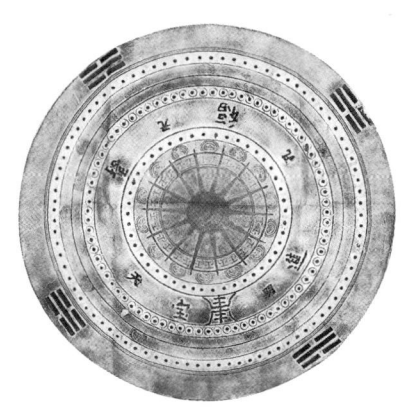

铜鼓鼓面边沿有八卦中的坎卦

们在日常生活中所熟悉的,同他们的物质生活和精神生活有着密切的关系。12这个数字对他们也不陌生,自从石寨山型铜鼓起,大部分铜鼓鼓面中心的太阳纹都是12道光芒,一些灵山型铜鼓鼓面青蛙的数目也合"12"这个数。

(四)八卦纹

八卦是古人记数时的一种标示符号,大约产生于商周之际。

八卦以乾(☰)、坤(☷)、震(☳)、巽

（☰）、坎（☵）、离（☲）、艮（☶）、兑（☱），分别代表天、地、雷、风、水、火、山、泽。它们由阴（--）和阳（—）不同的二爻排列而成。人们把这八卦再互相排列，就可以产生六十四卦，每卦又有六爻，共三百八十四爻，然后据此来解释各种自然现象和社会现象。

铜鼓上的八卦纹作八卦图形式，每图分四层，间以十二生肖纹。有的在八卦之间置以"道光"等年款铭文；有的只有坎卦（☵）纹；有的八卦齐全，占住鼓面主晕；这一晕圈用垂线划分为16格，每一卦间隔一个火球。

八卦有"三男三女，父母双全"的意思。据《周易》所载，周文王和周公解释八卦，原意是"以通神明之德，以类万物之情"。铜鼓上饰八卦，与这种宗教思想也有关系。

（五）莲花纹

佛教认为"净如莲花"，指净土为莲。佛教有《妙法莲花经》，佛家有莲花座、莲花衣、莲花服；释迦牟尼圣胎下凡时有"池出芙蓉"的瑞相，降生时"忽然现身住宝莲花"，所以莲花是佛教的象征。铜鼓上出现莲花纹是在宋代以后，且只出现在麻江型铜鼓上，这表明了使用铜鼓的民族也逐渐接受了佛教艺术。与此同时，个别铜鼓上还出现了莲座纹、佛光纹。至于经常见的垂幔纹，可能是从圆点角形纹演化而来。此外，铜鼓上还有忍冬纹、龟甲纹，也可能与佛教艺术有关。

四、铜鼓的宗教意义

关于铜鼓，各民族有许多神奇的传说和禁忌，使用和保存铜鼓有一系列仪式，甚至铜鼓本身也成为祭拜对象，如晋宁石寨山铜房屋模型供奉人头的小龛之下，供有铜鼓，这些铜鼓并不用来敲击，似乎只作为祭拜对象。当战争胜利之后，对曾用以号令群众的铜鼓更要加以祭拜。祭拜铜鼓应是铜鼓被神化的结果。

第五章 娱神娱人：铜鼓文化的社会功能

人们常常击铜鼓以伴歌舞，而舞乐又与祈年禳灾等宗教活动密不可分。大约是举行祭祀的时候，人们在有节奏的铜鼓声中举行仪式性舞蹈，鼓声的频率刺激大脑中枢，能引起人们精神上和肉体上的异常反应，从而使舞蹈者处于兴奋的甚至是狂热的状态。而当时人们对这一现象不能进行科学分析，而深信铜鼓内部一定蕴藏着一种超自然的神奇力量，进而将铜鼓神化，铜鼓也就被人们奉为神器。

于是，古今许多民族都相信铜鼓是具有神力的神器，使用铜鼓来求雨、作葬具、祭祀祖先或神灵，祈求丰收。

使用铜鼓的民族大都是农业民族，庄稼收成对他们至关重要。许多宗教活动（祭祀神灵或祖先）中使用铜鼓，最终目的都是为了祈求丰收。人们甚至相信，铜鼓即使在不敲击的时候，其本身亦可保佑丰收，使财富增值。晋宁石寨山、江川李家山铜鼓内盛满贝币，以及现代水族、苗族、彝族及克伦族用铜鼓盛米，都出于这种信仰。

衔起铜鼓来演奏

由于相信铜鼓是一种神器，有些民族认为以自己的身体和身上装饰的某种物件在特定的场合与铜鼓接触，就可以获得神的佑护。如广西西林县的那劳、那兵等地的壮族，在新春佳节敲击铜鼓祈年的时候，妇女们常拔下发背上的银簪叩击铜鼓，认为这样可以使自己的头发永不衰白，自己永远年轻漂亮。广西东兰县长江乡一带在春节敲击铜鼓祈年时，未出嫁的壮族姑娘佩戴银簪连同自己的发辫一起往铜鼓上甩打，然后把银簪拔下来，送给在场的意中人。等到成婚之日，丈夫将此银簪奉还妻子，可望夫妻百年偕老，鬓发无衰。广西都安瑶族自治县保安乡一带的瑶族和壮族男女在新春击铜鼓祈年时，也常以银簪叩击铜鼓，以鼓声传情，用鼓调达意，一旦物色到对象，即将银簪作为定情物，送给心上人。大化瑶族自治县七百弄地区的瑶族妇女，在春节和达努节击铜鼓为乐时，也有拔簪击鼓之俗。她们也是希望通过拔簪击鼓，获得铜鼓神灵的佑护，永葆美丽的青春。

用铜鼓赛神到唐代已很普遍，不少诗人已将铜鼓赛神的景况写入了诗章，如唐代温庭筠的《河渎神》：

> 铜鼓赛神来，满庭幡盖徘徊。
> 水村江浦过风雷，楚山如画烟开。
> 离别橹声空萧索，玉容惆怅妆薄。
> 青麦燕飞落落，卷帘愁对珠阁。

唐代许浑的《送客南归有怀》亦云：

> 绿水暖春萍，湘潭万里春，
> 瓦樽留海客，铜鼓赛江神。
> 避雨松枫岸，看云杨柳津。
> 长安一片月，座上有归人。

清代《百苗图》所载补笼仲家打铜鼓图

这些都反映了用铜鼓赛神的情景。这种赛神活动都是在江河上举行，也是一种群众性的娱乐盛会。

溯长江的支流沅江西上，到湘西苗族地区，在奉祀白帝天王（即竹王）时，也是敲击铜鼓的。在贵州境内，竹王的传说也和铜鼓紧紧相连。如清代乾隆五十七年（1792）蒋攸出差贵州写有《黔轺纪行集》，中有《黔阳竹枝词》8首，其中一首曰：

> 醅菜珍同旨蓄藏，无盐巧用蕨灰香，

> 黑衣竞逐乌鸦队，铜鼓声中赛竹王。

明人倪辂的《南诏野史》说，苗人"节序击铜鼓，吹喇叭，聚赛神"。《皇清职贡图》说，苗人"遇节序击铜鼓吹角赛神"。

在云南的广南，清代祭六郎神时也使用铜鼓。当地诗人陈龙章有诗记：

> 咚咚铜鼓响未休，祭赛六郎信有求。
> 夜静人家声寂寂，恐惊车马待神游。

在岭南铜鼓赛神的事例更多。宋代做过番禺县尉的诗人方信孺在《南海百咏》中记述了广州附近铜鼓赛神的情况，说广州南海神庙中的铜鼓，"自唐以来有之，《番禺志》已载其制度，凡春秋享祀，必杂众乐击之以侑神"，并咏道：

> 石鼓嵯峨尚有文，旧题铜鼓更无人，
> 宝钗寂寞蛮花老，空和楚歌迎送神。

明代黎遂球在《波罗铜鼓赋》的序中说，南海神庙铜鼓还是"时鸣以祀祝融"。清代岭南诗家梁佩兰作《南海神庙铜鼓歌》，详细地叙说了南海神庙巫师敲击铜鼓祭神的习俗。

岭南其他地方也用铜鼓祭神。明代魏浚的《峤南琐记》载："二月十三日祝融生日，土人击铜鼓以乐神。"清代屈大均的《广东新语》"铜鼓"条说："雷人辄击之以享雷神。"海南黎族祭祀雷神也要敲击铜鼓。李调元的《南越笔记》"马人"条说："其地有掘得文渊所制铜鼓，马流人常扣击以享其祖，祖即文渊也。"

广西中西部明清时期用铜鼓赛神的景况更是司空见惯。如清人戴朱弦的《铜鼓歌》说："蛮溪雾毒苍虬舞，土人架阁悬铜鼓。问是当年谁所留，尽说传自汉武侯。武侯天威靖蛮落，日畴岁垦桑麻弱。四时儿女吹芦笙，椎牛酌酒欢相喙……春秋赛社击铜鼓，何用腰刀藏毒弩……"

在广西南部，沿左江而上，每当河流拐弯处，耸立的石灰岩峭壁上常有赭红色的大型画面。这种画面，到目前为止已发现60余处，前后分布200多公里。画面中有人物、狗、马、船只和铜鼓等形象。其中以宁明县花山的一处画面最宽、最长，高50米，宽170米，图像多达一千三百多个，因而名之为花山崖画，画上的人物多裸体，几乎都以相同的姿势欢呼跳跃。这种江流沿岸的崖画，很可能就是古代击铜鼓赛江神活动的写实记录。

至明代，广西龙州仍用铜鼓赛神。解缙的《龙州诗》说：

波罗蜜树满城暗，铜鼓声喧夜赛神。
黄帽葛衣虚市客，青裙锦带冶游人。

清代同治间诗人黎申产有《钦州马新息侯庙》诗，说钦州也用铜鼓赛神：

铜鼓喧阗赛故侯，盘登薏苡不胜愁。
时方贵盛轻朱勃，事到艰难念少游。
早有盛名腾陇右，那知心力尽壶头。
蛮夷处处还祠庙，况复遗民是马流。

1934年修的《武宣县志》，收录有高攀桂的《神窟流泉》诗：

铜鼓喧春社，黄仙有古祠。
迎神歌一曲，祈岁酒三卮。
泉泻儿童乐，年丰父老知，
消长无定候，灵穴自无私。

广西红水河两岸的天峨、南丹、东兰、巴马、大化、都安等县的壮族有一个隆重的蚂𧊅（即青蛙）节，与铜鼓有很多的联系。

蚂𧊅节是赛神祈求丰收的节日，但只有有铜鼓的村寨才能够举行蚂𧊅节。人们从旧历正月初一开始找蚂𧊅，找到后要孝蚂𧊅，抬着蚂𧊅棺材走村串寨，到最后葬蚂𧊅，每个环节都非打铜鼓不可。而在男女对唱的《祈蚂𧊅歌》中，开头一段就唱道："蚂𧊅神呀蚂𧊅神，打着铜鼓接你来到，敲着铜锣迎你光临。"最后一段又唱道："蚂𧊅神呀蚂𧊅神，明年铜鼓响了你要来到，铜锣响了你要光临。"没有铜鼓的村寨，是不能举行蚂𧊅节的。

正是将铜鼓视为神器，人们在生病的时候，也使用铜鼓来驱除病魔。如《宋史·蛮夷传》中讲到，在贵州的一些少数民族有了疾病不抓药，"但击铜鼓沙锣以祀神鬼"。

第三节　作为重器的铜鼓

正是由于具有乐器和神器的社会功能，铜鼓也就逐渐上升为重器，成为所有者身份和地位的象征。

一、权力的象征

裴渊的《广州记》谓："有鼓者，极为豪强。"《隋书·地理志》说："有鼓者，号为都老，群情推服。"《续资治通鉴长编》说："家有铜鼓，子孙秘传，号为右族。"甚至如《明史·刘显传》所说，"得鼓二三，便可僭号称王"。

彝族英雄史诗《铜鼓王》就说："铜鼓价值高，有鼓便称诏。谁个铜鼓多，那就称大诏。那个铜鼓少，只得称小诏。"可见，铜鼓是权力的象征。

作为权力象征的铜鼓，在发生战争之时，常常被用来召集部众，指挥军阵。越南安定县丹泥山有个铜鼓神祠，祠内供奉1面铜鼓。《大南一统志》记载这个铜鼓神祠的来历时说：昔日，雄王攻打占城的时候，夜晚在可缕山上宿营，有一位神人给他托梦，请求打铜鼓为他助战。到临阵战斗的时候，空中有隐隐的铜鼓声，这一仗果然大获全胜。事后，雄王封这位神人为"铜鼓大王"。一千多年后，到了李朝，李太宗（1028—1054）还是太子的时候，奉父王之命攻打占城，晚上也做了一梦，梦见有一个人身着戎装，手持宝剑，上前启奏："我是铜鼓山神，愿随太子立功。"因此，打完仗后，太子便立庙祭铜鼓山神。

《隋书·地理志》载："自岭以南，二十余郡……（诸僚）俗好相杀，多构仇怨，欲相攻，则鸣此鼓，到者如云。"《唐六典·武库经》说："凡军鼓之制有三：一曰铜鼓，二曰战鼓，三曰铙鼓。"并注云："铜鼓盖南中所置"，指明是南方铜鼓。很有名的晋"义熙"铭文铜鼓，有"虞军官鼓"铭辞，说明是一面军鼓。

铜鼓用于战阵，唐代诗人李贺的《黄家洞》诗有形象的描绘："雀步蹙沙声促促，四尺角弓青石镞。黑幡三点铜鼓鸣，高作猿啼摇箭箙。"宋人方信孺的《南海百咏》序载，广州"府之武库"的两面铜鼓也应是作为军鼓存放的。陆游在《老学庵笔记》中说，铜鼓"南蛮至今用于战阵，祭享"。彝族英雄史诗《铜鼓王》中说道："部落开仗火，鼓声传号令。铜鼓是号角，作战把鼓鸣。"

在元朝赴大越国的使臣陈孚的一首诗中，记载了13—14世纪越南陈朝军队使用铜鼓的情况："金戈影里丹心苦，铜鼓声中白发生。"到了明代，四川南部的都掌蛮仍靠铜鼓声来集合部众，统一号令。谈迁在《国榷》中说：都掌蛮"始出劫，必击鼓高山，诸蛮闻声并四集"。《明史·刘显传》说："鼓山巅，群蛮毕齐。"用铜鼓指挥军阵的惊心动魄的景象，从钟儒刚的《抚署铜鼓歌》中可以体会到："山鸣雷动声交驰，乌蛮罗鬼心魄离。一击再击手相随，沙场月白霜风吹。"

二、财富的象征

铜鼓既成重器,就不单是敲击和实用的东西了,而更多以其数量之多来显示主人的富有与权势。如在晋宁石寨山铜器上杀人祭祀铜柱的场面中,以干栏式楼房作为祭台,围绕着主持祭典的女奴隶主,在祭台的左、右、后三方陈列了16面铜鼓。

铜鼓作为重器多用于陈设,因此,除了追求其数量之多以外,也追求其形体之大,以至"鼓唯高大为贵",鼓面直径超过1米以上的大铜鼓竞相出现,到魏晋南北朝时期发展到了顶峰。

正是由于所具有的重器功能,铜鼓还可以作为珍贵物品被少数民族的首领赏赐给有功者。《唐书·南蛮传》说:东谢蛮"赏有功者以牛马铜鼓"。

此外,作为重器的铜鼓,还被作为贡品进献给中央王朝,以表示族群的臣服,并争取中央王朝对自己统治权的承认。《宋史·蛮夷传》说:"乾德四年(966),南州进铜鼓内附,下溪州刺史田思迁亦以铜鼓、虎皮、麝脐来贡。"

《晋书·食货志》记载了晋孝武帝在太元三年(375)下的一道诏令。从这道诏令中可以看出,当时有许多"官私贾人"将称之为"国之重宝"的铜钱偷运到广州(包括今广东广西)卖给当地的"夷人"(即少数民族),这些夷人将铜钱熔化,用来铸造铜鼓。由此可知铜鼓确实是珍贵之物。

统治者为了提高自己的地位,"必争重价求购,即百牛不惜也。""重赀购求,多至百牛。"铜鼓不仅是权力的象征,而且也成为财富的象征。

铜鼓既作为财富的象征,也就可以拿来作装载财货的"聚宝盆"。云南石寨山出土的不少铜鼓就盛满了当时作为货币的海贝,滇人甚至仿造铜鼓之形制作专门装载货币的铜贮贝器。越南浪袜铜鼓曾用来装载铜桶、铜盅,吏尚铜鼓贮存过铁剑,陶盛铜鼓内存放过铜斧、铜戈、铜匕首,古螺铜鼓贮藏过六十多件铜犁和近一百件其他器物。

铜鼓既然成为了权势和财富的象征,在人间拥有铜鼓的贵族统治者也想在死后把这种特权带到阴间去,因此,铜鼓就常常被用来作为死者的陪葬品。在云南晋宁、江川、楚雄,广西田东、贵港,贵州赫章、遵义等地的古墓中出土的铜鼓,就是作为陪葬品埋入地下的。越南的巴邪鼓、定公鼓、寿域鼓、多笔鼓都是富有者墓中的陪葬品。

广西西林县普驮还用4面铜鼓互相套合作为葬具盛放人骨和陪葬品,更是特殊的葬仪。

三、族运兴衰的象征

正是由于铜鼓具有如此丰富而独特的文化意涵,使得铜鼓的得失与其拥有者的族群命运紧密相关。

在某些民族看来,鼓声既是信号,也是命令,闻之而动,不可稍息。尤其是在战争中,铜鼓所具有的号召力和鼓动力远非别的信物可比,有时甚至成为族运兴衰的象征。因此,战争中的双方都很重视对铜鼓的争夺。而封建王朝在对这些民族的战争中,除了虏获头人之外,也常以缴获铜鼓作为胜利的象征。明代朱国桢在《涌幢小品》中说:"凡破蛮必称获诸葛铜鼓。"夺得了铜鼓就等于夺得了敌方的旗帜和指挥权,可将敌方瓦解。而对某些民族的头人来说,失去铜鼓就标志着统治地位的丧失,成为一生中最大的耻辱和不幸。如《明史·刘显传》便记载了这样一个故事:万历元年(1573),四川巡抚曾省吾派刘显进剿叙州(今四川宜宾附近)九丝山的都掌蛮,"克寨六十余,获贼魁三十六,俘斩四千六百,拓地四百余里,得诸葛铜鼓九十三,铜铁锅各一"。在这次战事后,都掌蛮酋长阿大对其他各项损失并不怎么心痛,独独对铜鼓的丢失痛心疾首。正所谓"颇闻蛮中最宝此,千牛一面称雄尊……僚伶仡僮畏都老,获鼓胜获十万军"。

因此,谈迁的《国榷》卷六九在记都掌蛮之铜鼓时就明确指出:"始出劫,必击鼓高山,诸蛮闻声并四集,则椎牛享蛮,出劫致胜,皆鼓之灵也。鼓去则蛮运终。"

很显然,在历史的长河中,铜鼓具有了乐器、神器和重器三种主要的社会功能。其中,作为乐器的音乐功能是铜鼓的基本功能,作为神器的宗教功能是铜鼓的根本功能,作为重器的铜鼓是权力与财富的象征,则是铜鼓文化的再生功能。

[注释]

① 李衍垣:《贵州苗、水、布依族的铜鼓调查》,中国古代铜鼓研究会编:《第二次古代铜鼓学术讨论会资料集》,1984年。

② 胡立嘉:《会东布依族传世铜鼓》,中国古代铜鼓研究会编:《第二次古代铜鼓学术讨论会资料集》,1984年。

③ 姚志虎:《白裤瑶族铜鼓舞〈勒泽格辣〉介绍》,《南丹史志通讯》1986年第2期。

第六章 两种生产：铜鼓文化的主要内涵

第一节　铜鼓文化与生殖崇拜

著名文学家、历史学家郭沫若在20世纪60年代参观广西壮族自治区博物馆陈列的铜鼓后，认为铜鼓上的"日辰有关农业生产，牛马可供耕作运输，制御而用之，均致富之源，青蛙乃益虫，其所以重视青蛙者，盖亦缘重视农业之故；或解为图腾，恐未必然"。

尽管由于材料的缺乏，使得郭沫若对铜鼓的看法不尽全面，但作为一位历史学家，郭沫若视铜鼓为壮族文化的一个重要组成部分，并认为铜鼓非作鼓用以及铜鼓上出现青蛙非缘于图腾崇拜，却是很有道理的。铜鼓确实是壮族文化的重要载体之一。

李学勤曾指出："青铜器并不单纯是物质的东西，它是古代精神文化的一种产物。研究先秦的思想文化，也不能忽略青铜器。"[①]同样的，我们研究民族文化，自也不应将铜鼓视为单纯的物质，而应挖掘出蕴藏于其中的文化内涵。具体地说，我们应挖掘出蕴藏于铜鼓中的生殖崇拜文化内涵。

一、铜鼓纹饰与生殖崇拜

铜鼓纹饰，指的是铜鼓上以雕、刻、塑三种方法制作的图案总称。它们是远古先民有意识的艺术创作，包含着一定的文化内涵，对于我们弄清铜鼓的真实面目有很大的帮助。

(一)几何纹样

几何纹样,即在铜鼓上以点、线和方形、圆形、三角形等为基本要素,按照一定规则组成的图案。

铜鼓上的几何纹样基本上有如下几种:圆圈纹、栉纹、勾连雷纹、三角齿纹、复线交叉纹、细方格纹、羽纹、同心圆圈纹、水波纹、菱形纹、圆心垂叶纹、回纹、乳钉纹、云纹、雷纹、席纹、钱纹,等等。

铜鼓上出现的上述几何纹样,当然不尽是无目的的随意行为,而更多地积淀着先民的思想文化,因为"所有一切具有几何形的花样,事实上都是一些非常具体的对象(大部分是动物)的简略的、有时候甚至是模拟的图形"。也就是说,对于远古时代留下的几何纹样,我们必须透过其似无具体内容和含义的表象,去发掘它们当时对于原始先民所具有的重要意义。

当然,由于时代的久远,材料的缺乏,加上现代人与原始先民在思维上的差异,我们一时还很难完全弄懂铜鼓上的几何纹样。下面,我们就目前所掌握的材料,来讨论与生殖崇拜文化有关的几种几何纹样。

1. 云雷纹

云雷纹是云纹与雷纹的合称。其中,云纹指的是一种从中心向外单线旋出的图案,雷纹则是指由几层菱形互相叠套而成的回形图案。云纹和雷纹有时很难严格区分,事实上你中有我,我中有你,互相转化,或相互补充,因而常被合称为"云雷纹"。

用云雷纹装饰铜鼓的地方主要集中在广西的玉林地区、钦州地区和广东的湛江地区,并且这些地区古时多关于雷公的传说。因此,铜鼓上出现的云雷纹现象,当与以雷神为象征的某一文化有关。

云雷纹大量存在于这些地区远古时代的石器、陶器和铜器之上,乃是壮族先民对蛇生殖崇拜的抽象化表现之一。因此,出现在铜鼓上的云雷纹,当是先民蛇生殖崇拜文化的又一体现。

具体说来，云雷纹中的雷纹，透过其外形的菱形与回形，可发现其极似女阴形状的抽象化。因此，在此意义上，铜鼓上的雷纹，可以说是原始先民女阴崇拜的又一艺术外化。

当然，作出了这样的推论，似乎就难以找出雷纹与壮族生育神雷神的联系。实则不然。因为在壮族文化中，作为生育神的雷神，其身份多为男性，但亦有为女性之时。至今在壮族一些地区，仍有称雷神为"雷婆"的。所以，铜鼓上的雷纹，当是以"雷婆"最有代表性的外生殖器的抽象处理，来集中地反映雷神所承载的生殖崇拜文化内核。清人屈大均的《广东新语》云：雷鼓"雷人辄击之，以享雷神，亦号之为雷鼓云。雷，天鼓也……以鼓象其声，以金发其气，故以铜鼓为雷鼓"。把铜鼓之得名与声、气相连，不一定能够令人信服，但其所记雷人称铜鼓为雷鼓，却于无意之间通过铜鼓—雷鼓—雷神的联系，点出了铜鼓在生殖崇拜上与生育神雷神的内在关联。

2．圆圈纹

实际上，在铜鼓上把女阴的外形抽象化，并不仅见于雷纹。铜鼓上的圆圈纹与鸟眼纹，亦同样源于这一做法。

一般说来，圆圈纹是原始先民最容易制作的一种几何纹样。在制造陶器等物品时，只要拿一根小木棍或竹竿，顺手在器物上戳一戳，便可获得圆圈纹。

铜鼓上的圆圈纹，多为复杂化了的。其最典型的纹样或为双重圆圈纹——由大小不同的两个同心圆组成，中有一点为圆心；或为三重圆圈纹——由大小各异的三个同心圆组成，无圆点作圆心。

圆作为女阴抽象化的象征符号，具有生殖崇拜的文化意义。同样的，铜鼓上圆圈纹的出现，也是以此为基础的——两个大小各异的同心圆分别象征女阴的大阴唇与小阴唇，作为圆心的那一点或小同心圆，则象征阴蒂。

3．鸟眼纹

除此之外，铜鼓上的鸟眼纹，也与女阴崇拜很有联系。

鸟眼纹主要由内外两个部分组成。其外部由两道或三道虚线构成菱形的外框，内部则是一个重环同心圆圈纹。也就是说，鸟眼纹实际上是由雷纹与圆圈纹组合而成。在上文中，我们已论证了雷纹与圆圈纹是女阴形状的抽象化象征，那么，由这两种纹样组成的鸟眼纹，也应视为先民对于女阴崇拜的生殖崇拜文化的又一艺术外化。并且，由两种具有同一象征意义的图案来组成一个仍具有象征意义的图案，亦足可证明先民女阴生殖崇拜信仰的强烈性。

（二）铜鼓画像艺术与生殖崇拜

如果说，铜鼓上的几何纹样因过于抽象而使其所蕴含的象征意义颇费猜测的话，那么，铜鼓上的画像艺术，其所承载的文化内蕴，则比较容易理解了。

1. 太阳纹

太阳纹是铜鼓最为基本的纹饰之一，几乎在每一面铜鼓上都有出现。而且，太阳纹的位置也是固定的，一般都位于铜鼓鼓面的中心位置。

对于原始先民来说，太阳是最具特殊意义的。他们常把太阳与生命以及部族的昌盛相联系，并由此而产生了对太阳的崇拜。北齐魏收的《五日》诗云："因想苍梧郡，兹日祀东君。"苍梧郡位于广西东北部，是古代使用铜鼓的先民的聚居地之一。因此，诗中所反映的，正是该地区先民祭祀太阳的活动。

在先民看来，太阳对于人类生命有正负两方面的作用，太阳既可以护佑生命也可以扼杀生命。因此，在必要的时候，人们就必须与太阳进行斗争，甚至不惜将太阳射杀；但有时候，却又不得不去祭祀太阳。根据太阳周而复始的规律，先民们相信太阳的运行意味着生命的死而复生，先

北流型铜鼓鼓面的太阳纹

羽人舞蹈,羽人头上有飞鹭

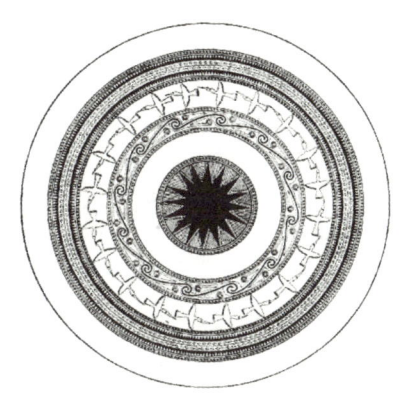
围绕着太阳环飞的翔鹭

民对于太阳的这种信仰,体现在铜鼓上,就是一方面他们不得不让太阳的形象出现在他们的圣器铜鼓之上,以祈求太阳对于生命的庇护;同时,他们却又把太阳置于铜鼓上受到捶击的位置,以警告太阳不得危害人类生命。

2. 翔鹭纹

翔鹭即凌空飞翔的鹭鸟,翔鹭纹是铜鼓画像艺术中最为重要的动物纹饰之一。法国学者巴门特在《古代青铜鼓》一书中曾指出:"(在铜鼓)所有的装饰图案中,鸟都占着一个突出的位置。因而把我们引向一种图腾性质的习俗,那将使许多问题、疑难之处得以迎刃而解。从那种吸引人的服装,巨大的头部,比鹭鸶还要长的颈部,无不足以证实这种设想的不无理由。"把鸟作为解决铜鼓许多疑难问题的关键,巴门特是颇有眼力的。但是,如果仍从图腾学的角度来审视铜鼓上鸟的饰纹,则难使问题得到全部解决。

鸟在人类古代文化中,是具有生殖崇拜文化内涵的。并且,鸟的这种生殖力,大多是通过男性及其生殖器官来体现的。如壮族有一位名叫布洛陀的男性生育神,据专家考证,"布洛陀"是壮语译音,其在壮语中共有4种读音相近而含义有别的称谓:一是 bouq luegh daeuz;二是 bouq luegh doz;三是 bouq loegh daeuz;四是 douq lox doh。其中，bouq 是壮族对祖辈老人尊称的专有冠词。

上述四种称谓，第一个是"山里的头人"的意思，则可能是原先人们对氏族或部落首领的称呼；第二个是"山里的老人"的意思，这是从壮族多居住在山区来取意，是对老人的尊称，有的译作"陆驮公公"；第三个是"鸟的首领"的意思，这可能是原先鸟图腾的氏族对其首领的称呼；第四个是"无事不知的老人"的意思，这是概括和创造出来的集体智能的化身。此外，"布洛陀"还有一些别的称谓，如 bouq it（第一祖父）、bouq nduj（最初祖父）、bouq coj（祖父的祖父，或泛称老祖宗）、bous couhbwengz（造天地的祖父），等等。

上述壮族对"布洛陀"的种种称谓，最值得我们注意的，当是"鸟的首领"这一称谓。我们以为，别的那些称谓，都是在此基础上随着社会的变化而扩衍产生的。这就是说，"布洛陀"这一壮族男性生育神的称谓，蕴藏着壮族"鸟—先祖"的生殖文化意蕴。这恰好与"冶鸟"为越人之祖互为印证。更值得我们注意的是，在壮族神话传说《生仔》中，作为男性生育神的布洛陀，首先创造的不是人类生命而是鸟类。而时至今日，壮族地区在祭祀布洛陀的时候，供品中一只白公鸡和一只红公鸟是必不可少的（鸡亦属鸟类）。他们都在一定程度上揭示了"鸟—布洛陀（生育神）—祖先"的鸟人生殖循环。

因此，结合以上的论述，铜鼓上鸟纹饰的出现，亦是先民们鸟生殖崇拜的文化体现。

3. 鹿纹

在铜鼓的画像艺术中，鹿的形象也是比较特别的。穆勒·哥拉尼曾指出，早期铜鼓上绘制的鹿亦和鸟一样，是表示对太阳崇拜的典型动物，它们都是祭祀太阳的牺牲品。瑞典汉学家高本汉则认为：在鹿属中，只有驯鹿才会母鹿带角，然而铜鼓上的动物并不意味着就是驯鹿的自然主义绘画，因为驯鹿的角冠有着别样的形状，它明显地向前弯曲，与鼓上的形状大不一样。鹿属的图像与真实大不相同这个事实说明它们另有含义，它们不是生存动物的

出现在花山崖壁画上的铜鼓

肖像画而是巫术符号。

鹿和鸟在铜鼓上确实是以祭祀的牺牲身份出现,但其最终的目的不仅在于对太阳的祭祀,而更在于对生殖的祈求。

铜鼓上鹿的纹饰,一般分为12组,每组有2至3只。最值得注意的是,在每一组鹿纹饰中,无论鹿的个数是2只还是3只,其中后面那一只鹿的生殖器(雄性)都是以非常突出的手法来加以刻画的。由此推论,可知位于雄鹿前面的鹿,当是雌鹿了。这就是说,每一组鹿的纹饰,实际上都是由雌、雄两性组合而成。

早在两千多年前,中国古代最早的一部诗歌总集《诗经》就收有一些涉及鹿的诗篇,其中如《鹿鸣》一诗云:

呦呦鹿鸣,食野之苹。
我有嘉宾,鼓瑟吹笙。

在此,鹿作为比兴对象进入了先民的吟咏之中。又如《召南·野有死麕》一诗云:

野有死麕，白茅包之。
有女怀春，吉士诱之。

林有朴樕，野有死鹿。
白茅纯束，有女如玉。

舒而脱脱兮！无感我帨兮！
无使尨也吠！

于此，鹿成为了女性的象征，并且与人们对于情爱的歌吟连在一起，已具有了一定的生殖崇拜文化意义。

伟大诗人屈原在《天问》一诗中就天地万物起源等问题发出了哲理性的追问。其中，诗人追问道："惊女采薇，鹿何佑？"赵国华先生以出土彩陶上的花卉植物纹样为依据，并结合《诗经》中的有关材料，认为"中国的远古先民曾将多种植物作为女性生殖器的象征"②。据此，我们以为，"惊女采薇"中的"薇"，也同属于女性生殖器的象征。换言之，这里"女"与"薇"的结合，以及"女"之"采薇"，无不蕴含着生殖崇拜的文化意义。

只是，当这一极具生殖意味的行动受到干扰时，为什么又恰好是"鹿"来护佑呢？实际上，"鹿"所要护佑的，当是女性的生殖能力。而鹿之所以具有这样的保护能力，是因为在先民的原始思维中，它是具有非凡的生育能力的。对此，《山海经·南山经》所载可为佐证："又东三百七十里，曰阳之山，其阳多赤金，其阴多白金。有兽焉，其状如马而白首，其文如虎而赤尾，其音如谣，其名曰鹿蜀，佩之宜子孙。"佩戴"鹿蜀"的皮毛就可以保证子孙繁衍不绝，可见其生殖能力之强大。

在广西上思县壮族地区，每逢春节，都会有一只只"小花鹿"挨家逐户向人们拜年。舞鹿队一般由五六个小男孩组成：两只"小花鹿"，一人舞一只；三个锣鼓手；一个人司礼。鹿队的组织者由老人担任，称为"东家"。鹿头由新编的半截竹猪笼糊以纱纸制成，鹿角则用两根树杈来表示，鹿身用白布制作，鹿头与鹿身绘有彩色纹饰。"在壮乡，鹿舞最受老人欢迎，因为鹿被视为吉祥的生灵，是长寿的象征……"此外，在广西东南一带乡村，春节期间亦有鹿舞的变形"麒麟舞"，因其有贺吉、添丁之意而大受人们欢迎。

海南岛至今还有关于"鹿回头"的传说：远古的时候，有一个少年外出打猎，遇上了一只梅花鹿。那梅花鹿一见到少年猎手，就拼命向前奔跑。少年也被梅花鹿所吸引，在后面全力追赶。就这样，梅花鹿在前面跑，少年在后面追，一起来到了天涯海角。少年眼看就要追上梅花鹿了。这时，只见那梅花鹿突然一回头，变成了一个美丽的少女。后来，少年与少女结为了夫妻，生子繁衍。

在这里，鹿所具有的生殖力，通过其变人、与人婚媾、繁衍后代来表现。鹿也因此而成为部族的生育神。

综上所述，可知鹿在远古社会中，确实被人们视为具有特殊

白裤瑶群众演奏铜鼓

生殖力的吉祥动物。因此，铜鼓上出现的雌、雄鹿组合的鹿纹饰，显然是出于对鹿生殖力的崇拜，并祈求获得这一生殖力的庇护。

4．船纹

船纹也是铜鼓上较为重要的纹饰。严格地说，所谓船纹已不像上述鹿纹那样只是一种单一的纹饰。船纹是一种以船为中心的复杂纹饰，它以船为中心，加上羽人、鸟、鱼、龟等纹饰组合而成。

由于铜鼓制作于不同的历史时期，所以铜鼓上的船纹也不尽相同，但一般说来，铜鼓上所出现的船形状都比较简单，与远古时代人们所使用的独木舟多有相似之处。

在西方，古代有不少民族是以船来表示女性的性器官的。古代中国亦有同样的习俗，"初民刳木为舟，船体中空，可状女阴。这和瓜瓠、葫芦生人传说中的避水器具舟、瓷桶、石罐等的原始象征意义完全相同"③。如1958年陕西宝鸡北首岭出土的半坡形彩陶壶，以及新疆巴里坤新石器时代文化遗址中出土的一件黑色船形壶，均为女阴的象征物。④

广东湛江地区电白县霞晏公岭一带至今还遗存着"石柱"与"石船"现象。人们多视"石柱"为男性的象征物，并视与之相配的"石船"为女阴的象征物。

在壮族生活的地区，也仍可寻找出船—女阴—生殖内在联系的一些痕迹。

壮族先民盛行女阴崇拜，并由此而衍生出女阴—葬具（金坛）—生殖的关系网络。考古材料表明，壮族先民亦有以船作为葬具的习俗。即：船亦属于女阴—葬具—生殖这一文化网络之中。如考古工作者在广西贵县（今贵港市）发掘的1号汉墓中，发现其葬具是做成船（独木舟）的形状的。壮族民间向来有人死后让其回归到出生地—女性生殖器官（象征物）以便再生的信仰。因此，这里作为葬具的独木舟，已不再是一般的渡水工具，而是作为了女阴的象征物。

在广西武鸣县马头乡元龙坡的西周时期墓地中，有一种船形土坑墓，墓坑的两端有生土两层台，修建成三角形，整个墓坑平面恰如一艘两端翘起的船体。显然，产生这一葬俗的原因，似仍在于先民视船为女阴象征并认为如此可借助于其生殖力而让亡灵得到转生。

以上种种，表明了在原始先民的原始思维中，船确实被视为女阴的象征。因此，铜鼓上船纹图案中船本身所蕴含的文化内涵，是富于生殖崇拜意义的。

此外，在传统文化中，鸟是作为男根的象征并由此而扩衍为极富生殖崇拜的象征物。而铜鼓上的船，其头尾大都刻画成鸟状。很显然，先民将船作为女阴象征且又把作为男根象征的鸟置于其上，是借船而把女阴与男根结合在一起，其所蕴藏的生殖崇拜意义，当是不言而喻的了。

在铜鼓船纹这一综合性图案中，往往有鸟、鱼和龟出现。考虑到铜鼓上船本身所蕴含的特殊文化意义，再考虑到鸟、鱼和龟在

白裤瑶的铜鼓舞

古代文化中的独特象征性，就可知鸟、鱼和龟在铜鼓船纹中的出现，也是以有助于对生殖力的祈求为目的的。

闻一多在《说鱼》一文中，就以丰富的材料论证了中国人从上古起就以鱼来象征女性，象征配偶和情侣，并指出鱼的这一象征意义源于鱼的强盛的繁殖力，而且与原始人类的崇拜生殖、重视种族繁衍直接有关。李泽厚也指出："像仰韶期半坡彩陶屡见的多种鱼纹和含鱼人面，它们的巫术礼仪含义是否就在对民族子孙'瓜瓞绵绵'长久不绝的祝福？"⑤

在铜鼓文化流传的地区，亦不乏有关鱼能变人等体现其生殖力的神话传说。所以，铜鼓上船纹中鱼的出现，确实出于生殖的目的。

而鸟的生殖寓意已非常明确，龟的生殖意义同样较为明显。一是在当代人们还常视龟为长寿的象征。这乃是出于对龟生殖力的崇拜心理而企望借此来帮助个体生命尽可能延长。二是从生理上看，龟头由于与男性外生殖器阴茎顶部极为相似而成了后者的代用语。除此之外，龟的生殖作用还在人类起源神话中有直接的表现。如在淮阴就有这么一则关于白龟的传说：

> 远古之时，作为雷神之子的伏羲在捕鱼时认识了可以通天的白龟。
>
> 后来，天要塌地要陷，伏羲便请白龟帮助。于是，白龟便把伏羲带到了另一个世界中，并且让他认识了妹妹女娲。白龟让伏羲兄妹每天只吃一条鱼，但伏羲却多吃了，因而受到惩罚，饿得受不了，只好又哀求白龟帮忙……
>
> 最后，白龟从腹中吐出伏羲兄妹，让他们来到大地上，从此就有了人类。⑥

可见，在白龟的帮助下，人类始祖伏羲兄妹才得以生存下来，人类也才因此而得到繁衍。这就表明了龟对于人类的繁衍，是具有一定作用的。而在壮族神话《布伯的故事》中，当洪水之后人类面临绝种之时,也是龟出来劝伏羲兄妹成婚以繁衍人类。

由此可知,铜鼓上的船,其实是置身于充满生殖崇拜氛围的环境之中的。

越南陶盛出土的一件大型铜缸,在一定程度上可以作为我们对铜鼓上船纹所蕴藏的文化内涵的旁证。该铜缸身高81厘米,缸口直径61厘米,底部直径60厘米。缸盖的直径为64厘米,高15.5厘米,其上有四对男女交媾的立体塑像,其中两对已崩缺,"第一对像长8厘米、高3.5厘米,为一对男女叠卧的雕像,妇女在下,裸体,乳房隆起,双手拥抱上边的男人,腿脚伸直,束一块布裙,在前腹有一段缝。男人像披发,伸向双肩,两手拥抱妇女,腰束一块布条,后挂一把匕首。男人的阳物表现突出,尺寸过于粗大"。显然,这里通过缸盖上四对男女交媾的立体塑像,使铜缸充满了生殖崇拜文化意味。而最值得我们注意的是,在铜缸的下半部,存在着与铜鼓上船纹极为相似的纹饰。就一个整体来说,铜缸下半部出现纹饰,自然不是孤立的,而应与整个铜缸有机地结合为一体。也就是说,这一类似铜鼓上船纹饰纹的出现,也一定是包含生殖崇拜文化意义的。因此,这就从一个侧面证实了我们对于铜鼓上船纹文化内蕴的探究。

综上所述,结合铜鼓船纹中出现的巫师和祭台,我们认为,铜鼓上的船纹图案,当是先民祈求生殖以使部族昌盛的祭祀仪式的写照,表现的当是一个综合性的出于生殖崇拜目的的祭祀活动。

5.羽人及其舞蹈

"羽人"在古代文化中颇受注意,他们不时出现在一些古代文献中。如《山海经·大荒南经》便云:"有羽民之国,其民皆生毛羽。"

从分布区域看,羽民之国多在南方,结合这一地区原始先民如壮族先民固有的对鸟的生殖崇拜,可知铜鼓上头有羽冠、身饰羽毛、羽尾即以鸟羽来装饰身体的"羽人"画像,是人们在此基础上产生的对鸟的认同,从而用鸟的羽来装饰自己,以求获得鸟的生殖力。

而铜鼓上羽人的舞蹈,由于羽人本身鸟的装饰以及以鸟的飞行动作为舞蹈的基本动作，因此，它同样是对鸟崇拜的产物，即是祈求鸟生殖力的又一表现。

另外，这种对鸟生殖力的祈求之所以以舞蹈的方式进行，是因为原始先民相信舞蹈可以感动生育神而获得它的护佑。如《诗经·陈风》便描写了在陈的宛丘集会上，青年男女手执鹭鸟的羽毛随着鼓与缶的音乐节奏欢歌狂舞的情景。对此，《陈风·序》云："大姬无子，好巫觋祈祷鬼神歌舞之乐。"《汉书·地理志》则进一步明确指出，大姬是因为无子，所以才好击鼓歌舞以求生育。

在使用铜鼓的壮族地区，我们亦不难找到先民为祈求生殖而进行的与鸟有关的舞蹈。

壮族地区流传着以鸡（鸟）为对象的舞蹈"舞雄鸡"——

"舞雄鸡"主要流行于桂西壮族地区春节之时。一般地，雄鸡的头部用木头雕成，鸡身则用插上鸡毛的干水瓜做成。一般一组为2只鸡，相向绑在一个十字木架上。木架的直木约4尺长，下部供手执。横木钉在直木上部，约2尺长，上钻4个小眼，穿上4根小绳。两端的小绳用来固定鸡尾，隔一根绳头绑鸡头，不固定，可以上下拉动。舞时 人手执木架，按小锣节奏一拉一放，使2只雄鸡互相打斗。旁边一人有节奏地敲打小锣，还有几人在一旁合唱"雄鸡歌"。舞鸡也像舞狮一样走村串户。主家一般都热情款待，送上"封包"，然后拔取两三根鸡毛插在家中的鸡笼上，以祈六畜兴旺。⑦

在上述舞蹈中，主人的最后举动，表明了舞雄鸡的主要目的——在人丁繁衍已不存在问题的当代，人们的愿望自然要从人口的繁殖转到六畜的繁殖之上。

像这样以对鸟（鸡）的生殖力崇拜为目的的舞蹈活动，还有流行于广西靖西壮族地区春节时的"舞干国"，用以向人类报告颇具生殖力的春天的来临。

除此之外，值得我们注意的是，在一些做舞蹈状的羽人头上，常有衔鱼的鹭鸟在飞翔。此也极富生殖崇拜文化的意蕴，因为"鸟鱼的相接正是阴阳、男女的相合,其象征作用服务于生殖的目的"⑧。

综上所述,可知铜鼓上羽人的出现,亦寄托了先民对于生殖崇拜的渴求。

(三)铜鼓雕塑艺术与生殖崇拜

在铜鼓上,除了饰以浅刻的平面纹饰外,浮雕于铜鼓上的立体雕像更是引人注目。铜鼓上出现的立体雕像,有青蛙、鸟、龟、鱼、田螺、马、牛、人物等。

1. 青蛙

在所有的雕像中,以青蛙的雕像最为广泛,也最为典型。一般说来,铜鼓上的青蛙雕像多为偶数,每面有四、六、八只不等。其造型,则不是生活中青蛙形状的完全写实,而多带有象征意义。

早在南宋之时,方信孺在《南海百咏·序》中就已指出:"(铜鼓)周遭多铸虾蟆,两两相对,不知其何意。"后来,有不少学者从农耕文化的角度出发,认为铜鼓上的青蛙雕像与祈雨有关。

本来,青蛙与雨在原始先民心中确实存在着密切的联系,因此,视铜鼓上的青蛙雕像与祈雨有关亦不无道理。但是,如果考虑到青蛙在原始先民思维中所代表的生殖崇拜意义,以及前述有关铜鼓上几何与画像纹饰与生殖崇拜文化的关系,我们似有理由认为,铜鼓上青蛙雕像的出现,其最为原始的文化内涵,亦是先民对于生

灵山型青蛙塑像臀部肥硕

群蛙闹春塑像

殖的崇拜与祈求。

实际上，在壮族有关青蛙的神话传说中，亦隐约透露出了这一点：

> 远古的时候，雷王给壮家定下了一条规矩：老人死后要分给青年人吃掉。
>
> 有一户人家的孩子对母亲非常孝顺。母亲死后，他们不忍心把母亲的尸体分给大家吃掉，便想了一个办法，杀死一头牛来顶替。
>
> 雷王知道后，认为这家人破坏了规矩，要予以惩罚。为了弄清情况，雷王派儿子青蛙去调查。
>
> 不料青蛙却不小心让那一家人抓住了。他们审问青蛙，为何雷王有那么大的本事？
>
> 青蛙回答说：他有一个铜鼓。
>
> 他们又问：雷王的铜鼓有什么特点？
>
> 青蛙说：雷王的铜鼓周边有四只青蛙。
>
> 这家人放走青蛙后，赶紧造了一个大铜鼓，在鼓面上铸了六只青蛙。
>
> 当雷王擂着铜鼓来劈杀这家人时，他们也擂着铜鼓与雷王对阵。由于这家人的铜鼓比雷王的铜鼓多出两只青蛙，所以把雷王的铜鼓震败了。
>
> 直到现在，壮族家里死了老人，有的地方还请巫师来跳"雷鼓舞"，念唱起讲述这段故事的经文。⑨

壮族远古时代的"食人之俗"，最初是具有一定生殖崇拜文化意义的。从上述神话传说中，可知"食人之俗"又与生育神雷王发生了联系。这就是说，雷王出于生殖目的规定人类要吃老人肉。后来，虽然人类战胜了雷王，但其手段却仍是通过生殖力来实现的——他们的铜鼓比雷王的多2只青蛙。青蛙在此又一次成了生殖力的象征。至于后世老人死时要请巫师跳"雷鼓舞",目的也可能是企图借助于雷鼓——铜鼓(青蛙)的生殖力来帮助死去的老人顺利转生。

其实,除了具有象征性的生殖力外,铜鼓上另一类青蛙雕像也把其内含的生殖意义明白无遗地表现了出来,那就是铜鼓上的"累蹲蛙"雕像。

铜鼓上的"累蹲蛙",一般说来是一只大青蛙背上驮一只小青蛙。这些累蹲蛙应是繁衍的象征。

青蛙有雌雄之分,雌蛙身体较大,行动缓慢,雄蛙身体较小,行动活泼。每年春夏之交是青蛙的生殖时期,人们可以在近水边的草丛中看到雄蛙覆在雌蛙的背上,用前肢紧紧抱住雌蛙。这是产卵排精的行为。古人对此已有所观察和领悟,把它们的形象铸在铜鼓面上。下面的大蛙应是雌蛙,上面的小蛙应是雄蛙。蛙是多子的动物,雌雄抱对,象征着生命的繁衍。"累蹲蛙"的出现,把先民渴求生殖繁衍的愿望表现得淋漓尽致。而在一些铜鼓鼓面上出现的三四只青蛙叠抱在一起,则是这种愿望更为强烈的表现。

2. 龟与鸟

龟的雕像出现在一些冷水冲型铜鼓的鼓面上,夹于青蛙雕像之间,一般是二或四只对称出现。

铜鼓上的乌龟,多四足挺

使用铜鼓的布努瑶少女

249

立，头伸向前，尾曳于后，背上饰有纹带和精美的螺纹。

我们已讨论了龟所蕴含的文化意义。据此，我们似应得出结论，铜鼓上的龟雕像，也是因对生殖的祈求而铸造的。这一点，与"累蹲蛙"相似，铜鼓上所出现的"累蹲龟"——一只小龟蹲在大龟背上以及龟蹲在青蛙背上的雕像，也是一个力证。

鸟的雕像，也出现在一些铜鼓的鼓面上。鉴于我们已讨论了鸟的生殖崇拜象征意义，可知铜鼓上鸟的雕像的出现，极可能是铜鼓上的鹭鸟、羽人及羽人舞蹈纹饰所代表的生殖文化意义的进一步确定和强化。

二、铜鼓艺术的整体生殖作用

以上我们分别从铜鼓的几何纹样、画像艺术和雕像艺术讨论了铜鼓纹饰所蕴藏的生殖崇拜文化内涵。现在的问题是，上述各种纹饰所代表的文化内蕴，是孤立存在的还是一个有机体的各部分。

答案是非常明确的。铜鼓纹饰所蕴藏的生殖崇拜文化内涵，乃是原始先民生殖崇拜文化有机的整一的艺术外化，它与铜鼓的外在形状一起，构成了铜鼓的整体生殖效用。

实际上，作为铜鼓的大类——鼓在中国各民族的文化中，就已经不仅仅是一种乐器，鼓同时还象征着母体，世界万物均出于鼓。因此，人们便认为，因为鼓的形似女阴，故进行血祭之后便可以化生万物；而在丧葬仪式中，正是鼓所具有的生殖力量，能够使死去的灵魂转生。所以，从宏观的鼓的文化背景看，铜鼓已经具备了生殖崇拜的文化象征。

具体而言，最原始的铜鼓，其造型均脱胎于葫芦；而后期的铜鼓造型，也或多或少地保留着葫芦的基本形状。此正如徐松石先生所指出的："铜鼓就是铜葫芦瓜。不过这个铜葫芦瓜是倒置的。"徐松石先生还将铜鼓取形于葫芦与著名的洪水神话中葫芦拯救人类生命，使生命得以再次繁衍的故事相联系。[⑩]由此，确实可以见出铜鼓—葫芦—生殖的文化关联。

1972年，在广西西林县八达乡普合村普驮粮站发现了一座用铜鼓作葬具的西汉早期墓。从发掘简报可知，整座墓的形制有些特别：墓坑略为圆形，上面用1块大石板压住，石板下面并排放着12块大小不等的石条，石条下面就是铜鼓。铜鼓一共有4件，分内外两组套合，有点像外椁内棺。在内层的铜鼓里堆放着骨骸。从骨骸堆放的情况判断，属于至今壮族尚在盛行的"二次葬"。这是一个充满着生殖崇拜意识的壮族墓葬。

圆形的墓坑，具有女阴乃至子宫的生殖象征意义；大石板特别是那12块石条的出现，则应为壮族先民对于石头（男根）生殖崇拜的结果；而以铜鼓为棺，更是取决于铜鼓的整体生殖效用：从外形看，圆形的铜鼓，除具有物理学上的容器作用外，更是女阴和子宫的象征——我们知道，壮族先民在葬具的选择上倾向于与女阴有关的象征物（无论是独木舟、金坛还是铜鼓），加上铜鼓纹饰的生殖功能，使得整个铜鼓集中了一定的生殖力量。

这样，透过这一铜鼓墓葬，我们再一次论证了壮族先民确实是视铜鼓为具有一定生殖力的神圣器物的。

吹起牛角

三、相关铜鼓习俗的生殖文化阐释

明确了铜鼓是一件具有一定生殖力的器物，我们就可以对一些有关铜鼓的习俗作出合理的解释了。

（一）"鼓大为贵"与"取钗叩鼓"

斐渊《广州记》云：

> 俚、僚铸铜为鼓，鼓唯高大为贵，面阔丈余，初成，悬于庭。克晨置酒，招致同类，来者盈门，豪贵子女，以金银为大钗，执以叩鼓，叩竟，留遗主人也。

这表明在原始先民的生活中，对铜鼓是"唯高大为贵"的，并由此而产生了"取钗叩鼓"的习俗。

为了更好地阐释上述文化现象，我们先来分析一下有关铜鼓的雌雄问题。

明代学者邝露在《赤雅》一书中记载了铜鼓的雌雄问题：

> 伏波铜鼓……东粤二鼓，高广倍之，雌雄互应。夷俗赛神宴客，时时击之。

实际上铜鼓之分雌雄，并不始于明代，目前发现的考古材料已可证明这一现象始于远古时代。而在当代使用铜鼓的民族中，铜鼓分雌雄的现象仍比比皆是。

铜鼓分为雌雄两性，这本身就已具有了十分明显的生殖意义。按照魏勒的说法："童年时代的人类想象万物都是有生命的，都像人一样有性别。古人从经验中得知性的果实，性既是一种很神秘的事物，也是对生殖和生命以及任何种类的存在的最现成的解释。所以古人认定万物，动物或非动物，都是具有性的，以人生儿育女的过程相似的方式来繁衍自己的类或其他存在物的类。"⑪

至于铜鼓雌雄的如何划分，对于我们的讨论具有很大的帮助。清人屈大均在《广东新语》中曾就这一问题有过叙述：

> 凡为铜鼓，以红铜为上，黄铜次之，其声在脐。雌雄之脐亦无别，但先炼者为雄，后炼则为雌耳。

屈大均以铜鼓铸造时间的先后作为划分雌雄的标准，却没有讲清其原因所在。对此，民族学调查材料倒为我们提供了答案。

目前仍在使用铜鼓的广西东兰、凤山的壮族，以及云南麻栗坡新寨的彝族，广西那坡的彝族，贵州三都的水族，都把形体较小、声音高昂的铜鼓视为公鼓，而把形体较大、声音低沉的铜鼓视为母鼓。

可见，在原始先民那里，向来是以高大的铜鼓为母鼓的。于是，从生殖崇拜以及母系氏族社会的角度来看，我们就可以理解为何人们认为"鼓唯高大为贵"了——其原因在于人们对母权以及由此而生发的雌性铜鼓生殖力的崇拜。

这一点，在铜鼓的使用过程中亦可得到验证：有不少民族在演奏铜鼓时，母鼓位居左，是至尊的上位；公鼓位居右，是下位。先击母鼓，后才击公鼓，母鼓打节奏，公鼓配合打花点，雌鸣雄应，以雌为主。

弄清了"鼓唯高大为贵"的文化内涵，我们就可以进而讨论"取钗叩鼓"了。

除裴渊在《广州记》中记载有壮族先民有女子取头钗击铜鼓的习俗外，方信孺在《南海百咏·序》中亦云：南方俚僚"好铸铜鼓，有事击鼓，夷人尽集，女子首饰，尽戴银钗，取钗击鼓"。此外，《隋书》、《宋史》、《太平御览》、《天下郡国利病书》、《广东新语》等也有类似的记载。

很显然，"取钗叩鼓"是一个流传久远的习俗，且据史载可知，取钗击鼓者必为女子，且所击之鼓多为那高大的雌鼓。

之所以"鼓唯高大为贵"，是因为高大之铜鼓为雌鼓，亦因为雌鼓具有极强的生殖力。于是，很明显，女性取头钗以击雌鼓，亦与雌鼓的生殖力有关。

实际上，考古材料也证实了铜鼓的性别也常与人的性别相对应。如1957年在贵州遵义发掘的南宋播州土司杨粲夫妇墓，在并列的两间墓室的腰坑内各出土一面铜鼓，男室鼓面径44.2厘米，通高27.8厘米，重12.25公斤，女室鼓面径49.5厘米，通高29.9

厘米，重17.75公斤。男室鼓小而女室鼓大，可证男女各与铜鼓的雄雌相对应。而由女性敲击雌鼓的习惯至今仍见于广西瑶族的布努瑶支系中。

由铜鼓的雌性与女子性别的相对应，似已透露出"取钗叩鼓"习俗的文化内蕴——人们企图通过女子与雌鼓的接触，来增强女子自身的生殖力，从而使部族人丁兴旺。

在云南剑川石室山有一块"阿央白"，被当地彝族视为女祖先生殖器的象征，不育的女子必须向"阿央白"磕头，以铜钱在"阿央白"上划一下，认为这样就能够生儿育女。因此，取钗叩击雌鼓的习俗，与用铜钱划"阿央白"的做法道理上是一样的。

现存的壮族有关风俗亦可证明我们的讨论。如广西西林县的那劳、那兵等地的壮族妇女，在新春佳节之际，人们在击铜鼓以祈年的时候，常拔下发髻上的银簪叩击铜鼓，以为这样可以使自己的头发永不变白，使自己永远年轻漂亮。

这里道出"取钗叩鼓"的目的，是可以使头发不变白，使女性永远年轻漂亮。其潜在内涵，也还是在于通过借助（雌）铜鼓的生殖力，来使女性永葆魅力，从而达到吸引男性使人丁繁衍的目的。

这一点，其他地区的习俗则有更明显的表现。如广西东兰县长江地区尚未出嫁的壮族女子，在春节人们击铜鼓以祈年的时候，不仅仅只是"取钗击鼓"，而是将银簪连发辫一起甩打到铜鼓上，然后又把银簪取下赠送给在一旁的男朋友（意中人）。从此之后，男女双方都视此簪为最珍贵的礼物，留待他日成婚之时，由丈夫将之奉还给女方。他们认为这样便可以获得幸福美满的生活，且夫妻百年偕老，鬓发无衰。在这里，银簪—铜鼓—头发—意中人构成了一个内在连环，在铜鼓生殖力的帮助下，男女婚配，生儿育女，生活美满。

应该指出的是，头发在这里显然起到了重要的承传作用，即铜鼓的生殖力是由银簪通过头发传给青年男女的。

其中的原因，英国人类学家弗雷泽在《金枝》中已有所注意：

既然头部被看得如此神圣，碰它一下也是严重的触犯，那么，很明显，修剪头发也就成了很细致很不简单的操作了。在原始人的眼光看来，这种操作的困难和危险有两类：首先，理发时有可能干扰头部神圣，损伤了它，有受到惩罚的危险。其次，是难以处理剪下来的头发，因为原始人相信自己身体各个部分同自己有着触染关系，即使那个部分从身上脱离出来，这种触染关系仍然存在。因此，这些部分，如剪下的头发和指甲，倘若受到损害，也会损害自己，所以，很注意不让它们丢在容易受损害的地方或落到坏人手中被施加巫术以危害于己。这些危险对所有人都一样，不过神圣的人们更加害怕，从而采取预防的措施也相应更加严格。

现代壮族妇女对自己的头发——即使是脱落下来的也是要严加保护的。

由此可知，整个"取钗叩鼓"的习俗，实际上是壮族先民以巫术交感为基础，通过银簪、头发的交感作用而把铜鼓的生殖力传递到自己身上，以实现婚姻美满及繁殖后代的愿望。

（二）"铜鼓入土"习俗与生殖崇拜

在先民对铜鼓的使用中，还有一个值得注意的现象，就是人们经常有意识地把铜鼓埋入土中。如《桂海虞衡志》云："铜鼓，古蛮人所用，南边土中时有掘得者。"《岭外代答》亦云："广西土中铜鼓，耕者屡得之。"

先民之所以要有意识地把铜鼓埋入土中，在本质上仍似与铜鼓所具有的生殖力有关。

铜鼓具有多种纹饰，但却以青蛙纹饰最有代表性，人们甚至因此把青蛙视为铜鼓的象征，有不少民族就直接称铜鼓为"蛙鼓"。如云南傣族称铜鼓为"虾蟆鼓"，佤族称其为"蛙鼓"，缅甸人称其为"巴济"（即"蛙鼓"的意思），泰国人则称其为"金钱蛙锣"。

从文献记载看，至唐代时，人们就已视青蛙为铜鼓的象征，称其为"铜鼓精"了。据刘恂《岭表录异》载：僖宗朝，郑纲镇番禺日，有林蔼者，为高州太守。有乡野小儿，因牧牛，闻田中有蛤鸣，牧童遂捕之。蛤跃入一穴，遂掘之。深大，即蛮酋冢也。蛤乃无踪。穴中得一铜鼓，其色翠绿，土蚀数处损阙，其上隐起，多铸蛙黾之状，疑其鸣蛤，即鼓精也。

既然视青蛙为"铜鼓精"，那么，铜鼓之所以要埋入土中，当与青蛙的习性有一定关系。

先民们在长期生活中，观察到每当冬天来临时，青蛙就会躲进土中一动不动地冬眠，而当春天来临时，却又复苏过来，充满了活力，并开始繁衍后代。同时，在原始先民的思维中，土地不但具有神秘的生殖能力，并且是生殖的本源。"在多产和生殖中，并不是妇女为土地树立了榜样，而是土地为妇女树立了榜样。"⑫ "并不是大地模仿母亲，而是母亲模仿大地，在古代，婚姻被看做像土地的耕耘同样的事情，整个母系制所通行的专门术语实际上是从农耕那里借来的。"⑬ 因此，在他们看来，青蛙一年一度的冬眠，是为了从土地吸取到生殖力。于是，为了使他们心目中的生殖圣器铜鼓——"蛙鼓"的生殖力永世不竭，他们便让铜鼓像青蛙一样实行冬眠——把它埋入土中，使它完成向生殖本源的土地回归，以便获得土地的生殖力。

第二节 铜鼓文化与丰饶崇拜

一、稻作生产：铜鼓丰饶崇拜文化的物质基础

经过长时间遗传学、考古学的研究，现在民族学研究人员已经可以确认，壮侗语民族的先民是珠江流域稻作农业的创造者，他们在长期采集野生稻谷的过程中，逐渐掌握了水稻的生长规律。

稻作农业，即把野生稻驯化为栽培稻的过程。作为稻作农业起源地需具有两个条件，一是有野生稻，二是有把野生稻驯化成为栽培稻的能力的古人类。珠江流域是稻作农业的起源地之一，地属亚热带，气候温热，雨量充沛，适合稻谷生长，是迄今发现的野生稻最为密集的地区。

在广西、广东等古越人居住的珠江流域广大地区，至今仍保留着大量含"麓"、"稻作"等字眼的地名，这些字眼是古越语"水田"等的称呼。

20世纪50年代以来，在邕江流域发现多处距今四千多年的颇具规模的大石铲遗址。石铲的一般形制为小柄双肩型和小柄短袖型，大者长七十多厘米，重几公斤；小者仅长数厘米，重几克。石铲制作规整，双肩对称，两侧束腰呈弧形内收，至中部又作弧形外展，呈舌面弧刃。通体磨光，棱角分明，曲线柔和。

大石铲是从双肩石斧演变而来的，是适应沼泽地带稻田耕作的重要工具，是新石器时代壮侗语民族地区耕作农业发展已经具有一定规模和水平的重要标志。

同样的，东南亚的大多数国家也拥有较为悠久的稻作生产历史，至今仍是世界上稻米生产的重要地区，同时也保留着大量与"稻作"有关的地名。

有鉴于此，可以说，在珠江流域及东南亚地区，存在着一个特点鲜明的稻作文化圈。而这一地区，也形成了世界性的铜鼓文化圈。在一定意义上，我们可以认为，分布于这一地区的铜鼓文化与稻作文化有着密切的文化关联。也就是说，稻作文化是铜鼓文化产生的人文背景和物质基础。

二、铜鼓艺术与丰饶崇拜

（一）铜鼓上的鸟雕塑艺术与丰饶崇拜

在冷水冲型铜鼓和灵山型铜鼓上，都有鸟的塑像。铜鼓上的鸟塑像所处的位置是比较一致的。冷水冲型铜鼓的鸟塑像都在鼓面上，与青蛙、牛橇、乘骑和巨龟的地位相当。灵山型铜鼓的鸟塑像都处在鼓的一侧的足边，所在的位置必定对着鼓耳，而且无论是一只小鸟还是一对小鸟，都处在左耳的下方。鸟的形象都是头朝后、短颈、纺锤形身、长尾，身体显得圆胖。冷水冲型铜鼓上的鸟，羽毛没有刻画，啄较宽扁，像是水鸭；灵山型铜鼓上的鸟，刻画出羽毛，尤其

麻江型铜鼓上的鱼纹

是翅膀和尾，表现得更为细腻，啄较尖，形象似斑鸠。灵山型铜鼓如果平放，鸟头则朝下；如果将鼓耳系住横着悬挂时，鸟则平稳站立，鸟头向着后方。

除了鸟的塑像外，一些铜鼓上还有以鹭鸟纹为代表的鸟纹饰。而在铜鼓文化圈相关民族的文化中，鸟又恰恰是一种与稻作生产有着密切联系的动物。

《吴越春秋》云：

> 禹崩之后，众瑞并去，天美禹德而劳其功，使百鸟还为民田，大小有差，进退有行，一盛一衰……往来有常……

王充在《论衡·偶会篇》中云：

> 雁鹄集于会稽，去避碣石之寒，来遭民田之毕，蹈履民田，啄食草粮，粮尽食索，春雨适作，避热北去，复之碣石。

认为雏鸟的除草松土为农耕提供了方便，这是较为牵强的。壮族学者蓝鸿恩先生认为："这大约是首先发现鸟拉下没有消化的谷

种落到地上,然后长出禾苗得到启发有关,此为百越人对鸟崇拜的原因之一。"他还说:"我不同意古人把对鸟田说成鸟帮耕田,春拔草根,秋啄其秽的说法。因为鸟本来是以稻谷为食物的。"也不同意有些同志把现在对鸟的全面观察强加于古人,说:"鸟能为农作物除草、灭虫、杀鼠、肥田等等。我认为早在进入农耕社会时期,古越人就已对鸟有所崇拜,否则就不会有鸟图腾的崇拜。在现在民间传说中,常有人鸟结婚的说法,说鸟本来就是仙女,天帝的女儿,和人结婚,当然就是和人有血缘关系了,所以应该是图腾崇拜。"⑭

不管以上的记载表明的是鸟帮助人耕田还是鸟是壮族人的图腾,其最根本的文化内核应该是在壮族传统文化中鸟与农耕即与丰饶祈求的文化关联。

在壮族古老的神话传说中,就有关于始祖布洛陀派出鸟等动物去为人类找谷种的内容。也就是说,是鸟类的努力才使得人类进入了农耕时代。

"约加西拉"是黎族古老神话中神鸟的名字。据说,在远古时候,黎族先祖有一位女儿,她的母亲在她出生后不久便去世了。后来,"约加西拉"用找来的谷米喂养她。遇到下雨刮风,"约加西拉"又用翅膀为她遮盖。就这样,把这个女婴抚养成人。黎族后代为不忘"约加西拉"的养育之恩,妇女均把"约加西拉"的羽纹作

灵山型铜鼓上肥硕的鸟塑像

为图案文脸。

在黎族的这一神话传说中,鸟之所以能够把黎族的先祖抚养成人,也还是在于其具有寻找谷物的能力。

(二)铜鼓上的青蛙雕塑艺术与丰饶崇拜

铜鼓上最常见的塑像是青蛙,除了早期的万家坝型铜鼓、石寨山型铜鼓和晚期的麻江型铜鼓没有青蛙塑像之外,其他各个类型的铜鼓都有青蛙塑像。

实际上,青蛙在铜鼓上出现,同样是由于青蛙与稻作文化有着密切的联系。

> 从前,左州地方有一个人叫汤地龙,妻子杨氏四十五岁才生得一子,取名汤世宝,娇生惯养,十分溺爱。
>
> 世宝爱吃青蛙,一餐没有青蛙肉,便大哭大嚷。汤地龙只好叫雇工阿大每天夜里去捉青蛙。青蛙捉得多了,地龙夫妇也与儿子一起吃。没几年,稻作一带十二垌田的青蛙已捉光了十一垌。

壮族群众敲起铜鼓祭祀青蛙

有一年，立春刚过，有一只青蛙悲伤地对蛙王叫道："大王啊！自从村里出现了拿火把的人，我们大家很不得安生，死的死，逃的逃，说不定大难又要降临了。"蛙王答道："今晚你们只管取乐，要是拿火把的人来，我自有办法对付。"

不久，阿大来捉青蛙，这晚他只捉到一只。当杨氏想杀青蛙时，青蛙突然开口说道："蝈蝈藏在土，明火来捉奴，捉奴入牢坐，小刀剖我肚，我肉炒未熟，你儿哭吃奴。"杨氏惊告地龙。地龙发怒说："胡说，世上哪有蛙子能说话。"青蛙说道："我吃虫，你吃谷，帮你收谷助富。你睡熟，我守屋，不念奴情自吃苦。"地龙不听，照样杀了蛙。不过这次总是煮不熟。世宝吃了不熟的蛙，忽然"剥"的一声，他的腿不见了，腰杆不见了，头颈不见了，身躯化成一摊臭水，流了一地。当年天降飞蝗，五谷失收。这是蛙神的报复。⑮

应该说，这是一则具有多元文化意涵的壮族民间神话传说。一方面，它体现了人与青蛙之间的生存对立：不是人吃蛙，就是因为蛙而导致人生命的消失；另一方面，从青蛙的诉说"我吃虫，你吃谷，帮你收谷助富"中，我们不难知道青蛙确实具有帮助人类实现丰饶祈求的作用。而且，在因蛙人生命对立引起蛙人生命的相互消失之后，出现的也还是"天降飞蝗，五谷失收"的局面。

在传统的农业生产特别是稻作生产中，水是最为重要的因素之一。在古代社会中，农业生产所需要的水，基本上受制于自然降雨。也就是说，每年雨水的多寡，直接影响到农作物的收成。因此，在壮族传统文化中，青蛙对于丰饶的影响也常常是通过其与雨水的关联来体现的。在壮族至今仍在传唱的《蚂𧊅歌》里就有这样的句子：

蚂𧊅是天女，雷婆是她妈。
她到人间来，要和雷通话。

不叫天就旱,一叫雨就下。
送她回天去,感动雷婆心。
求雷婆下雨,保五谷丰收。

关于青蛙与雨水的关系,英国著名人类学家弗雷泽也曾予以关注。他在《金枝》一书中指出:"青蛙和蟾蜍跟水的密切联系使它们获得了雨水保管者的广泛声誉,并经常在要求上天下大雨的巫术中扮演部分角色。一些奥里诺科印第安人,把蟾蜍奉为水之神或水之主人,从而惧怕杀死这种生物。还曾听说当旱灾来临时他们就把一些青蛙放在一口锅下面,而且还要鞭打它们。据说艾马拉印第安人常制作青蛙或其他水栖动物的小塑像,并将它们放在山顶上作为一种求雨的法术。哥伦比亚的汤普森印第安人和一些欧洲人则认为杀死一只青蛙可以导致下雨;为了求雨,印度一些稻作地区卑贱种姓的人们将一只青蛙绑在一根棍子上并盖上'尼姆树'的绿色枝叶,然后带着它走家串户,同时唱道:'啊,青蛙,快送来珍珠般的雨水,让田里的小麦和玉蜀黍成熟吧。'卡普人和雷迪人是马德拉斯的种植者和地主中的大姓,当缺雨时,这两个族姓的妇女们便捉来一只青蛙,将其活生生地绑在一个用竹子编的新簸箕上,撒上些树叶,拿着它挨门挨户地去唱歌:'青蛙夫人要想洗澡。啊,雨神!哪怕给她一点点水也好!'在这些卡普妇女唱歌时,屋里的女人便把水洒在青蛙身上,并给一些施舍,相信这样一来将很快带来倾盆大雨。"

很显然,铜鼓上青蛙塑像的出现,充分体现了铜鼓文化与稻作文化的文化关联。

三、铜鼓音乐与丰饶崇拜

(一)铜鼓歌谣与丰饶崇拜

明人汪广洋在《岭南杂咏》中云:

第六章 两种生产：铜鼓文化的主要内涵

壮族百姓抬铜鼓过河时要用羊角拴住鼓耳，以防铜鼓跳下河去与妖怪打斗

村团社日喜晴和，铜鼓齐敲唱海歌。

都道一年生计足，五收蚕茧两收禾。

广西东兰县三石乡四合村一带的壮族，在除夕之夜要杀猪杀羊举行"招铜鼓魂"的活动，请麽公来吟唱歌谣，祭祀铜鼓，扫回铜鼓魂以求来年风调雨顺：

呵——呀！
话不讲不明，话不说不知。
讲才明，说才知。
在此地建寨，在此地立房。
住过百代人，长住九百年。
百代人安康，九百年兴旺。
古时候人孝父母，家里挂着老铜鼓。
有个人无知，用石头打鼓。
铜鼓破裂成三块，铜鼓魂哭泣就逃离。
逃下大河深潭，逃到地底层。
随着天干旱，三年不下雨，四年烈日照。
老公公在河边也死，老婆婆在家里也死。
老公公在河里被渴死，老婆婆在家里被晒死。
村人齐商议，去找铜鼓魂。
挖下地层九百丈，请回铜鼓魂。
杀猪来敬祭，认罪一回又一回。
得回铜鼓魂。
重新造铜鼓。

前人造铜鼓，古人制铜鼓，
造得铜鼓来保护，请得铜鼓护庄稼。
别地无云雾，此地云雾降，
别处不落雨，此地雨滂沱，
滴雨大如鼓，阵雨铺天来，
田不耙泥土也烂，不放肥料也丰收。
三百二十种稻病不生，四百种虫害不来。
玉米苑大如桃树，禾苗秆如甘蔗粗。
一包玉米两人抬，一包玉米三人扛。
一苑秧苗发百株，株株皆茁壮。
一穗长谷百二粒，粒粒都饱满。
米粮满山坡，大家不愁吃。
养不育猪也生息，养母猪就受孕。
母猪一群群，公猪一大帮。
小猪满猪圈，头头卖高价。
千年无瘟疫，出卖得大钱。
鸡鸭满庭院，牛羊满山坡。
麽公讲好就好，大人说吉就吉。
十句无一句假，百句无一句错。
择得今日兴旺，择得今日吉利，择得今日良辰。
天上阳光暖和，地上燕子造窝。
大官今日起新房，王子今日娶媳妇。
我们今日挂铜鼓，我们今日打铜鼓。
明日入新岁，铜鼓响连连。
喊雨就得雨，喊风就得风。
天下老百姓，世代乐陶陶。
大吉大利！

广西南丹白裤瑶的《铜鼓歌》也这样唱道：

我们相邀在一起，我们欢聚到一堂。
大家辛劳了一载，大伙勤苦又一年。
猪羊养满圈，米粮装满仓。
今日我们共度欢乐的节日，今天我们同享幸福的时光。
在这美好节日到来的时候，在这嘉庆时辰降临的时候，
我们把你从祖仓里抬出来，小心翼翼悬挂在鼓架上；
在你旁边摆上酒，在你旁边烧上香。
对着你把话讲，对着你把歌唱。
铜鼓呵，铜鼓，你是瑶家的古堡；
铜鼓呵，铜鼓，你是瑶人的福音。
你的响声，赶走瑶家的祸难；
你的节奏，预告未来的吉祥；
使我们不愁饭食，使我们不愁酒浆。
你的声音轻快迷人，你的声音清脆锵锵。
瑶山年年充满快乐，瑶人岁岁不断歌唱。[16]

在上面的两首铜鼓歌谣中，我们不难感受到铜鼓文化在壮瑶群众心目中与稻作农耕生产的密切联系。很显然，在这里，人们认为只有铜鼓，才有可能保障风调雨顺，保障农业生产的丰收。

（二）铜鼓演奏与丰饶崇拜

在使用铜鼓的地区，人们通常把铜鼓悬挂于堂中，然后用鼓槌击鼓三声，细听铜鼓的音色和余音的长短。如果铜鼓声洪亮圆浑，余音长，则预示着来年世界太平、国泰民安、风调雨顺、五谷丰登，人们健康长寿。如果铜鼓声坚硬干燥，余音短，则预示来年世界不太平。如果铜鼓声音沙哑，余音短，则预示来年风不调雨不顺，会有疾病、地震、洪涝、干旱、虫灾之威胁，粮食颗粒无收。

广西天峨县都隆村宁氏家族铜鼓十二生肖鼓点也充分说明了铜鼓音乐与稻作文化的联系——老人们根据铜鼓的特征，结合一年

四季季节性变化，通过敲击鼓腰和鼓面，以节奏的快慢和声音强弱的变化来体现一年四季季节变化及特征。

四、铜鼓使用与丰饶崇拜

（一）买鼓、取鼓与藏鼓

在广西白裤瑶地区，新买回的铜鼓一定要通过一定的仪式来为其取名字。据老人说，铜鼓买回来后，要杀鸡杀鸭请鬼师来祭，然后取名字。如蛮降屯有5面铜鼓，它们的名字分别叫米水、米漏、米土、米麦、米姐（音）。

在收藏有铜鼓的很多村寨，需要使用铜鼓的时候，取出铜鼓叫"请铜鼓"，具体做法是：把两碗酒、半碗水放到铜鼓的鼓面上，同时还用一块竹片蘸上酒洒于鼓面，然后交代铜鼓说，亲戚家有丧事，今天我要带你去那里，打雷下雨你不要怕，声音要洪亮……

广西融水一带的侗族，在每年春节之前都要敲铜鼓，农历十二月十五，铜鼓的主人把铜鼓"请"到大厅，用布把铜鼓身上的灰尘擦净，然后拿糯米酒、糯米饭、酸鱼摆在铜鼓旁，烧纸焚香，把少许米酒和糯米饭撒在铜鼓后面，算是将铜鼓请出。

另外，在许多村寨，用完铜鼓之后，也需要用一些肉和酒来举行封鼓仪式，告诉铜鼓已经回来了，要安心待在家里。具体做法是：把两个半碗酒、一碗水放到铜鼓的鼓面上，同时还用一块竹片蘸上酒洒于鼓面，然后交代铜鼓说，拿你去藏，雷响不要动，海浪滔滔你不要动，要安心在家里。

作为制造和使用铜鼓的主要民族之一，壮族有关铜鼓的习俗也与水稻的种植有一定的联系。如在广西东兰县壮族地区，每年秋收之后，壮家处处敲打铜鼓，欢庆五谷丰登，六畜兴旺。逢年过节，红水河两岸铜鼓声不息，欢歌声不止，人们把安乐归功于铜鼓，归功于铜鼓神。在当地，流传着铜鼓斗"图额"的传说：人们认为，铜鼓深夜"飞出"屋檐口，轰轰作响，下水与"图额"作斗，天亮前又飞回主人家，一身泥水，鼓耳上还带着水草。此外，还有传说认为有的铜鼓斗不过"图额"，被陷进河、潭的石缝里，故当地有铜鼓河、铜鼓潭、铜鼓塘、铜鼓沟之名。为了让铜鼓"飞"出又安全回还，凡有铜鼓的村寨或人家，要设铜鼓神位，每月初一、十五进香烧纸，祈求铜鼓神保佑。有的村寨或人家，则以稻谷塞满鼓内，还以稻草扎成的绳子拴鼓耳，绑在房里，不让铜鼓"飞"下河。铜鼓"治服"、"图额"，大地才有稻子，故稻谷、稻草绳与铜鼓有难分难解之缘。而在一些村寨，人们甚至用稻谷把铜鼓填满。

于此，我们可以知道，铜鼓文化与稻作文化确实存在着一定的文化联系。

（二）铜鼓文化与蚂𧌒节

我们来观察一下壮族地区传承至今的"蚂𧌒节"。

壮族把青蛙叫做"蚂𧌒"，蚂𧌒节是通过祭祀青蛙，预测年景，祈求人畜兴旺、五谷丰登的节日。

20世纪50年代以前，红水河沿岸，北起天峨县的六排都龙、

壮族群众敲起铜鼓祭青蛙

邑暮云榜，南达大化瑶族自治县的板升，凡有铜鼓的壮族村寨，都流行过蚂𧊅节。

传说，青蛙是雷公的使者，青蛙叫，雨水到。祭拜青蛙，可以使这一年风调雨顺。

这一习俗于20世纪50年代被禁止，60年代中期以后又开始在红水河复苏。如今，在东兰县的长乐、兰阳、巴畴和天峨县的云榜等地，又不断听到蚂𧊅节的铜鼓声。

蚂𧊅节是从正月初一开始的。年初一的一大早，寒风料峭，人们吃了汤圆或粽粑以后，便抬着铜鼓，结伴涌向村边的田野中，唱着山歌，在稻田的泥坯中翻找青蛙：

敲起铜鼓请蛙婆，喊得天开雨水落，
大女新年进村寨，送来春暖吉祥歌。

当有人第一个找到青蛙的时候，就敲响铜鼓，燃放鞭炮，向大家报喜。然后把青蛙放进事先用木或竹制作的青蛙棺材，再放进纸糊的花轿，由两人抬着，送去蚂𧊅亭停放。

接着是"孝蚂𧊅"。在整个正月里，每天用酒、肉、糯米糍粑供奉青蛙，并将铜鼓悬挂在蚂𧊅亭，让人们在这里打鼓、唱歌，为青蛙守灵。在此期间，还需至少两次抬着青蛙棺，打着铜鼓，走村串寨游青蛙，挨家挨户唱蚂𧊅歌，向村民祝福。被祝福的家庭拿出酒、肉、米、糯饭、粽粑和银钱作礼品回赠。

最隆重的是葬青蛙。葬青蛙的那一天，早餐后，青年们抬着铜鼓到附近的山顶上敲打，用铜鼓声报告天庭，也向世人宣布，今天要葬青蛙了。附近村寨的人听到铜鼓声都会成群结队地赶来为青蛙送葬。在葬礼场上，搭着高台，竖着长长的纸幡，铜鼓横排在两侧，不停地演奏着，青年男女载歌载舞，尽情欢乐。太阳落山之前，由长幡作先导，人们敲着铜鼓，簇拥着青蛙棺，送去青蛙墓地，由麽公献祭品，念祭词，举行完繁杂的安葬仪式，才把青蛙安葬在固定的地方。有一首在蚂蚜节中经常要唱的《蚂蚜歌》是这样的：

> 大年初一敲铜鼓，请来蚂蚜同过年。
> 请它坐上大花轿，全村男女庆新年。
> 游村三十日，欢乐三十天。
> 请得千人来送葬，请得万人来联欢。
> 从此年年降喜雨，从此月月雨绵绵。
> 人畜安宁五谷丰，欢乐歌舞落人间。

在蚂蚜节跳的舞蹈，主要由《皮鼓舞》、《蚂蚜出世舞》、《敬蚂蚜舞》、《拜铜鼓舞》、《征战舞》、《耙田舞》、《插秧舞》、《薅秧舞》、《打鱼捞虾舞》、《纺纱织布舞》、《谈情说爱》、《庆丰舞》12个小节目组成。

在上述舞蹈中，《皮鼓舞》、《蚂蚜出世舞》、《敬蚂蚜舞》、《征战舞》主要表现的是人们对于蚂蚜的崇拜；《拜铜鼓舞》则由两人各持棍和树枝，分别戴禹王和尧王面具，从皮鼓前上场，面向铜鼓"撩腿点步"，走"之"形路线至铜鼓前，再做"平马蹲跳"两次，然后双手捧棍及树枝向铜鼓俯身躬拜三次。该舞表现出对铜鼓顶礼膜拜的虔诚心情。

而接下来的《耙田舞》、《插秧舞》、《薅秧舞》、《打鱼捞虾舞》、《纺纱织布舞》、《谈情说爱》、《庆丰舞》等，主要表现的则是壮民族的稻作文化。

《耙田舞》由四人表演，两人用耕牛道具服扮牛，另两人各戴水神、农神面具，水神肩扛耙子在前，农神于后，两人裤筒卷得一高一低，做驯牛动作上场。表演中，牛故意做调皮动作不听主人指挥，驯牛者做出跌倒、被撞伤的样子，动作风趣，表演诙谐，引人发笑。由于驯牛者机智勇敢，最后"犟牛"也被驯服，老老实实地做耙田的模拟动作。耙田时，小蚂蚜上场，从牛肚下穿来穿去，嬉戏逗乐。《插秧舞》由四人表演，均戴姑娘面具，身着女式斜襟上衣和长裙，头搭毛巾，站成一横排，面向铜鼓模拟插秧的动作。《薅秧舞》也由四人表演，均戴后生哥面具，身着农家便服，右手执拐棍，左手叉腰，站一横排模拟薅秧的动作。《打鱼捞虾舞》由两人表演，一人戴打鱼郎面具，身着青色上衣和短裤，腰间系鱼篓，手持渔网，做撒网打鱼动作绕场一周；另一人戴村妇面具，身着村妇便服，跟在打鱼郎后面，手持竹箕做捞虾动作。两人扮作一对夫妇，边劳作边逗趣，做许多令人发笑的滑稽动作，使舞场充满了欢乐的气氛。《纺纱织布舞》由两人分别戴歪嘴老人面具和村妇面具表演，老人捧纺纱车、村妇执线绞上场舞蹈，除模拟纺纱绞线动作外，两人还伸懒腰、互相捶背、嬉戏，生活气息较浓。《谈情说爱》由四人表演，两人戴姑娘面具，身着生活便服，攀肩搭腰，撑一把花伞走在前面；另两人戴后生哥面具，身着生活便服，手牵手撑伞随后，缓步绕场对唱情歌，唱着唱着，场外的观众也情不自禁地脱口而唱。此时，演员与观众的情绪融为一体，场内场外的山歌声此起彼伏，场面非常热闹。《庆丰舞》是蚂虫另舞中的最后一个舞段，由两人戴后生哥面具表演，动作有"抬腿跳步"、"拍掌跳跃"等，舞步活跃，节奏明快，表现出喜庆丰收的欢乐情绪。

在红水河流域一带的壮族地区，蚂虫另节是最为隆重的民间节日，体现出非常浓厚的稻作文化意蕴。值得注意的是，铜鼓在壮族蚂虫另节中是一件具有关键性作用的神器：人们通过敲击铜鼓来与神灵沟通。因此，如果哪个村寨没有铜鼓，是不能举办蚂虫另节的。而整个蚂虫另节，可以说都是在铜鼓声中进行的。

透过壮族最为隆重的蚂虫另节，我们同样不难感受到铜鼓与稻作文化的紧密关联。

（三）铜鼓、雷鼓与祈雨

早在南宋之时，方信孺在《南海百咏·序》中就已指出："(铜

第六章 两种生产：铜鼓文化的主要内涵

专家在考察番瑶铜鼓文化

鼓）周遭多铸虾蟆，两两相对，不知其何意。"后来，有不少学者从农耕文化的角度出发，认为铜鼓上青蛙雕像与祈雨有关。例如，1884年，德国学者迈尔发表《东印度群岛之古代遗物》，认为铜鼓饰蛙"意在唤雨"。1929年，马歇尔发表《克伦铜鼓》，认为："青蛙的出现是因为人们相信铜鼓能给人以雨的这种信仰所导致的。因为有些原始人相信，不是雨把青蛙从隐藏的地方引出来，而是青蛙的呱呱声把雨引了出来。他们也可以想到鼓的沉重的声音正像一些巨大的牛蛙所发出的声响，它确能诱使雨神给他们干旱的土地送来使人清爽的倾盆大雨。"中国著名的民族学家罗香林也指出：至谓铜鼓制作，并与祈雨有关，则亦有客观依据。观鼓面常铸立体蛙蛤或蟾蜍，殆即因祈雨而作。

在使用铜鼓的各民族中，也多有铜鼓可以求雨的民间传说。如四川凉山彝族传说铜鼓是天上居住的神人铸造的，它们有公、母之分，有时天上下雨，公鼓应母鼓的呼唤，会飞向母鼓，互相匹配。又传说铜鼓是掌握风雨的，雨水多了，要杀白鸡祭鼓；如雨水不止，要杀白羊祭献，就能将雨止住；天旱不雨，杀牲祭祀后，用木棒打击铜鼓，天就会下雨。

广西都安也有用铜鼓祈雨的仪式：在久旱不雨的时候，都安板岭一带的群众常将铜鼓和水牛集中到村外山头，聚众赛铜鼓求雨。如果求得了雨，就杀牛祭天。也有的是抬着铜鼓和狗游村求雨的。都安拉烈的壮族和瑶族则用铜鼓和猫求雨，在敲过一通铜鼓之后，将猫杀死，放在清水岩中，然后等待霖雨的到来。

对于稻作民族而言，雨水的多寡关系到一年稻作的丰歉。如果久旱不雨，则无法播种插秧，因此，如果没有降雨，稻作民族将难以生存。于是，为了获得充足的雨水，它们不得不采用各种方式来祈求风调雨顺。而铜鼓，也是他们认为具有求雨功能的神器。由此，我们同样可以见出铜鼓文化与稻作文化的内在关联。

（四）铜鼓与谷魂祭祀

布标人认为，玉米和稻谷的魂怕铜鼓声，因此敲打铜鼓都安排在秋收之后。

（五）铜鼓入土与丰饶崇拜

在对铜鼓的使用中，还有一个值得注意的现象，就是人们经常有意识地把铜鼓埋入土中。

至于"铜鼓入土"的原因，主要有如下几种观点：

1. 因战争而入土。
2. 因氏族的酋位继承。
3. 因氏族头人为表示对官府的臣服。
4. 因官府的"铜禁"。
5. 为防水患。
6. 为防失窃。
7. 因举行铜鼓祭祀仪式的需要。

我们认为，壮族先民之所以要有意识地把铜鼓埋入土中，在本质上仍似与铜鼓所具有的生殖力有关。

法国学者M.P.塞斯蒂文指出："马·凯坦马真提到，铜鼓饰以蛙的图像，通常都与水，特别是与咆哮着的急流中的水神相连。当铜鼓被击打时，发出隆隆的雷声，激动人心。铜鼓也象征着主宰丰收的自然神，能保证农业丰收，居民繁衍。蛮人把铜鼓埋在土中，是希望天上的雷与地下的水接触，使水流得更快，土地得到灌溉。"

尽管马歇尔说的是人们运用铜鼓的声音来取悦土地神,但却也透露出了铜鼓与土地的内在联系。如今在广西东兰一带举行的"蚂蜗节"里,也还存在着把铜鼓埋入土中,待来年开春时,掘土取铜鼓看其色泽,以预测这一年农作物的生产情况的习俗。这实际上仍是借铜鼓来吸取土地的生殖力,只不过这一生殖力的作用已转移到农作物的生长上去了。

综上所述,可知壮族先民确实是把他们长期积淀的生殖崇拜文化艺术化地移植到了铜鼓上,从而使铜鼓成为壮族生殖崇拜文化的艺术载体之一,成了进行生殖崇拜必不可少的圣器。天长日久,人们便认为铜鼓的这种生殖作用,不仅影响到部族人丁的兴衰,还扩展到农耕的丰收与六畜的兴旺。于是,自然地,铜鼓便与部族的生存发生了密切的联系,最后成为权力、富贵乃至民族命运的象征。

[注释]

① 李学勤:《从青铜器谈到比较文明史》,《读书》1984年第2期。

②③④ 赵国华:《生殖崇拜文化论》,北京,中国社会科学出版社1990年版,第223页、第249—250页。

⑤ 李泽厚:《美的历程》,北京,中国社会科学出版社1986年版,第20页。

⑥ 淮阴县文化馆:《人祖爷的传说》(内部资料,1987年印)。

⑦ 《广西风物志》,南宁,广西人民出版社1984年版,第279页。

⑧ 陶思炎:《鱼考》,《民间文学论坛》1985年第6期。

⑨ 蓝鸿恩:《壮族青蛙神话剖述》,《广西民间文学丛刊》第12期。

⑩ 徐松石:《徐松石民族学文集》下卷,桂林,广西师范大学出版社2005年版,第728—729页。

⑪ 魏勒：《性崇拜》，北京，中国文联出版公司1988年版，第2页。

⑫ 柏拉图语，转引自朱狄：《原始文化研究》，北京，三联书店1988年版，第764页。

⑬ 巴霍：《母权论》，转引自朱狄：《原始文化研究》，北京，三联书店1988年版，第764页。

⑭ 蓝鸿恩：《蛟龙·鸟·雷神·青蛙》，《民族艺术》1991年第3期。

⑮ 广西大新县三套集成编委会：《大新县民间故事集》(资料本)。

⑯ 《中国歌谣集成·广西卷》，北京，中国社会科学出版社1992年版，第820页。

第七章
薪火相传：铜鼓文化的
保护与传承

第一节　铜鼓文化与人类文化多样性

一、铜鼓文化分布的地理环境的多样性

（一）珠江流域

在中国，铜鼓文化主要分布在珠江流域。珠江是我国南方的大河，发源于云南省曲靖市境内的马雄山，由南盘江、红水河、黔江、浔江及西江等河段所组成，主要支流有北盘江、柳江、郁江、桂江及贺江等，在广东省珠海市的磨刀门入注南海，主要流经滇、黔、桂、粤、湘、赣等省（自治区），流域面积453690平方公里，全长2214公里。珠江流域北靠五岭，南临南海，西部为云贵高原，中部丘陵、盆地相间，东南部为三角洲冲积平原，地势西北高，东南低。珠江流域地处亚热带，北回归线横贯流域的中部，气候温和多雨，年平均温度在14—22℃之间，年平均降雨量为1200—2200mm，降雨量分布由东向西逐步减少，降雨年内分配不均，地区分布差异和年际变化大。珠江流域内民族众多，共五十多个民族，主要民族有汉、壮、布依、侗、水、苗、瑶、毛南等，其中以汉族人口为最多，其次是壮族。

具体而言，云南是铜鼓文化的起源地，以滇池一带为核心是古老铜鼓出土最集中的地区；云南西部和南部则是晚期铜鼓的分布区，其中又以西盟、沧源佤族地区和文山壮族地区的传世铜鼓最

多。贵州几乎全省都有铜鼓分布，其中又以黔南、兴义、安顺、贵阳四个地区最集中。贵州目前仍使用铜鼓的民族有布依、水、苗、瑶等。广西铜鼓文化历史悠久，桂东南、桂西南各县都有铜鼓分布；桂东北自贺州市、昭平、蒙山以南也有铜鼓出土；桂西北自龙胜、三江沿桂黔、桂滇边境各县，现在仍有不少民族使用铜鼓。广西

白裤瑶鼓手介绍铜鼓文化

铜鼓出土最密集的地区是玉林市、钦州市、梧州市、柳州市、来宾市、南宁市，传世铜鼓最多的是河池市和百色市。目前仍使用铜鼓的民族有壮、瑶、苗、彝等。广东铜鼓出土主要分布在北江以西地区，其中尤以与广西毗邻的廉江、高州、信宜一带出土最多。海南出土铜鼓的地方主要在琼山、文昌、万宁、陵水、澄迈、昌江和东方等县。

（二）东南亚各国

东南亚也是铜鼓文化的主要分布地之一。东南亚位于东经93°—141.5°，北纬24°—南纬10°之间，北与中国接壤，南与澳大利亚大陆隔海相望，东濒浩瀚的太平洋，西临印度洋，与南亚次大陆上的孟加拉国、印度接壤。东南亚的陆地由中南半岛和马来群岛两部分组成，总面积约448万平方公里。东南亚地区是亚洲纬度最低的地区，绝大部分位于北回归线和南纬10°之间，属热带气候区。东南亚共有十个国家，其中越南、老挝、柬埔寨、泰国、缅甸五国位于中南半岛（又称中印半岛，或印度支那半岛），故称"半岛国家"；菲律宾、马来西亚、文莱、新加坡、印度尼西亚五国位于马来群岛，故称"海岛国家"。东南亚具有悠久的历史，

不仅是人类的发祥地之一,而且是澳、亚两大陆早期人类交汇、集合、繁衍的地区之一。在漫长的历史发展过程中,东南亚人创造了自己灿烂的文化,留下了许多辉煌的历史文物古迹。东南亚共有一百多个民族,几百种语言,其中既有古老的民族,如伊班族、卡达山族、马来族、泰族、高棉族、京族等,又有后来迁徙的华人、印度人、阿拉伯人,还有欧洲一些国家的白人。在文化上既有本地区的传统文化,又有伊斯兰教文化、佛教文化、天主教文化和儒教文化,还有西方现代文化。

具体而言,越南铜鼓主要分布于北部红河流域,以河内西南的河山平省最多,中部和南部也有铜鼓发现。越南铜鼓的藏量仅次于中国。越南北部的红河平原与中国西南边疆山水相连,很早就有经济文化往来。公元前4世纪左右,发源于云南滇西地区的铜鼓文化从滇池流域顺着红河东下,与越南本土的青铜文化融合,形成了著名的"东山铜鼓"。老挝出土铜鼓的地区主要在下寮,而居住在老挝东部山区的克木人和拉麻特人至今还使用铜鼓。缅甸称铜鼓为"巴栖鼓",意为"蛙鼓"。缅甸铜鼓通常是成双成对一雄一雌地制作:鼓面铸有青蛙的为雄鼓,鼓面无青蛙为雌鼓。泰国北部的童难府、东部与中部湄公河和锡蒙河流域的素可太、呵叻、乌汶、素叻、洛坤等府都出土过铜鼓。柬埔寨在磅清扬的托斯塔和马德望近郊的特南蒙鲁寨等地都出土过古代铜鼓。马来西亚在彭亨、雪兰峨,西海岸的甘榜双溪朗、东海岸的瓜拉丁加奴等地都出土过铜鼓。印度尼西亚的铜鼓主要出土于苏门答腊、爪哇和甘尼安以及东边的罗地、塞卢、莱狄、塞拉卢诸岛。

从上可知,铜鼓文化的分布区域主要包括中国西南部地区和东南亚一大片古老民族区,其中又以中国西南部和越南北部为铜鼓文化的重点分布区。常言道:"一方水土养一方人",任何一种文化的产生与发展,都是与其相关的地理环境有着密切的联系。铜鼓文化产生和发展于中国西南部的七省区和东南亚七国,其地理环境在相对一致的基础上,实际上却呈现出以高原、山地、丘陵、平原、海洋和岛屿等为主体的多样性。这种地理环境的多样性，正好构成了铜鼓文化多样性的地理基础。

二、使用铜鼓民族（族群）的多样性

（一）壮族

壮族是最早使用铜鼓的民族之一。壮族目前使用铜鼓的地区主要在红水河流域，其中又以东兰、天峨、南丹、巴马等县的传世铜鼓最多，田林、西林及云南文山等地也有不少。壮族地区的铜鼓有公母（雌雄）之分，使用时通常是公母配对，一般是公鼓、母鼓各2面组合为一组。壮族使用铜鼓主要是节庆以及婚嫁、建新房和丧葬时。

（二）布依族

布依族主要聚居在贵州省黔南布依族苗族自治州和兴义、安顺

广西田林县木柄瑶跳起丰收舞

的几个布依族苗族自治县。布依族称铜鼓为"连"或"那连",铜鼓属全村寨共有,由村民轮流保存。布依族的铜鼓通常也是雌雄成对组合使用,主要用于节庆、丧葬和祭祖。

(三)侗族

侗族主要分布在广西、贵州、湖南三省(自治区)交界的县份。贵州黎平、从江和广西融县、三江等侗族聚居的地区都曾拥有铜鼓,但现在湖南靖县、通道和广西龙胜等地的侗族已不使用铜鼓,只是在他们的歌谣中还常常提到铜鼓。

(四)水族

水族主要居住在贵州三都水族自治县和荔波、独山、都匀以及榕江、黎平、凯里等县。"年亚"是水族对铜鼓的称呼,水族民间有"四耳铜鼓,尖顶王造"的歌谣,认为铜鼓是天神尖顶王所造。此外,水族也认为诸葛亮曾改造过铜鼓,故也把铜鼓叫做孔明鼓或诸葛鼓。水族主要在节庆和婚嫁、丧葬以及建新房时使用铜鼓。

(五)苗族

苗族主要聚居在贵州清水江和都柳江流域的雷山、丹寨、台江、黄平、凯里、施秉、镇远和广西融水、南丹等地,一般在过苗年、尝新、盖新房和"吃牯脏"、芦笙节和丧葬时使用铜鼓。

(六)瑶族

瑶族支系众多,但只有布努瑶、白裤瑶和木柄瑶使用铜鼓。布努瑶居住在广西大化、都安、巴马一带,每遇重大事件都以敲击铜鼓为号。每年种下庄稼后,都要在田头地角架起铜鼓,一边敲打,一边舞蹈,祈求丰收。同时,每年旧历五月二十九日举行的祝著节也一定要使用铜鼓。白裤瑶主要居住在广西南丹和贵州荔波一带,白裤瑶的铜鼓归由血缘关系组成的油锅组织所有,平时由油锅头人收藏保管，主要用于祭丧仪式。居住在广西田林的木柄瑶也使用铜鼓。木柄瑶的铜鼓由年长的巫师保管，他们将铜鼓秘密地埋于地下，到每年腊月逢龙日才挖出来，供除夕祭社神和正月春节使用。

（七）彝族

彝族在中国主要分布于川、滇、黔、桂四省（自治区），也是较早使用铜鼓的民族之一。彝族的一些支系现在仍使用铜鼓，如居住在云南广南、富宁及麻栗坡的彝族支系倮族仍在使用铜鼓，主要用于舞蹈伴奏、盖新房子和丧葬仪式时；而居住在广西那坡县的白彝在每年各种重大节日都还使用铜鼓。

（八）佤族

佤族主要居住在中缅边境澜沧江以西和萨尔温江以东的崇山峻岭地区。缅甸的佤族至今还使用铜鼓，生活在中国的佤族曾有敲击铜鼓猎头的习俗。此外，佤族在死人、失火、砍牛尾巴和做老母猪鬼等仪式时也要使用铜鼓。

（九）岱族

与壮族同源的岱族主要居住在越南的高平、谅山、北太、宣光、河江、安沛、老街等省，至今还保留着使用铜鼓的习俗。

（十）侬族

与壮族同源的侬族主要居住在越南的谅山、高平和北太、河北、河江等省，至今也还保留着使用铜鼓的习俗。

（十一）克伦族

主要居住在缅甸东部掸邦高原，克伦人在许多不同场合使用铜鼓，通常把铜鼓作为一种传讯工具召集人们参加特定的活动，召唤祖先神灵到场为婚丧嫁娶或乔迁新居作证；铜鼓还作为一种货币，用于购买货物、支付酬金，用作婚姻聘礼等。铜鼓是克伦人财富和地位的象征。

（十二）跨境而居的克木人、布标人

克木人主要居住在老挝、越南、泰国、缅甸等国边境地区的崇山峻岭之中。老挝的克木人聚居在琅勃拉邦省，他们的铜鼓属于"大伞"（乡长）所有，但大伞也把铜鼓看做整个村寨和全族所共有的财富。克木人的铜鼓平时放在屋里收藏，遇到战争时则把铜鼓埋在地下或者将铜鼓藏在森林里、岩洞中。克木人的铜鼓主要用于丧葬仪式，盖新屋、结婚以及开垦坡地时也打击铜鼓。越南奠边府平原西北部和西部的克木人在春耕仪式中使用铜鼓；居住在中国云南景洪、勐腊两县的克木人的铜鼓属全村寨所有，一般用于祭祖和求雨。居住在中国云南边疆麻栗坡县与越南交界的国境线上的普弄、马同、普风、童龙等寨的布标人十分敬重铜鼓，其铜鼓主要在丧葬仪式上使用。居住在越南河江省的布标人的铜鼓也是分为雌雄成对使用：使用铜鼓之前，要先进行供祭，祭品是2碗酒、1只鸡。祭祀完毕后，将酒洒在鼓面上，然后才能把铜鼓挂在中间房的门旁，雄鼓挂在左边，雌鼓挂在右边，鼓面相对。

严格地说，由于缺乏充足的资料，历史上有哪些民族使用铜鼓，现在已经难以说清。尽管如此，目前仍在使用铜鼓的民族（族群），仍多达十多个，依然体现出铜鼓使用族群的多样性。而且，尽管由于缺乏相关材料来说明使用铜鼓族群之间关于铜鼓文化是如何传播、交融与互动的，但透过以上的相关叙述，我们依然可以想象得出

越南倮倮人敲击铜鼓

使用铜鼓的族群之间丰富多彩的文化关联。也就是说，即便只是基于目前所知的使用铜鼓的族群状况，我们也仍然可以了解到铜鼓文化在族群关系上所呈现出来的多样性。

三、铜鼓类型的多样性

有关铜鼓的分类，民间的分法多样，且由于缺乏文献记载而难以考证。元代马端临在《文献通考》中最早按照大小标准来把铜鼓分为大、中、小三类。相对于马端临过于简单的分法，明代邝露在《赤雅》中则根据民间长期以来所附会于铜鼓之上的历史意涵把铜鼓分为"伏波鼓"和"诸葛鼓"，认为大的是伏波鼓，小的是诸葛鼓；清代《西清古鉴》则根据诸葛亮和马援在中国南方活动地区的不同，从拥有铜鼓族群的不同来作进一步的划分："大抵两川所出为诸葛遗制，而流传于百粤群峒者，则皆伏波为之。"

1898年，德国学者迈尔和夫瓦在《东南亚的青铜鼓》一文中把铜鼓分为六个类型。1902年，奥地利学者黑格尔在《东南亚古代金属鼓》一书中将165面铜鼓分成四个主要类型和三个过渡类型。

20世纪50年代，中国学者闻宥在《古铜鼓图录》一书中把中国古代铜鼓分为甲、乙、丙三式。而云南省博物馆编著的《云南省博物馆铜鼓图录》则把铜鼓分成甲、乙、丙、丁四式。

在上述铜鼓划分的基础上，中国广西学者经深入研究，在《广西古代铜鼓研究》一文中将广西铜鼓划分为甲、乙、丙、丁四型，每型之下又分若干式，总共有二十式。[①]云南学者李伟卿在《中国南方铜鼓的分类和断代》一文中也采取分大型、划小式的方法把中国南方铜鼓分为三型七式。1978年，汪宁生在《试论中国古代铜鼓》一文中主张研究铜鼓应该先找到一些标准器作为断代、分区的尺度，并列举了八批35面铜鼓作为"标准器"，然后将其他铜鼓与之比较，分别归类，从而将中国现存铜鼓划分为A、B、C、D、E、F六型。[②]李定的《铜鼓》一文在介绍铜鼓的类型时直接用标准器出土

白裤瑶少年参加铜鼓演奏

地名来代替以往分类的序号,把以云南晋宁石寨山出土的铜鼓为代表的一个类型的铜鼓称为"石寨山式"铜鼓,把以广西灵山出土的铜鼓为代表的一个类型的铜鼓称为"灵山式"铜鼓,把以贵州麻江谷峒出土的铜鼓为代表的一个类型铜鼓称为"麻江式"铜鼓。③

至1980年,经过反复讨论,大多数学者倾向于以标准器分式,并用出土标准器的地名命名的办法来划分铜鼓的类型。在此基础上,张世铨的《论古代铜鼓的分式》一文提出8个标准式,分别名之为万家坝式、石寨山式、冷水冲式、遵义式、麻江式、北流式、灵山式、克伦式。④

很显然,有关铜鼓的分类的研究是一个相当漫长的历史过程,至少大致可以分为草根与精英两个层面,尽管由于种种原因,最终受到承认的是所谓的有"科学含义"的分类标准,但我们却不应该忽视铜鼓在特定时期的分类所蕴藏着的文化内涵,而尤为需要我们去作进一步探讨的则是民间特别是使用铜鼓的具体族群自己对于铜鼓的称呼与分类。因此,在此意义上,有关铜鼓的分类也同样体现出了一定的多样性。

四、铜鼓艺术的多样性

(一)铜鼓装饰艺术

1.画像艺术。铜鼓上的画像艺术包括自然物体、动物形象、人体动作等现实生活的描绘。画像艺术是石寨山型铜鼓的主体装饰，也是铜鼓艺术中最直接、最形象地反映当时社会生活内容最有价值的部分，又是铜鼓艺术成熟的表现。

2. 雕塑艺术。铜鼓上最普遍的雕塑品是青蛙的塑像，此外还有人骑马、人喂马、母子马、人骑牛、牛橇、牛群、斗蛙、龟、双鱼、水禽、双鸟、双骑、小象、田螺的塑像。

3. 几何纹样。铜鼓上的几何纹样主要有万家坝型铜鼓上的网格纹，石寨山型铜鼓上的圆圈纹、栉纹、勾连雷纹、三角齿纹，冷水冲型铜鼓上的复线交叉纹、细方格纹、羽纹、栉纹、同心圆圈纹、水波纹、菱形纹、圆心垂叶纹，麻江型铜鼓上的栉纹、回纹、乳钉纹、同心圆圈纹，北流型铜鼓上的云纹、雷纹、水波纹、席纹、钱纹，灵山型铜鼓的席纹、钱纹、云纹，西盟型铜鼓上的云纹、雷纹、水波纹，等等。

铜鼓装饰艺术是一种固态化了的静态的艺术，但由于它们所体现的是铜鼓文化，特别是使用铜鼓的诸多族群的文化观念和审美情趣，所以同样体现出令人眼花缭乱的多样性。

（二）铜鼓歌谣艺术

铜鼓的主要功能之一就是作为乐器为歌舞伴奏。如在云南晋宁石寨山铜鼓形贮贝器上印铸的图案中，就有击鼓唱歌的形象：1面铜鼓放在地上，两侧各有一个双手戴大圆环的人，他们挥动双臂，奋力击鼓，头微昂起，张着嘴，像是在唱着动情的歌。在另一件镂花铜饰物上，也有用铜鼓作舞蹈伴奏的情景：在一间三面有栏板的屋子里，跪坐着5个人，他们的面前摆着一张放有食物的食案，在案的前方，有4人分成两行，做舞蹈姿势，旁边有3人敲击铜鼓，为他们伴奏。

就目前而言，使用铜鼓的民族都是爱歌唱的民族。铜鼓声伴随着民歌声在山间飘荡，而铜鼓也就常常成为各民族歌咏的对象。

无论是历史上曾经使用铜鼓的民族还是目前仍在使用铜鼓的民

族，铜鼓都一直是他们吟唱歌咏的对象。于是，铜鼓歌谣在形式、内容等方面，也都体现出一定的多样性。

（三）铜鼓舞蹈艺术

以铜鼓伴舞，是铜鼓文化的一个重要组成部分。对此，文献上也多有记载。清《滇南志略稿》记云南文山的"花土僚"习俗：自正月至二月，击铜鼓跳舞为乐，谓之过小年。清陈鼎《滇黔土司婚礼记》记述云南、贵州的苗族青年男女在"跳月"狂欢之后，互择配偶，在婚礼上数十名彩衣姑娘出来击铜鼓，讴苗歌，唱喜词，造成"震天盘旋，环绕庭中"的热烈场面。

直至现代，壮族、布依族、水族、瑶族、苗族、彝族在举行传统节日、婚嫁喜庆和丧葬祭祀时，都还有敲铜鼓跳舞的习俗。可以说，铜鼓舞蹈不但历史悠久，而且从内容到形式也是非常丰富多彩的，较好地呈现出了铜鼓文化的多样性。

苗族同胞悬挂铜鼓以便击打

（四）铜鼓音乐艺术

铜鼓是作为乐器而问世的，其用途主要是作乐器演奏，打击奏乐是铜鼓的三大社会功能之一。因此，铜鼓音乐较早地引起了人们的关注。现在使用铜鼓的各民族，在演奏铜鼓时以单独敲击为主，主要有单面铜鼓演奏、双面铜鼓演奏和四面铜鼓演奏等方式，有时也与其他乐器一起合奏。

相对而言，铜鼓演奏的方式较为简单，但也依然呈现出一定的多样性。

五、铜鼓使用方式的多样性

演奏铜鼓时铜鼓的悬置方法，主要有正置于地、侧置于台、侧悬于架、正悬于架等多种方式。

（一）正置于地使用铜鼓

这是将铜鼓平置于地面敲奏的方法。这种方法便于演奏，演奏者可以灵活地运用双手敲击，并可绕着铜鼓跳跃歌舞。

（二）侧置于台使用铜鼓

这种方式常见于公母鼓对置，两面铜鼓面对着面，中间相距约50厘米，由一人执槌敲奏。布努瑶的公、母铜鼓就采用这种放置方法，分别由男、女2人演奏。此外，与侧置于台相类似的是侧置于架，即用三条木棍交叉作成架，将铜鼓横摆于架叉上敲击。

（三）侧悬于架使用铜鼓

即用绳索系住铜鼓的1只耳或相邻的2只耳，悬垂于木架上敲打。

（四）正悬于架使用铜鼓

即用绳索分别系住4耳，悬吊于两根平行的横木之上，或分别系于4根竖立的木柱之上。

（五）运动中使用铜鼓

铜鼓还有在运动中敲奏的。一是两人抬着铜鼓徒手拍击，边走边打。二是用两条木棍横穿过铜鼓的4耳，4个人抬着，另一个人手执鼓槌跟在后面边走边打。

很显然，铜鼓使用时悬置的方式因使用民族和流传地区的不同，也体现出一定的不同。而这种异同的产生，又恰好反映出了铜鼓文化的多样性。

六、铜鼓使用文化时空的多样性

(一)过新年

背起铜鼓把家还

1. 壮族。春节之时，红水河流域的壮族村寨一般要在除夕之前把铜鼓从密藏的地方取出来，用绳索系着双耳悬挂在家中宽敞的厅堂或门前屋檐下，让同村的人随意敲打娱乐。广西东兰、南丹县的一些壮族村寨，在除夕之夜或农历正月初一，村民抬着铜鼓游村，挨家挨户登门祝贺新年。广西田林县的定安和旧州一带壮族村寨，也有迎铜鼓进村寨的习俗。

2. 布依族。贵州黔南布依族过嫩信节（春节）一定要敲击铜鼓。铜鼓被请出来以后，先由寨老敲"祭神调"，意思是恭请天上、人间、龙宫三界之神。与此同时，各家各户敲铜鼓、燃鞭炮、吹牛角，由长者焚香、烧纸，进行祭祀。之后，全寨的人聚在一起围着铜鼓踩着鼓点跳舞。四川南部的会东、宁南的布依族在除夕之夜用猪头肉、鸡、酒等祭祀铜鼓，正月初一正式拿出来敲打。

3. 侗族。广西融水一带的侗族在每年农历十二月十五日由铜鼓的主人把铜鼓"请"到大厅里，拿糯米酒、糯米饭、酸鱼摆在铜鼓旁，烧纸焚香，把少许米酒和糯饭撒在铜鼓后面，算是将铜鼓"请"出。然后用一条长绳将铜鼓的双耳串好挂在大厅的梁柱上，用一节捆有布和棉花的小棍敲击铜鼓。从这时起，全村寨的姑娘都来敲击铜鼓祈年。除夕晚上，全寨姑娘集中到铜鼓主人之家，守夜敲鼓，名曰送旧迎新年。大年初一过后，铜鼓仍然悬挂着,姑娘们不定时地来敲奏,直到农历正月十五,全寨姑娘再次集中到铜鼓主人之家,守夜敲鼓,直到午夜,主人才将铜鼓卸下,按原来的仪式祭拜一番,放回原地。

4.苗族。广西南丹县中堡苗族春节打铜鼓庆贺称为"庆鼓"。除夕晚上,凡有铜鼓的人家都准备好酒肉,烧香化纸祭供铜鼓,祈求鼓神禀报祖先回来与子孙共度佳节,并保佑子孙人丁兴旺,五谷丰登。居住在贵州雷公山下丹江畔的苗族,至今还保留着以十月为岁首的周代纪年法,每年阴历十月的第一个兔日开始过苗年。到苗年的第六天,即猴日的午后,保管铜鼓的寨老用香纸、鞭炮、米酒、鲤鱼等"醒鼓",开始带领全村男女老少跳铜鼓舞。

5.瑶族。居住在广西田林县浪平、平山等地的木柄瑶于每年腊月逢龙日把铜鼓从收藏处挖出来,以便除夕祭社神和正月春节时使用。木柄瑶祭社神时要祭铜鼓,由巫师主祭铜鼓,开始先打5遍铜鼓,代表5个木柄瑶村寨。木柄瑶春节打铜鼓一般在正月初三,先由主祭人将铜鼓平放于地面,公鼓在左,母鼓在右,母鼓右侧放置一个皮鼓。主祭人在公鼓上放两个粽子,在母鼓上放一只粽子,再各放一只烤熟的鸟和一张纸钱,然后点香,斟酒,烧纸钱。祭毕,将两面铜鼓悬在中堂横梁上,皮鼓悬在右厢房的桁条上,主祭人先打一轮,别人才接着打。自此以后,每天都可敲铜鼓跳舞。到正月三十,又形成一个高潮,全寨人再次聚在一起狂欢,举行隆重的收鼓仪式后,由保管铜鼓的人将铜鼓秘密地埋入地下。

(二)过节

1.壮族蚂蚜节。壮族把青蛙叫做"蚂蚜",蚂蚜节就是通过祭祀青蛙,预测年景,祈求人畜兴旺、五谷丰登的节庆。20世纪50年代初期以前,红水河沿岸,北起天峨县的岜暮、云榜,南达大化瑶族自治县的板升,凡有铜鼓的壮族村寨都要在春节期间举行蚂蚜节。当地群众认为青蛙是雷公的使者,青蛙叫,雨水到。因此，祭祀青蛙，可以求得风调雨顺。

　　蚂𧊔节开始于正月初一。一大早，人们吃了汤圆或粽粑以后，便抬着铜鼓结伴涌向村边的田野，唱着山歌在稻田的泥坯中翻找青蛙。当有人第一个找到青蛙的时候，就敲响铜鼓，燃放鞭炮，向大家报喜。然后把青蛙放进事先用木或竹筒制作的青蛙棺材，再放进纸糊的花轿，由二人抬着，送去蚂𧊔亭停放。接着是"孝青蛙"、"游青蛙"和"葬青蛙"。葬青蛙那一天，青年们抬着铜鼓到附近的山顶上敲打，用铜鼓声报告天庭，也向世人宣布，今天要葬青蛙了。附近村寨的人听到铜鼓声都会赶来为青蛙送葬。在葬礼场上，搭着高台，竖着长长的纸幡，铜鼓横排在两侧，不停地演奏着，青年男女载歌载舞，尽情欢乐。太阳落山之前，由长幡作先导，人们敲着铜鼓，簇拥着青蛙棺，送去青蛙墓地，由麽公献祭品，念祭词，做完繁杂的安葬仪式，才把青蛙安葬在固定的地方。

　　2. 水族端节和卯节。端节是水族的年节。每年从阴历八月第一个亥日起，往后两个月期间，贵州三都、独山、榕江、雷山和广西南丹一带的水族，即按地域分批在宾日、争日、未日或申日欢度端节，村村寨寨敲铜鼓，打皮鼓，登高，赛马娱乐。阴历六月的卯节，贵州三都、荔波两县交界的水族，除了上卯坡（传统歌场）纵情歌唱之外，也常常将铜鼓拿出来悬挂于厅堂，和亲戚邻里一起敲奏娱乐。

　　3. 布努瑶祝著节。祝著节也叫达努节，是布努瑶敬奉始祖娘娘密洛陀生日重大节庆。届时，主持人在高山顶上敲铜鼓，鼓声传到各个弄场和村寨，大家闻讯穿上鲜艳的服装赶来参加节日活动，吹唢呐、跳铜鼓舞。

　　4. 彝族跳弓节。云南文山广南、富宁的倮族（彝）仍在使用铜鼓。他们敲击铜鼓主要是为舞蹈伴奏。彝族过节不祭神，只跳舞自娱，盖新房子要跳舞，死了老人要跳舞，都敲奏铜鼓相伴。特别是一年一度的跳弓节，要跳三天三夜的"铜鼓舞"。

5. 苗族。雷山苗族的铜鼓主要用于过苗年、尝新、盖新房和"吃牯脏"。"吃牯脏"是苗族的重要宗教活动，一般以一个村寨为单位，邀请外寨参加，有一系列仪式和娱乐活动，主要内容是祭祀祖先和祈求丰收。这时要敲铜鼓，如果本村寨没有铜鼓，就要向外寨借用。

（三）祈雨仪式

四川凉山市报县彝族传说铜鼓是天上居住的神人铸造的，它们有公、母之分，有时天上下雨，公鼓应母鼓的呼唤，会飞向母鼓，互相匹配。又传说铜鼓是掌握风雨的，雨水多了，要杀白鸡祭鼓；如雨水不止，要杀白羊祭献，就能将雨止住；如果天旱不雨，在杀牲祭祀后，用木棒打击铜鼓，天就会下雨。

广西都安也用铜鼓祈雨。如都安板岭的农民在久旱不雨的时候，常将铜鼓和水牛集中到村外山头，聚众赛铜鼓求雨。如果求得了雨，就要杀牛祭天。有些地区则是抬着铜鼓和狗游村求雨。都安拉烈的壮族和瑶族则用铜鼓和猫来求雨：在敲过一通铜鼓之后，将猫杀死，放在清水岩中，然后等待霖雨的到来。

刚挖出一面铜鼓，合力抬回去

（四）丧葬仪式

1. 壮族。有铜鼓的村寨，壮族村民在为死去的老人举行葬礼时要打铜鼓。如在东兰县金谷乡接浪村，在为有威望的老人送葬时，要打1面低音的铜鼓。鼓手抬着这面铜鼓走在送葬队伍中，走几步，敲一下，直到到达坟地安葬完毕。在东兰县兰阳乡，老人去世后，在出殡前一天的晚上，村民就将铜鼓抬到将要安葬老人的墓地去敲打，直打到第二天安葬活动结束。

2．布依族。布依族在举行杀牛祭丧习俗的"砍戛"和送葬时也使用铜鼓。

布依族丧葬过程包括入殓、祭奠、出殡、安葬等阶段。铜鼓一般用于入殓、祭奠之时。四川南部会东、宁南的布依族将办丧事打铜鼓称为"斗摩"，只有老人去世办丧事才能用铜鼓。死者的亲属必须备好鸡、肉、香烛、纸钱，送往卜摩家，请卜摩重祭铜鼓。祭祀毕，用一根粗麻绳贯穿铜鼓四耳，用披毡或衣服将铜鼓包裹遮蔽，背到死者家里，放在灵堂中。

3．水族。水族在老人过世时，先将铜鼓搬出来当做更换寿衣的坐墩。入殓之后，又将铜鼓放在灵柩前当供桌摆放供品。在举行追悼活动时，人们不停地敲击铜鼓，还围绕着铜鼓跳舞，以示为亡灵送行。

4．苗族。广西南丹中堡苗族不但把铜鼓看成财富的象征，而且还视为神灵，认为凡人死了，都应打铜鼓送葬，以求吉利。铜鼓声可以超度亡魂，为死者开路，以便冲破途中的99道难关，顺利到达祖先生活的地方。贵定仰望苗族的铜鼓只用于丧葬。当村寨里有老人去世时，请来寨里一位长者带领两名青年连夜赶往收藏铜鼓的人家中去借铜鼓。借到的铜鼓用衣服包好，抬回本寨，用绳索套住双耳，悬挂在死者家的牛栏内。等到天亮前，将牛拉出，在牛栏附近杀死以祭祀。两名青年各执一鼓槌，一轻一重有节奏地敲击铜鼓。

5．瑶族。瑶族最为著名的使用铜鼓的场合之一是在白裤瑶的丧葬仪式上。白裤瑶在丧葬中使用的铜鼓，少则几面，多则二三十面，大都是亲戚、朋友主动带来的。根据主持人的安排，主鼓手用绳子套住鼓耳吊在木架上。木架按到场铜鼓的多少而定，先一字排开，随铜鼓的增多弯成一个"⌐"字，再增加就继续排下去，一直排到构成一个完整的"口"字形。铜鼓的排列也有顺序，挂在开头和最后的一面铜鼓，一定是要主家请来的，挂在第二个的铜鼓是舅爷家请来的，接着再按"老同"、其他亲朋好友这样的顺序依次往下排。

6.佤族。佤族铜鼓主要用于丧葬仪式。佤族群众认为，死人时敲击铜鼓，是为了把不幸的消息通知近邻。同时，佤族在"猎头"活动中也要用铜鼓：出发时，全寨的人都出来敲击铜鼓、铜锣，并伴以歌舞相送；猎获人头回到本寨时，全寨的人也要敲击铜鼓、铜锣，欢迎猎头队伍凯旋。将人头送往木鼓房时，沿途也要鼓击铜鼓、铜锣，青壮年男女尾随在后载歌载舞。在祭谷仪式中，做完砍牛尾巴活动之后，要送"人头"到神林，青年男女也要沿途敲击铜鼓、铜锣，唱歌跳舞。

7.倮倮族。居住于越南河江省和高平省的倮倮族（LOLO）的铜鼓平时埋在地里，如族内有人亡故，则挖出来以备出殡时使用。倮倮族认为人有三个灵魂，人死的时候，1个灵魂归父（天），1个灵魂回母（地），还有1个灵魂在世上飘荡，要想使他的灵魂回到父母的胸怀，就要请法师用铜鼓做丧礼。

8.克伦人。克伦人把铜鼓区分为冷鼓和热鼓。冷鼓是喜鼓，用于喜庆宴会和佳节；热鼓是丧鼓，用于殡葬活动。克伦人平时将铜鼓深藏于荒野林中，遇到驱灾丧葬时才取回来使用。克伦族在祭祀时不但要敲击铜鼓，而且要向死者供上米饭和鱼，这些供品就放在铜鼓鼓面上。

（五）建新房

在广西东兰县的兰阳、长江、巴畴等壮族乡村，当新房的木架在地基上竖立起来的时候，主人就将铜鼓悬挂在这个木架上，敲打铜鼓以示庆贺，一直持续到木架安装完毕。在布依族村寨，谁家当年修了新房，全寨人在除夕夜就会把铜鼓送到他家以示庆贺，从年除夕夜到正月十五，全寨人都可以去敲打，以后铜鼓就存放在这一家，直到同寨里又有人修新房子时，再在当年除夕夜把铜

第七章 薪火相传：铜鼓文化的保护与传承

广西田林县木柄瑶敲击铜鼓

鼓转送到这一家保存。广西彝族在建新房的时候，也要敲击铜鼓，并围绕着铜鼓载歌载舞，以示庆贺。

（六）婚嫁仪式

在广西东兰县的兰阳、长江等地，家有铜鼓的娶亲者，在新娘过门的前一天，就将铜鼓悬挂在家中敲打，一直打到整个婚礼结束。

综上所述，很显然，无论是使用铜鼓的族群，还是铜鼓使用的纵向时间以及横向空间，都是非常丰富多彩的，几乎涉及了人类生活的方方面面，最大限度地体现出了铜鼓文化的多样性。

七、铜鼓文化多样性与人类文化多样性

综上可知，铜鼓文化在使用族群、使用时空、使用方式、艺术

表现等方面具有非常丰富的多样性。实际上，除此之外，铜鼓文化的多样性，也还体现在铜鼓文化的有形文化与无形文化的关联，如铜鼓形状为有形、铜鼓发出的声音为无形；祭祀仪式为有形，祭祀的文化功用为无形；同时，铜鼓文化蕴含着生与死的文化关联，如铜鼓被视为有生命的灵性之物，铜鼓蕴藏着人类非常丰富的生殖崇拜文化等。

铜鼓流传的方式、收藏铜鼓的地点、使用铜鼓族群之间的关系，也同样是具有多样性的。

因此，我们可以说，在人类文化多样性方面，铜鼓文化具有非常独特而又重要的意义。

（一）人类历史的印记

众所周知，人类的文化遗产在不同的时代和不同的地方具有各种不同的表现形式。这种多样性的具体表现是构成人类的各群体和各社会的特性的因素。

铜鼓文化不但有着内在的发生、发展轨迹，其文化功能也随着社会历史的发展而从单一发展到多元。具体而言，无论是作为乐器、重器还是神器，铜鼓文化无不打下了较深的历史印记。

一方面，铜鼓文化较好地体现了使用铜鼓的诸民族所具有的稻作文化背景，从中我们可以了解到稻作文化的起源、发展以及其从物质到非物质的文化互动过程；另一方面，铜鼓文化较好地表现了使用铜鼓的诸民族的审美理念和艺术追求，从中我们不但可以了解到相关民族在雕刻艺术、绘画艺术、装饰艺术、音乐艺术、舞蹈艺术等方面的有关情况，还可以了解到有关民族祭天祀地、祈雨避邪、超度亡魂、供奉先灵、婚嫁建房、节日庆典等方面的有关情况和文化特色。

在此意义上，铜鼓文化一方面具有丰富多彩的多样性，同时也在这种独具特色的多样性中较好地体现出了人类在特定时期和特定地理环境中所留下的历史印痕。

(二)相关族群发展的基础

文化多样性增加了每个人的选择机会,是人类社会发展的源泉之一。文化的多样性不仅是促进经济增长的因素,而且还是拥有令人满意的智力、情感、道德精神生活的手段。

稻作农耕文化是珠江流域各民族主要的文化传统,而铜鼓艺术是源于稻作农耕的艺术。铜鼓的使用及其相关的文化形态,都植根于处于特定地理环境中的稻作农耕文化。可以说,铜鼓文化与中国南方地区及东南亚各民族的文化传统具有密切的渊源关系,铜鼓文化已成为这些民族凝聚力和认同感的标志。因此,铜鼓文化在促进中国南方地区及东南亚各民族文化多元化方面的知识与良策的交流,为多元化社会中来自四面八方具有不同文化背景的个人和群体的融入和参与提供了较大的便利。

同时,我们知道,尊重和保护传统知识,特别是土著人民的传统知识,承认环境保护和自然资源管理方面的传统知识的作用,发挥现代科学与民间传统知识的协同作用,是人类发展所必需的。因此,中国南方地区及东南亚各民族的现代化发展,必须寻找到一个坚实的文化传统,而铜鼓文化所具有的悠久历史、厚重的文化内蕴以及丰富多彩的多样性,恰好可以成为中国南方地区及东南亚各民族加快发展的文化基础。

(三)对于保护人类文化多样性的重要意义

文化多样性对人类来讲就像生物多样性对维持生态平衡而言是必不可少的。从这个意义上讲,文化多样性是人类的共同遗产,应当从当代人和子孙后代的利益考虑予以承认和肯定。从文化多样性到文化多元化,在日益走向多样化的当今社会,必须确保属于多元的、不同的和发展的文化特性的个人和群体的和睦关系和共处。而主张所有公民的融入和参与的政策是增强社会凝聚力、民间社会活力及维护和平的可靠保障。因此,这种文化多元化是与文化多样性这一客观现实相适应的。

我们知道,青铜时代的典型文物——中原地区的铜鼎与南方地区的铜鼓,都是由新石器时代的陶釜演化而成。但它们在不同的文化土壤中,各自异彩纷呈,类型繁多。由于它们所处的时空不同,鼎在失去作为权力象征的功能之后,便变成了历史文物;铜鼓则在失去作为权力象征的功能之后,回到了民众中,至今仍在民间使用,依然是活着的文化。因此,可以说,铜鼓文化从不同的侧面反映了铸造使用铜鼓的民族的经济状况、文化面貌和心理素质,体现了他们在漫长的历史长河中所具有的独特的创造力,是一部不成文的民族历史的百科全书,对特定民族文化的认定具有重要意义,对人类文化多样性和创造性的保护也有着深远的意义。

第二节 铜鼓文化的保护

一、铜鼓文化现状

铜鼓文化历史悠久,价值丰富,但在其发展的历史进程中,由于其始终处于底层文化和民族文化的地位,具有较多的草根性。因此,长期以来,对于铜鼓文化,主流社会要么将其附属主流文化,要么干脆视之为落后、愚昧的代表。特别是到了20世纪,随着现代科技和现代文明的勃兴,铜鼓文化更是成为了封建迷信的象征。于是,铜鼓文化遭到了空前未有的劫难。20世纪以来,30年代的风俗改良,50年代的破除迷信,60年代的文化大革命,一次又一次给铜鼓文化以毁灭性的打击;当80年代重新估价这一历史文化时,群众手中幸存的铜鼓已经为数甚微了。铜鼓使用地区已从桂北、桂中、桂南退缩到桂西、桂西北的狭小范围,一大片使用区的铜鼓已荡然无存,只在年长者的头脑中留下一些依稀的

第七章 薪火相传：铜鼓文化的保护与传承

红水河流域的铜鼓大多已很陈旧

记忆。一方面，作为铜鼓文化物质载体的铜鼓，被当做封建迷信的产物而被收集起来作为废旧物品销毁；另一方面，使用、传承铜鼓文化的民间艺人也成为各地的批斗对象。当一个世纪过去之后，铜鼓文化的传承出现了前所未有的危机，无论是铜鼓本身的数量还是铜鼓文化的规模，都已极度萎缩。

更为重要的是，20世纪以来，铜鼓文化遭到了许多冲击。目前，铜鼓使用地区已退缩到红水河流域的狭小范围。改革开放给红水河地区带来了经济的发展及文化的进步，同时也使得人们的传统观念发生了变化。由于科学文化知识的提高，人们不再敬畏、不再崇拜铜鼓，只把它作为一种娱乐工具。而现在的娱乐，除了蚂𧊔节、唱山歌、跳铜鼓舞以外，还有电影、电视等丰富多彩的文化生活，对铜鼓艺术的依赖已逐渐减弱。这种传统观念的改变，给铜鼓文化的传承带来了空前的危机。总之，20世纪80年代以来，一方面，铜鼓在长期使用过程中不断地自然损坏，但因为铸造工艺失传，没有新的铜鼓补充，数十年之后，将再也没有可供敲击的铜鼓。另一方面，随着铜鼓艺人的不断衰老而后继乏人，铜鼓的演奏、歌舞以及相关仪式的传承面临着非常严峻的危机。

基于以上诸种原因，如果再不抓紧时间采取相应的保护措施，具有悠久历史、丰富内涵的原生态铜鼓文化将会很快消亡。

二、铜鼓文化的保护

（一）观念更新，高度重视

随着21世纪的到来以及现代化进程的加快，人们一方面在思考现代化本身对于人类社会所具有的负面影响，同时也开始反思传统文化对于人类生存与可持续发展所具有的内在意义。

从历史演变的角度来看，铜鼓有它的发生、发展的历程，它的用途也由单一用途发展到多种用途。铜鼓是由铜釜演化而来的，原本是生活中的实用器皿，因为敲奏它，才兼具乐器功能。这个时期，是鼓与釜并用的过

蒋廷瑜研究员考察白裤瑶铜鼓文化的保护情况

渡期。然后铜鼓从炊具分化出来，成为独立乐器，才具有打击乐器的特色。因为响度大，传声远，可以向远方发出讯号，具有传讯功能，也适用于战阵以鼓舞士气，用作战鼓。于是，使用的民族赋予铜鼓很多神奇功能，从而使之成为神器，祭天祀地、祈雨避邪、超度亡灵、供奉先灵、婚嫁建房、节日庆典，都离不开铜鼓，因而铜鼓兼具数种功能。

铜鼓还是一种综合性的艺术品，集雕刻、绘画、装饰、音乐、舞蹈艺术于一身，成为一个统一的整体。它既有精美的圆雕、浮雕的艺术形象，以及由各种流畅的线条所构成的独具特色的装饰艺术，可以作为静态的艺术品来欣赏。它造型厚实、庄重、耐看，引人品味，使人着迷。它又能演奏出雄浑铿锵的音乐，加以舞蹈，造成极为壮观的场面，激起人们炽热的感情。这是动的艺术产生的审美效果。

总之，两千多年来，铜鼓艺术以稻作文化为基础，以共生共荣、和而不同的方式成为中国珠江流域中上游地区各民族文化互

动的载体,满足了中国南方各族人民的精神需要。

因此,政府部门作为铜鼓文化保护工作的主导者,需要在新的文化背景下,更新观念,将铜鼓文化放在人类文化多样性的背景下,重视铜鼓文化在地域文化和民族文化中所具有的价值,做好铜鼓文化的保护、传承与发展的相关工作。

(二)制定相关法律法规,为铜鼓文化保护提供法律保障

众所周知,政府的一项重要职责,就是根据社会发展的需要,制定相关的法律法规。现阶段,《广西壮族自治区民族民间传统文化保护条例》已经颁布,"广西红水河流域铜鼓艺术"列入了国家民族民间文化保护工程首批试点项目,"壮族铜鼓习俗"、"铜鼓十二调"、"铜鼓舞"已入选"国家级非物质文化遗产名录",应该说,在铜鼓文化保护的重地广西,铜鼓文化保护已经具有了一定的法律基础。但是,鉴于铜鼓文化保护是一项全国性乃至国际性的工作,因此,除了具体的省(自治区)、市立法予以保护外,还需要国家立法予以保护,也还需要通过联合国与东南亚各国协调整体进行保护。只有这样,铜鼓文化保护才有可能与国际有关公约衔接,规范管理,使铜鼓文化保护工作有法可依,真正做到依法保护。

越南学者考察五铢钱纹铜鼓

第三节 铜鼓文化的传承

作为一种价值珍贵的传统文化,传承成了保护铜鼓文化的关键所在。而除了民间原有的传承渠道外,在现代社会中,国家政权的力量也是不可缺少的。因此,各级人民政府在铜鼓文化的传承工作方面,同样需要发挥积极的作用。

一、开展资源普查工作

对铜鼓文化的历史特别是现状进行全面普查,进一步搜集、挖掘、整理铜鼓文化的相关资料,全面了解和掌握铜鼓文化的历史及传承方式。在普查、登记、编纂的基础上建立全面反映铜鼓文化基本面貌的档案资料数据库和工作网站。在此基础上制定较为完备的、具体的保护方案,推动铜鼓文化的有效传承和持续繁荣。

铜鼓艺术保护启动仪式

二、鼓励铜鼓铸造工艺的探索

由于时间久远,铜鼓的铸造方法未能记录下来。而作为铜鼓文化唯一的物质载体,由于历代的击打,特别是来自各方面的毁损,铜鼓的数量越来越少。长此以往,总有一天会出现无铜鼓可用的局面。近年来,广西河池市有关机构以及广西博物馆、广西民族学院(今广西民族大学)等相关单位在政府的支持下,与北京、上海等科研单位开展了有关铜鼓铸造工艺的研究工作,取得了一定的成效。但由于种种原因,目前新铸造的铜鼓依然没能受到乡村民众的认同。因此,仍然需要政府加大扶持力度,与国内外相关机构加强合作,进一步探讨铜鼓铸造的奥秘,尽快铸造出能够为广大民众所认同的铜鼓来,从物质上解决铜鼓文化的传承问题。

三、抓住传承这一关键环节

(一)命名民间铜鼓文化传承人

作为一种历史悠久、世代相传的活态文化,铜鼓文化保护工作的关键在于人,即铜鼓文化的传承人。因此,必须坚持以人(铜鼓艺术的传承人)为本,在保护与铜鼓文化紧密相关的民俗节庆的基础上,重点保护具有非物质文化遗产性质的铜鼓歌舞艺术。一方面,政府要通过命名等荣誉方式以及采取经济上给予补贴等手段来鼓励、支持老一代铜鼓文化民间艺人在探讨总结的基础上将有关铜鼓文化的知识与技能传授给年轻人,另一方面,政府要让村子里的年轻人认识到铜鼓文化的悠久历史和珍贵价值,使他们愿意向老一辈的民间艺人学习,主动传承铜鼓文化。

(二)建立铜鼓文化生态村

一种文化的产生、发展与传衍,需要在一定的社会环境中完成。铜鼓文化除了具有整体性外,还具有活态性,即具有代代相

演奏铜鼓的壮族儿童

传、流传有序、依然保持原生态的性质。

因此，根据铜鼓艺术表演、民俗与节庆的相关情况，在居住相对集中、具有代表性的、集中反映原生态铜鼓文化的民族聚居村寨，有针对性地选择若干个村寨分级建立铜鼓文化生态保护村，建立铜鼓文化传习馆，命名一批民间铜鼓艺术家，从根本上为铜鼓文化的保护传承提供一个有效的文化空间。

（三）大力推动铜鼓文化进校园

民间师徒之间口耳相授是铜鼓文化千百年来的主要传承方式，然而，现代社会，人类知识的传授已经转向以学校教育为主。因此，铜鼓文化的保护传承，在坚持民间传统的师徒传承方式的同时，也必须以学校教育为主要途径，使铜鼓文化在少年儿童中得以传承。

四、营造良好的社会保护氛围

组织铜鼓文化申报联合国等各级非物质文化遗产代表作，鼓励并坚持举办铜鼓艺术节等相关活动。要大力加强铜鼓文化保护的宣传工作，电台、电视台、报纸、互联网等新闻媒体也要利用多种方式，充分发挥舆论导向的作用，积极开展铜鼓文化保护的宣传工作，培养全社会对铜鼓文化保护工作的参与意识，注重效果，形成声势，造成影响。要大力宣传铜鼓文化保护工作的重要意义，积极普及铜鼓文化保护知识，培养全民保护铜鼓文化的观念和意识，努力在全社会形成保护铜鼓文化的社会环境和舆论氛围。

五、加强领导，形成合力

保护铜鼓文化，是贯彻国务院办公厅《关于加强我国非物质文化遗产保护工作意见》的重要组成部分，是各级党委、政府和全社会的共同责任。因此，政府有关部门特别是文化部门，要与各方面协调，动员社会各方面力量，真正将这项工作列入各级党委和政府的重要议事日程，纳入当地经济社会发展总体规划，纳入财政预算。文化部门要和有关部门一道，按照各自职责，互相配合，落实任务，发挥合力，共同推进铜鼓文化保护工作的实施。

总之，鉴于铜鼓文化已流传两千多年，在大部分地区和民族中已相继退出历史舞台，只留下某些遗迹，只有很小部分地区和民族还保存着使用铜鼓的古老习俗，成为铜鼓文化的"活化石"。另一方面，铜鼓文化是一种跨民族的综合性文化现象，具有娱神、娱人以及权力和财富的象征等文化功能，对于了解、使用铜鼓的壮、布依、水、瑶、苗等民族之间相互历史的交融和文化的互动具有重要的历史文化价值；而且，铜鼓文

"声震神州"——桂滇黔三省（区）铜鼓在国家博物馆展出

化又是跨国性的文化现象，铜鼓文化对于了解中国与东南亚各国古代政治、经济、文化的互动有着重要的意义。同时，铜鼓文化对于弘扬优秀传统文化、增强民族凝聚力和促进民族团结具有特别的现实意义。

我们必须坚持以铜鼓的保护为基础，以铜鼓艺术的传承为核心，以铜鼓艺术使用的文化空间的保存为重点，坚持政府主导、社会参与、长远规划、分步实施的原则，坚持立法保护与政策保障相结合，政府保护与民间保护相结合，决策系统与咨询系统相结合，财政投入与社会资金相结合；坚持"保护为主，抢救第一，合理利用，继承发展"的指导方针，正确处理抢救、保护和利用的关系，在确保铜鼓文化获得有效保护的前提下，促进抢救、保护、利用的有机结合与协调统一。经过一段时间的努力，初步建立起比较完备的铜鼓文化保护制度和保护体系，在全社会形成自觉保护铜鼓文化的意识，实现铜鼓文化保护工作的科学化、规范化、法制化。

损坏严重的彝族铜鼓

彝族少年演奏铜鼓

第七章 薪火相传：铜鼓文化的保护与传承

演奏铜鼓的番瑶老人与少女

演奏铜鼓的壮族妇女

彝族群众跳起铜鼓舞

[注释]

① 洪声:《广西古代铜鼓研究》,《考古学报》1974年第1期。
② 汪宁生:《试论中国古代铜鼓》,《考古学报》1978年第2期。
③ 李定:《铜鼓》,《文物》1978年第11期。
④ 张世铨:《论古代铜鼓的分式》,《古代铜鼓学术讨论会论文集》,北京,文物出版社1982年版。

后　记

千百年来，铜鼓文化在中国南方及东南亚地区世代传承，长盛不衰。由于工作的需要，铜鼓文化经常成为我们考察与研究的对象，从出土铜鼓到活态铜鼓文化，从汉族地区到少数民族村寨，从中国南方到越南等东南亚国家，我们都经常进行相关考察与研究。基于长期考察研究的积累，我们编撰了《铜鼓文化》一书，并有幸收入"人类口头与非物质文化遗产丛书"，由浙江人民出版社于2007年出版。

《铜鼓文化》出版后，受到了社会各界的关注与肯定，认为《铜鼓文化》较好地把握住了铜鼓文化的主要特点和变迁脉络，并注意到了铜鼓文化的保护与传承。

后来，在主持中国民族民间文化保护工程首批试点项目"广西红水河流域铜鼓艺术"、主持"壮族铜鼓习俗"申报"国家级非物质文化遗产保护名录"以及参加国家社科基金项目《铜鼓文化的保护与传承》的基础上，我们又受地方政府委托主持"田林瑶族铜鼓舞"申报"国家级非物质文化遗产保护名录"并同样获得成功，也一同开展国家社科基金艺术学项目《珠江流域少数民族铜鼓艺术与非物质文化遗产保护》的考察研究，并负责主持"铜鼓习俗"申报"联合国人类口头与非物质文化遗产代表作"的相关工作。其间，对于铜鼓文化，我们又多了几分感性的认识和理性的认知，深深感受到铜鼓文化在人类文化史上的重要意义以及铜鼓文化传承发展的紧迫性。

于今，文化艺术出版社有意把《铜鼓文化》一书修订再版，我们备感兴奋。因为，这意味着可以让更多的人认识、了解铜鼓文化，意味着铜鼓文化将可以获得更好的生存空间。

我们的愿望，依然是希望这本小书能够引领读者诸君在铜鼓文化的历史长河遨游，能够使读者诸君更多关注铜鼓文化，进而能够为铜鼓文化的保护与传承尽一份心、出一份力。

最后，感谢文化艺术出版社给予《铜鼓文化》再次出版的机会，也非常感谢责任编辑为本书的顺利再版所付出的辛勤劳动。

蒋廷瑜　廖明君
2011年冬于南宁

图书在版编目（CIP）数据

铜鼓文化 / 蒋廷瑜, 廖明君著. —北京：文化艺术出版社,
2011.12
（中国非物质文化遗产代表作丛书 / 王文章主编）

ISBN 978-7-5039-5263-0
Ⅰ.①铜… Ⅱ.①蒋…②廖… Ⅲ.①鼓—铜器（考古）—介绍—中国 Ⅳ.①K875.5

中国版本图书馆CIP数据核字(2011)第244344号
（本书中所用照片除已署名者外，均由作者提供版权）

铜鼓文化

著　　者	蒋廷瑜　廖明君
责任编辑	张勍倩
装帧设计	刘玲子
出版发行	文化艺术出版社
地　　址	北京市东城区东四八条52号　（100700）
网　　址	www.whyscbs.com
电子邮箱	whysbooks@263.net
电　　话	（010）84057666（总编室）　84057667（办公室） 　　　　　84057691—84057699（发行部）
传　　真	（010）84057660（总编室）　84057670（办公室） 　　　　　84057690（发行部）
经　　销	全国新华书店
印　　刷	北京圣彩虹制版印刷技术有限公司
版　　次	2012年6月第1版
印　　次	2012年6月第1次印刷
开　　本	700毫米×1000毫米　1/16
印　　张	20.125
字　　数	240千字
书　　号	ISBN 978-7-5039-5263-0
定　　价	49.00元

版权所有，侵权必究。如有印装错误，随时调换。